터키
신화와 성서의 무대, 이슬람이 숨쉬는 땅

개정·증보판을 내면서
독특한 정취를 느낄 수 있는 역사 깊은 문화의 나라

　　터키는 이제 더 이상 우리에게 낯선 나라가 아니다. 2002년 한일 월드컵 때 3~4위전에서 양국 선수 팀이 경기장에서 보여준 우애의 모습과 우리 국민들이 터키 팀에 보낸 뜨거운 성원으로 터키라는 나라가 문화적인 거리감 없이 우리에게 다가왔다. 2002 월드컵 때 한국과 터키 팀의 경기는 한국민의 가슴을 뜨겁게 달구었다. 그 후 수많은 언론 매체에서 터키의 다양한 모습을 소개하여 터키인들의 생활은 물론 터키의 역사와 문화가 우리의 안방까지 찾아 들게 되었다. 이제는 더 이상 취재할 것이 없을 정도로 최근 몇 년 사이에 터키는 우리 국민에게 집중적으로 소개되었다. 모두가 2002년 월드컵 덕분이었다.

　　아시아 대륙의 서쪽 끝에 자리한 터키는 소아시아 반도에 위치한다. 우리가 아시아 대륙의 동쪽 끝 한반도에 자리한다면, 터키는 우리와는 반대 방향에 자리한다. 고대에 그리스인들은 신비감을 가지고 이곳을 동방이라는 뜻의 아나톨리아라고 불렀다. 그리스 쪽에서 볼 때 아나톨리아는 해가 뜨는 곳으로 무엇인가 신비스러운 곳이었다. 북쪽으로는 흑해, 서쪽으로는 에게해, 남쪽으로는 지중해가 이 반도를 아우르고 있고 기후도 온난하여 인류가 정착하기에 아주 좋은 곳이었다. 동양과 서양을 잇는 다리 역할을 하고 있는 아나톨리아 반도는 예로부터 인류가 정착하기에 좋은 환경을 가지고 있어 수많은 종족 이동의 통로로 많은 인류 문명을 꽃피웠다. 이것이 터키가 인류사 박물관이라고 격찬을 받는 이유이다.

터키가 우리에게 신선하게 느껴지는 이유는 무엇일까? 민족과 언어 면에서 동질성을 가지고 있다는 것은 터키를 가깝게 느끼게 하는 기본적인 요소이다. 알타이 언어 문화권에 있던 터키인들의 문화에 심정적인 친근감을 가지는 것도 자연스런 일이다. 이런 동질성 외에 터키가 신선하게 느껴지는 이유는 터키가 가지고 있는 역사와 문화가 우리에게는 새로운 경험과 지식의 장이 될 수 있기 때문이다. 1만 년의 시간이 지나는 동안 아나톨리아에는 고대 및 중세 인류가 만들어나간 역사와 이곳으로 정착한 터키인들이 만들어나간 역사와 문화가 짙게 남게 되었다. 인류의 굵직한 역사와 문화가 남아 있음에도 불구하고 이 지역은 정말 오래 동안 사람들로부터 관심을 받지 못하고 기억의 저편에 남아 있었다.

이제 이 지역은 세계인들에게 인류의 문화와 역사가 깃든 곳이라고 스스로를 자랑스럽게 드러내고 있다. 이곳은 역사상 숨겨진 곳이 아니라 역사의 주역을 담당했던 곳으로 사람들에게 각인되고 있다. 그래서 이곳을 보고나면 역사의 기록에서 찢겨져나간 바로 그 장을 찾은 듯한 느낌을 받게 된다. 오랜 세월에 묻혀 있던, 그리고 그 역사만큼 잘 알려지지 않은 아나톨리아의 역사와 문화를 보는 것은 우리의 지적 호기심을 풀어가는 재미가 있다. 터키는 자연의 아름다움과 다양한 문화를 가지고 있고, 도시 어디를 가더라도 독특한 터키 문화의 정취를 느낄 수 있는 역사 깊은 문화의 나라이기 때문이다.

터키는 대한민국의 건국 준비 시부터 유엔한국위원회의 위원국으로 우리 나라의 건국을 도운 우방국이다. 또한 우리 모두가 알고 있듯이 한국전쟁 시 우리를 도와준 우방국이다. 터키군의 한국전 참전으로 우리 나라와 터키는 혈맹 우호 관계를 유지하고 있다. 한국전쟁 이후 반세기가 지나면서 우리 나라와 터키 두 나라 관계는 괄목할 만하게 성장하였다. 2002년 월드컵으로 불 지펴진 양국 국민 간 교류는 놀랄 만큼 늘어나고 있고, 수교 48년 만에 처음으로 이루어진 우리 대통령의 터키 방문 이후 그 교류는 더욱 확대되고 있다. 반세기 우호 관계의 역사를 가지고 있는 우리 나라와 터키는 서로가 서로에게 소중하며, 또 서로에게 도움을 주는 친구가 되고 있다.

우리 한국인들이 터키를 찾기 시작한 1980년대의 인적, 물적 교류는 아주 미미하였다. 그러나 현재는 다양한 분야에서 교류가 이루어지고 있다. 터키는 스페인, 이탈리아, 그리스와 함께 지중해 연안의 유럽 국가 중 관광 대국의 하나로 꼽힌다. 그만큼 풍부한 관광 자원을 가지고 있다는 뜻이다. 천연적인 관광 자원과 문화적인 관광 자원이 풍부한 나라이다. 구미 세계를 대부분 다 돌아본 우리 한국인에게 터키는 새로운 관광 대상지로 부상하였다. 유적지와 성지를 둘러보는 문화적인 관광은 역사적인 사실을 확인하고 새로운 것을 배운다는 즐거움을 주기 때문이다.

이 책은 터키를 처음 방문하거나, 이미 한 번 다녀간 분이라도 터키의 역사나 문화를 개괄적으로 이해할 수 있도록 배려하여 저술되었다. 2002년에 발간된 이 책은 쇄를 거듭하는 동안 꾸준히 독자가 찾고 있으나, 그간 내용 중 일부를 수정할 부분도 생기고, 새로 추가할 부분이 생겨 일부 수정 보완하였다. 틀림없이 부족한 부분이 많이 있을 줄 알지만, 아무쪼록 터키를 알기를 원하는 독자들에게 유용하기를 바란다. 또한 그간 성원을 보내주신 독자 여러분께 진심으로 감사를 드린다.

2007년 5월
이희철

차례

개정·증보판을 내면서 독특한 정취를 느낄 수 있는 역사 깊은 문화의 나라 _ 4

1부. 아나톨리아 이야기

역사와 문화의 보고 아나톨리아 반도 _ 15

인류 최고의 취락과 화폐 주조 _ 25
    인류 최초의 집단 거주지, 차탈 회위 _ 25
    인류 최초로 화폐를 주조한 리디아 왕국의 수도 사르디스 _ 27

새로운 발굴의 최대 걸작, 히타이트 제국 유적지 _ 29

전설과 신화의 유적지 둘러보기 _ 35
    황금의 손과 당나귀 귀의 주인공, 미다스 왕 _ 35
    트로이 목마가 있는 투르바 _ 39

세계 7대 불가사의 유적지 _ 43
    에페스의 아르테미스 신전 _ 43
    보드룸의 마우솔로스 능묘 _ 46
    신상神像의 왕국 콤마게네의 넴루트 산 _ 47

성지聖地 둘러보기 _ 53
    초대 일곱 교회 _ 54
    상업과 학문의 중심지, 에베소(에페스) _ 55
    폴리갑의 순교지, 서머나(이즈미르) _ 62
    신전과 학문의 도시, 버가모(베르가마) _ 64
    목화木花의 성, 히에라폴리스(파묵칼레) _ 68

기암괴석奇巖怪石의 동굴 교회, 카파도키아 _ 71
　　　노아의 방주가 묻힌 곳, 아라랏 산(아으르 산) _ 77
　　　아브라함의 땅, 샨르우르파와 하란 _ 79
　　　사도 바울의 고향, 다소와 초대 기독교 공동체 안디옥 _ 81

제국의 수도 이스탄불 _ 85
　　　비잔틴 최대의 걸작, 성 소피아 성당(아야 소피야 박물관) _ 91
　　　오스만 황제의 궁전, 톱카프 사라이 _ 95
　　　오스만 황제의 야심작, 술탄 아흐메드 사원 _ 102
　　　알렉산더 석관石棺이 있는 고고학 박물관 _ 104
　　　로마 시대 지하 저수조 예레바탄 사라이 _ 107
　　　오스만 제국의 말년을 재촉한 돌마바흐체 궁전 _ 109
　　　콘스탄티노플을 함락하기 위한 루멜리 성 _ 112
　　　만물萬物이 있는 실크로드의 종착역, 카팔르 차르시 _ 115
　　　오리엔트 특급 열차와 페라 팔라스 호텔 _ 116

지중해의 세계적 관광 도시, 안탈야 _ 123
　　　흑해의 상업 도시, 트라브존 _ 125
　　　오스만 제국을 잉태한 푸른 도시 부르사 _ 128

2부. 터키 이야기

동양인가, 서양인가 _ 135
　　　동양인가, 서양인가 _ 135
　　　터키인의 조상, 흉노와 돌궐 _ 139

터키와 튀르키예 _ 143
　　터키의 이웃 나라들 _ 146
　　험난한 유럽 편입의 길, EU 가입 _ 151

터키, 이슬람을 배제하다 _ 157
　　흑운중黑雲中의 신월국新月國 _ 157
　　국부國父 아타튀르크와 세속주의 _ 163
　　세속주의의 수호자 군부와 케말리즘 _ 167
　　국민의 신뢰를 받는 군부 _ 172
　　터키의 수도는 이스탄불? _ 176

대국의 후예들, 터키인의 지금 _ 183
　　사랑의 표현이 많아 넉넉한 터키인 _ 183
　　여유가 넘쳐 인간적인 터키인 _ 185
　　자존심이 강하고 명예를 생각하는 터키인 _ 190
　　누구도 따라갈 수 없는 터키인들의 환대 _ 193
　　터키인을 터키인으로 만드는 세 가지 _ 197
　　재미있고 순진한 터키인의 성姓 _ 201
　　터키인들은 왜 축구에 미치는가 _ 205
　　세계 3대 음식 반열에 올라 있는 터키 음식 _ 210
　　터키에는 터키탕이 없다 _ 216
　　터키 이슬람을 이해하는 코드 수피즘의 고향 콘야 _ 221
　　결혼과 성性 _ 227
　　목소리 높이는 터키 여성 233
　　콜레즈에서 대학까지 237
　　터키의 진짜 국민소득 241

엄청난 인플레와 화폐 개혁 _ 244
　　터키 기업인의 성공 시대 _ 248
　　출세의 욕망과 달동네 마을 게제콘두 _ 253
　　토종과 이방인 _ 257
　　우리와는 달라 낯선 것들 _ 262
　　천혜天惠의 오점, 지진 _ 267
　　육지의 끝 바다 _ 270
　　민족의 대이동 바이람 _ 274
　　터키석과 미신迷信 _ 277
　　밤의 여흥 벨리 댄스 _ 281
　　군악대 메흐테르와 모차르트의 터키 행진곡 _ 285
　　나라꽃 야생 튤립과 프랑스 _ 287
　　한국의 김치와 터키의 물담배 나르길레 _ 290

가깝고도 먼 나라, 한국과 터키 _ 294
　　가깝고도 먼 나라, 한국과 터키 _ 294
　　한국인의 영원한 친구 코레 가지씨 _ 299
　　터키군이 가져온 이슬람과 위스크다르 _ 304
　　한국의 4·19 혁명과 터키의 5·27 군사 혁명 _ 308
　　외잘 총리와 한국형 모델 _ 313
　　감동, 감동 2002 월드컵 _ 317
　　우리 대통령의 터키 방문과 수교 50주년 _ 323

터키 여행 가이드 _ 327
찾아보기 _ 344

1부
아나톨리아 이야기

역사와 문화의 보고 아나톨리아 반도

무엇이 터키를 터키답게 하는가? 그것은 무엇보다도 터키가 갖고 있는 역사와 그 문화이다. 역사와 문화란 터키인 자신들의 역사와 문화일 수 있고, 터키가 자리하고 있는 아나톨리아 반도 자체의 역사와 문화일 수 있다.

우리가 터키의 역사와 문화를 풍요롭게 느끼게 되는 이유는 무엇일까? 그것이 터키인들의 역사와 문화이든, 아니면 터키인들이 아나톨리아에 들어오기 이전 아나톨리아 반도의 역사와 문화이든 간에 그들 안에는 인류의 굵직한 역사와 문화가 담겨져 있기 때문이다. 더구나 동양과 서양의 길목에서 동서양 문화를 함께 어우르고 있는 것이 터키의 큰 매력이기 때문이기도 하다. 동양과 서양의 교차로, 동양과 서양이 만나는 길목, 동양과 서양을 잇는 다리, 아시아와 유럽을 아우르는 문명의 십자로 등이 터키에게 주어진 문화적인 수사이다. 동양과 서양의 길목에 있기 때문에 터키의 역사와 문화가 다양해 보이고 풍요롭게 느껴진다. 한마디로 터키는 동東과 서西, 고古와 금今, 성聖과 속俗이 한자리에 얽혀져 있는 나라이다.

터키의 동서남북은 기후도 다르게 나타나지만, 그에 못지않게 문화의 역사도 다양하게 나타나고 있다. 아나톨리아 반도는 고대 인류 문명의 요람이라고 불릴 만큼 문화적인 역사는 1만 년 전으로 거슬러 올라간다.

터키는 역사와 문화로 이야기할 때 소재가 풍부하여 대화도 더욱 풍요로

터키 문화 유적 지도

워진다. 그것이 바로 터키의 얼굴이기 때문이다. 터키의 문화나 역사는 서구의 문화와 역사에 익숙한 우리에게 새로운 발견이며, 그렇기 때문에 그 기행은 신선하면서도 새로운 것을 찾는 재미를 더해준다.

터키가 자리하고 있는 아나톨리아(터키어로는 '아나돌루') 반도는 동서 길이가 1,600㎞, 남북 길이는 550㎞로서 아시아와 유럽 대륙을 연결하고 있다. 터키는 총면적이 755,688㎢로서 한반도의 3.5배나 되는 넓은 국토를 가지고 있다. 터키의 지도를 보면, 아시아 지역에 있는 아나톨리아라는 몸통에서 돌출한 이스탄불이 가는 목처럼 유럽 쪽의 트레이스(터키어로는 '트라키아') 반도와 연결되어 있다. 왼손의 엄지를 위로 한 채 나머지 손가락을 다 붙이고 손바닥을 편 상태가 터키의 지도라면, 이스탄불은 왼쪽 손 엄지 부분이기도 하고, 또 다른 형상으로는 두 사람이 입을 쭉 내밀고 입을 맞춘 모습이기도 하다. 이스탄불은 아시아와 유럽을 이어주는 중매 역할을 하고 있다.

소아시아라고 불리는 아나톨리아의 북부에는 흑해가 있고 남쪽에는 지중해, 서쪽에는 마르마라해와 에게해가 있다. 이들 해양들은 인류 문명의 발상과 밀접한 관계를 맺고 있다. 아나톨리아 반도에 터키인이 들어온 것은 10세기경이었으나, 아나톨리아 반도는 터키인이 들어오기 이전, 저 멀리 구석기 시대부터 인류의 역사를 가지고 있다. 아나톨리아 반도의 흥망성쇠를 기록한 역사는 세계사를 축약한 것이라 할 만큼 다양하고 다채롭다. 터키의 전역에는 약 1만 년 전 구석기 시대부터 오스만 제국 시대에 이르기까지의 역사적인 유적과 유물들이 빛이 바랜 채 그대로 남아 있다. 아나톨리아 반도를 지나간 굵직한 역사적인 시대를 열거해보면, 구석기 시대, 신석기 시대, 청동기 시대, 히타이트 시대, 프리기아 시대, 우라르투 시대, 리디아 시대, 페르시아 지배 시대, 헬리니즘 시대, 로마 시대, 비잔틴 시대, 셀주크 시대, 오스만 제국 시대에 이르기까지 다양하다. 다양한 문명의 유적과 유물이 산재해 있는 데는 놀라지 않을 수 없다. 터키는 영국의 문명사가 토인비(1889~1975)가 자신의 저서 《역사의 연구》에서 언급한 것처럼 인류 문명이 살아 있는 야외 박물관 같은 나라이다. 현재 터키의 영토 안에서 일어났던 고대 역사는 어떤 것들이 있을까?

기원전 6,000년 인류 최초의 집단 주거지가 발굴된 곳, **차탈회윅**.
최초로 철기를 사용한 히타이트인의 제국이 있었던 곳, **보아즈칼레**.
인류 최초의 주조 기술을 개발한 리디아인이 거주한 곳, **사르트**.
문명의 강 티그리스 강과 유프라테스 강이 발원하는 곳, **터키 북동부**.
궤변 철학자 디오게네스가 태어난 곳, **시노프**.
아브라함이 태어난 곳과 그의 제2의 고향, **샨르우르파와 하란**.
세계 7대 불가사의로 알려진 아르테미스 신전과 마우솔로스 능묘가 있는 곳, **에페스와 보드룸**.
창세기의 무대로 노아의 방주가 있다고 믿어지는 곳, **아라랏 산**.
초기 기독교 교인들이 로마의 박해를 피해 동굴 집에서 거주한 곳, **카파도키아**.
일리아스와 오디세이아의 작가 호메로스가 탄생한 곳, **이즈미르**.
역사의 아버지 헤로도토스가 태어난 곳, **보드룸**.
율리우스 시저가 "왔노라, 보았노라, 정복했노라 Veni, Vidi, Vici"라는 말을 남긴 곳, 아마시아.

사도 바울이 태어난 곳, 타르수스.

요한 계시록에 나와 있는 7대 교회가 있는 곳, 에게해 연안.

산타클로스로 알려진 성 니콜라스가 탄생한 곳, 파타라.

아나톨리아 반도에서 최초로 통일 국가를 건설한 것은 히타이트인으로 알려지고 있다. 1900년대 초 히타이트 유적이 그 당시 수도였던 현재의 보아즈칼레에서 발굴됨으로써 세상의 이목을 받게 되었다. 기원전 1300년경에는 히타이트 세력이 약해지자 프리기아인들이 에게해로 들어와 앙카라에서 서남쪽으로 약 90km 떨어진 고르디온을 수도로 정하고 부유한 농업 국가를 이룩하였다. 그리스 신화에 손이 닿기만 하면 금이 되었다는 미다스 왕과 풀리지 않는다는 고르디온 매듭의 현장이 바로 이곳이다. 또한 기원전 12세기경에는 그리스에서 넘어온 이오니아인이 에게해 지역의 이즈미르에서 이오니아 문명을 일으켰다. 일리아스 오디세이아로 유명한 고대 그리스 시인 호메로스가 출생한 곳으로 알려진 이즈미르에는 기원전 10세기에 이오니아인이 만든 에페스 도시가 거의 원형 그대로 보존되어 있어 수많은 외국인 관광객들이 이곳을 찾고 있다.

아나톨리아 반도는 기원전 6세기경 페르시아인의 지배에 놓이게 되었다. 카파도키아(현재 괴레메 지역), 폰투스(현재 트라브존) 등의 소국이 생긴 것이 이즈음이었다. 그 후 로마가 아나톨리아 반도에 있는 작은 국가들을 정복해나갔는데, 기원전 2세기경에는 페르가몬(현재 베르가마)과 기원전 1세기경에는 폰투스를 장악하여 소아시아가 로마의 지배를 받게 되었다.

이 당시 로마에 기독교가 발생하기 시작하였는데, 아나톨리아의 에게해 지역에 원시 기독교와 관련한 유적과 유물들이 산재하여 있는 것은 이 때문이다. 사도 바울이 포교를 하고 성모 마리아가 승천한 에페스는 성지를 찾는 기독교인들의 순례가 끊이지 않고 있는 곳이다.

터키인들이 아나톨리아 반도에 들어온 시기는 10세기경이다. 터키족은 990년 아나톨리아에 강력한 대 셀주크 제국을 건설하여 독특한 셀주크 문화를 만들어나갔다. 셀주크 시대의 말기에는 셀주크 제국에 속해 있던 봉건 제후국들이 셀주크의 지배를 벗어나기 시작하였다. 부르사(현재 이스탄불 남쪽에 위치한 도시) 지역에 있던 오스만 토후국도 그중의 하나였는데, 오스만 토후국은 1299년 셀주크로부터 독립하였다. 부르사 지역에서 시작된 오스만 토후국은 시간이 지남에 따라 오스만 제국으로 성장하게 되었다.

오스만 제국은 1453년에 콘스탄티노플(현재의 이스탄불)을 정복함으로써 오스만의 팽창 정책은 날로 커지게 되었으며, 16세기에는 아시아, 유럽, 아프리카에 걸쳐 위세를 떨치는 막강한 제국을 건설하였다. 오스만 제국은 17세기부터 쇠퇴의 길을 가다가 제1차 세계대전에 패전하여 앙카라를 중심으로 하는 아나톨리아 고원만을 차지하게 되었다.

이 즈음 1919년 무스타파 케말이 아나톨리아 동부 지역에서 동지들을 모아 실지 회복 전쟁을 주도해나갔다. 그는 이 전쟁을 승리로 이끌어가면서 터키 민족주의에 입각한 터키 공화국을 1923년에 수립하였다. 이리하여 유럽 제국이 무서워하던 막강 군대의 오스만 제국도 역사의 한 장으로 마감하게 되었다. 약 1만 년을 돌아본 아나톨리아 반도의 이력서는 대강 이렇다.

이스탄불이 위치한 유럽 쪽 트레이스 반도의 역사로는 비잔틴 제국을 빼놓을 수 없다. 왜냐하면 비잔틴 제국은 찬란한 예술과 문화를 발전시키기도 하였지만, 기독교 역사에서 아주 중요한 심장부 위치를 차지하고 있기 때문이다. 비잔틴 제국은 동로마 제국이라도 한다. 동로마 제국은 395년부터 콘스탄티누스 11세를 마지막으로 오스만 제국에 의해 수도가 함락된 1453년까지 천년 이상을 중세 기독교 제국으로 굳건한 자리 매김을 하였다. 동로마 제국은 기본적으로 로마 제국의 정치 제도를 유지하였지만, 공식 용어가 라틴어에서 그리스어로 바뀌게 되었다. 그리하여 라틴어를 사용하는 로마를 중심으로 한 기독교(로마 가톨릭)가 1054년에 그리스어를 사용하는 동로마의 그리스 정교와 분리되었다. 로마 교황을 중심으로 한 기독교가 가톨릭과 콘스탄티노플을 중심으로 한 그리스 정교로 분리된 것이다. 그리스 정교를 서방 교회(로마 가톨릭)의 대칭 개념으로 동방 교회라고 부르고 있다. 로마 가톨릭 교황 베네딕토 16세가 2006년 11월 이스탄불을 방문하여 그리스 정교 총주교를 만나 동서 교회의 화합과 통합을 역설하였다. 교황의 이스탄불 방문은 1054년 이후 천년 동안 분리된 가톨릭과 그리스 정교가 대화합의 첫 발을 디딘 상징이 되었다.

전 기간에 걸쳐 세계사적인 역사와 사건들이 아나톨리아에서 수없이 생겼다가 없어지곤 하였다. 셀주크 제국, 비잔틴 제국, 오스만 제국 등이 이 땅에서 역사를 일구어나간 이유도 있지만, 이들 제국의 생성 이전에 거주한 인류 문명의 역사도 많이 남아 있기 때문이다. 터키 전국에는 81개 도(道)가 있고 도청소재지에는 박물관이 거의 다 있다. 어디를 가도 유적과 유물이 넘쳐나는 상태이므로 박물관 시설이 작은 곳은 내부에 진열을 다 할 수가 없어 박물관 마당에 그냥 진열해놓고 있는 곳도 허다하다. 히타이트 및 에페스의 유적지를 포함하여 많은 유적지의 복원 작업이 아직도 진행 중에 있다. 아나톨리아와 터키의 역사를 보면 세계 역사와 인류 문화의 역사가 보인다.

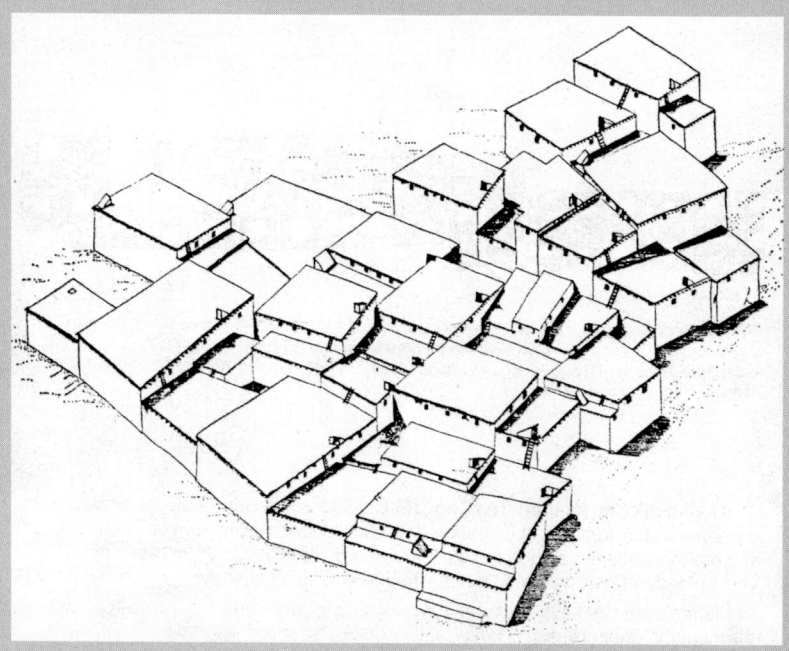

차탈회윅의 촌락 모습.

인류 최고最古의 취락과 화폐 주조

인류 최초의 집단 거주지, 차탈회윅

터키가 자리하고 있는 곳은 아나톨리아 반도로 아나톨리아의 뜻은 그리스인들에 의해 해 뜨는 곳, 동쪽이라는 의미로 사용되었고, 로마인들은 이를 소아시아라고 불렀다. 아나톨리아 반도는 동양과 서양을 연결하는 위치에 있어 수많은 종족 이동의 통로로서 많은 문명을 꽃 피운 지역이다. 아나톨리아 반도는 남쪽과 북쪽에 있는 해안선을 따라 큰 산맥이 서쪽에서 동쪽으로 길게 발달되어 마치 큰 산맥이 내륙 안쪽을 감싸고 있는 듯한 형상을 하고 있다. 큰 산맥 자락을 따라 에게해, 지중해, 흑해 연안은 인류가 정주하기에 좋은 여건을 제공하였다.

아나톨리아에는 인류 최초의 거주지로 알려진 차탈회윅이라는 곳이 있다. 차탈회윅은 터키의 중부 내륙 도시 콘야에서 북동쪽으로 50㎞ 지점에 있는 곳인데, 이곳에서 기원전 6500~기원전 5800년의 신석기 시대의 부락이 1958년에 발굴되었다. 지금으로부터 8,500년 전의 일이다. 건축사를 연구하는 사람들은 차탈회윅의 거주지를 신석기 시대 건축의 기원으로 보고 있다. 차탈회윅 거주민들은 금속 세련, 도기, 측량 등 기술 및 도구 등을 사용한 것으로 파악되었다. 또한 이들이 남긴 문자를 기록된 역사의 시작으로 보고 있다. 인류 최고의 취락지로서 아나톨리아의 차탈회윅보다 더 앞선 곳은 요르

차탈회윅의 촌락에서 발견된 벽화와 촌락 모습.

단의 사해에 가까운 예리코이며, 차탈회윅은 요르단의 예리코와 함께 인류 역사상 최초의 정착 주거지였다.

차탈회윅의 취락은 출입문이 없고 집들이 서로 붙어 있는 것이 특징이다. 나무로 만든 사다리를 이용하여 지붕을 통해 출입하였다. 벽과 바닥은 회반죽으로 채색하였고, 내부는 벽화, 동물 머리 부조물 등으로 장식하였다. 벽에는 소의 머리가 벽에 붙어 있는 것으로 보아 농경을 시작하면서 소를 숭배했던 것으로 보인다.

당시 만여 명의 사람이 살았던 것으로 추정되는 차탈회윅의 주거지에는 여신의 조각물이 많이 발굴되었다. 특히 아이 낳는 여자의 모습을 담은 조각물이 많았는데, 후손을 잇게 하며 다산이나 풍요의 상징으로 이를 숭배하였던 것 같다. 또한 벽에는 수렵하는 장면, 춤추는 장면, 동물이나 신의 모습을 벽화로 남겼다. 벽화 중에는 화산이 폭발하는 장면을 묘사한 것이 있는데, 이것이 인류 최초의 풍경화라고 주장하는 사람들도 있다. 차탈회윅 주거지는 앙카라에 있는 아나톨리아 문명 박물관에 잘 재현되어 있어 이곳에서 당시 인류가 어떻게 집을 지어 살았는가를 살펴볼 수 있다.

인류 최초로 화폐를 주조한 리디아 왕국의 수도 사르디스(사르트)

인류 최초의 화폐를 주조한 왕국은 에게해 연안의 리디아 왕국이다. 리디아는 이즈미르에서 동쪽으로 80㎞ 떨어진 사르디스(현재명 사르트 : 초대 일곱 교회 중 하나)를 수도로 하여 기원전 7세기경 기게스 왕에 의해 건설되어 제5대 왕 크로이소스를 마지막으로 기원전 6세기 중엽까지 있었던 왕국이다. 동서 교통의 요지에 입지한 리디아는 에게해 연안의 이오니아 도시들과 밀접한 교류를 갖게 되었다. 리디아는 수학자 피타고라스, 철학자 디오게네스, 의학자 히포크라테스, 역사학의 아버지 헤로도토스 등을 배출하였다.

리디아는 기원전 700여 년경 세계 최초로 화폐 주조법을 발명하였다. 리디아인이 만든 금은의 주조 화폐는 아나톨리아의 다른 소왕국으로 쉽게 전파되었고 바다 건너 그리스에도 전파되었다. 리디아인들은 금 75%, 은 25%를 섞어 만든 천연 합금으로 동전을 만들어 상거래시 통화로 사용하였다. 그들이 만든 최초의 주조 화폐는 콩 모양의 타원형이었고 앞면에는 잎을 벌리고 있는 사자의 머리가 새겨져 있었다.

역사학의 아버지 헤로도토스는 에게해 연안 섬에 금·은광이 많이 있다고 기술하고 있는데, 리디아 왕국의 수도 사르디스에도 큰 규모의 금·은광이 있었다고 전해진다. 에페스에 있는 아르테미스 신전을 발굴할 때도 수많은 금·은화가 나왔다고 한다. 리디아는 겨우 140여 년 간 짧은 명맥을 유지하였지만 그들이 남긴 주조 화폐는 그 후 인류의 경제 생활을 크게 바꾸어놓았다.

새로운 발굴의 최대 걸작, 히타이트 제국 유적지

앙카라에서 흑해 쪽을 향해 초룸으로 가는 길에 순구를루라는 조그만 도시가 있다. 순구를루에서 오른쪽으로 들어가면 히타이트 제국의 구 도읍인 보아즈칼레가 나온다. 보아즈칼레의 옛 이름은 하투샤시로 이곳이 바로 히타이트 제국의 수도이다.

히타이트는 1906년 독일인 고고학자 후고 빙클러와 이스탄불 박물관 고고학자 테오도어 메클리드가 이끄는 발굴단이 보아즈칼레에서 만여 점의 점토판을 발굴함으로써 세상에 알려지게 되었다. 이때 발굴된 점토판은 1910년대 체코인 학자 프리드리히 호로즈니에 의해 해독되었으며 점토판의 설형 문자는 인도·유럽어에 속한 것으로 판명되었다. 설형 문자란 고대 메소포타미아에서 수메르인들이 흙으로 만든 점토판에 갈대 끝으로 새긴 문자를 말한다. 그 모양이 쐐기와 같다 해서 쐐기 문자라고도 부른다. 점토판의 판독으로 구약 및 성서에 기록된 헷Heth 및 히팀Hittim이 히타이트임이 확인되었다. 구약 성서에는 히타이트인을 헷족이라고 기록하고 있다.

아나톨리아에 세워진 최초의 부족 국가는 '하티'인 것으로 알려지고 있는데, 하티는 히타이트인들의 조상이다. 히타이트인들에게 설형 문자를 전해준 앗시리아의 고문서나 이집트의 아불 심볼 신전에 히타이트인들에 대한 언급이 있다. 히타이트인들은 인도·유럽어족으로 기원전 1900년부터 기원

카데시 평화 조약을 담은 설형 문자 점토판.

전 1200년까지 아나톨리아의 하투샤시를 수도로 정하고 이집트, 앗시리아와 함께 중근동 3대 제국의 하나로 세력을 떨쳤다. 히타이트족은 인류 최초로 철 제련법을 터득하여 철기 문화를 여는 데 선도적인 역할을 한 민족이며, 히타이트 제국은 인류 문명사에서 볼 때 인류의 초기 역사를 화려하게 장식한 제국이었다. 이 때문에 히타이트 제국 유적지의 발굴은 20세기 최대의 발굴 걸작품이라 할 수 있다.

히타이트 제국은 피트카니스 왕이 왕국을 세운 후 아나톨리아 반도 대부분과 북부 시리아 및 메소포타미아 평원까지 세력을 확장하여 오리엔트 최

아즐르카야의 12신의 행진.

강 국가를 이룩하였다. 기원전 1300년경 이집트의 람세스 2세와 히타이트 군대는 지금의 시리아 중부 카데쉬에서 시리아와 팔레스타인의 패권을 놓고 전쟁을 치렀는데, 이집트는 히타이트 군대를 이긴 것을 기념하기 위해 나일 강변에 아비도스를 건설하였다고 한다. 이어 기원전 1296년 시리아에 대한 패권을 놓고 히타이트의 무와탈리스 군대와 이집트의 람세스 2세 군대가 다시 카데쉬에서 전투를 가졌는데, 이번에는 히타이트 군대가 이집트 람세스 2세 군대를 대파시켰다. 이 전투가 끝난 후 히타이트의 하투실리스 3세가 이집트와 평화 조약을 체결하였으며, 자신의 딸을 람세스와 결혼시켜 히타이트와 이집트 제국 간 평화 조약을 공고하게 하였다. 히타이트 군대가 이집트 군대를 대파하는 데는 히타이트인들이 개발한 쌍두마차가 중요한 역할을 하였다.

히타이트인들은 텔리피누시 왕 때 형법, 가족법, 민법, 상법 등을 포함한 법전을 마련하였으며, 뛰어난 부조浮彫 조각 작품과 왕의 업적을 기록한 제왕감帝王鑑을 남길 정도로 뛰어난 문명 국가였다. 히타이트 제국의 유적지는 완만한 경사를 계속 올라가면 나오는데, 정상에 다다르면 사방이 훤하게 내려

히타이트 시대의 쌍두마차.

다 보이는 곳에 위치한다. 히타이트 성벽은 동서 1.3km, 남북 2km 정도인데, 유적의 상부 구조는 없어지고 기초 부분만 남아 있다. 투탈리아 4세 때 만들어진 야즐르카야 암벽에 새겨진 신들의 행렬은 히타이트인들이 남긴 걸작 중의 하나이다.

  히타이트인들이 남긴 유적지를 보는 것만으로는 그들이 남긴 찬란한 문화의 깊이와 무게를 가늠할 수가 없다. 그들의 문화를 이해하기 위해서는 앙카라에 있는 아나톨리아 문명 박물관Anatolian Civilization Museum을 들러 그곳에 보존되어 있는 부조 조각과 석상들을 보아야 한다. 성문을 지켰던 사자상, 세 명이 타는 쌍두마차, 반달형 칼과 철퇴를 메고 행진하는 군신상軍神像, 도끼를 들고 있는 전사상 등 수없이 많은 부조물들이 전시되어 있어 히타이트인들의 기상과 힘을 감상할 수 있다.

투탈리아 4세의 부조.

미다스 왕의 대형 고분.

미다스 왕의 분묘 내부.

전설과 신화의 유적지 둘러보기

터키가 자리하고 있는 소아시아 반도의 역사를 들여다보면 그리스 로마 신화와 관련된 이야기가 무수히 많다. 소아시아 반도가 과거 그리스와 로마 시대의 무대였기 때문이다. 주신인 제우스, 바다의 신 포세이돈, 전쟁의 여신 아테나, 태양의 신 아폴로, 사냥의 여신 아르테미스 등 올림포스의 열두 신은 물론 술의 신 디오니소스, 지옥의 신 하데스, 해의 신 헬리우스 등 올림포스의 열두 신은 아니지만 하늘과 땅에 있는 여러 신들 등 헤아릴 수 없을 만큼 많은 신이 등장한다.

터키에는 신화 같은 이야기가 실제 유적으로 확인된 곳이 두 곳 있다. 하나는 만지기만 하면 황금이 된다는 손의 주인공인 미다스 왕이고, 다른 하나는 트로이 전쟁과 목마로 유명한 트로이 왕국이다. 신화 속에서만 신비하게 남아 있을지도 모를 유적지가 최근의 고고학적 발굴 사업으로 인해 우리 앞에 현실로 나타나게 되었다.

황금의 손과 당나귀 귀의 주인공, 미다스 왕

장미의 나라 프리기아에 미다스 왕이 있었다. 어느 날 미다스 왕은 장미덩굴 밑에서 자는 주정뱅이 실레누스를 잘 대접하고 술의 신 디오니소스에게 돌려보냈다. 그러자 이를 고마워한 디오니소스가 미다스 왕에게 무엇이

든지 원하는 것을 말하라고 했다. 미다스 왕은 자기가 만지는 것은 다 금으로 변하게 해달라고 말했다. 디오니소스는 미다스 왕의 소원을 들어주었다. 그런데 만지는 것마다 다 금이 되니 미다스 왕은 아무것도 먹을 수가 없었다. 그러자 미다스 왕은 디오니소스에게 자기에게 주어진 상을 거두어달라고 애원했다. 디오니소스는 미다스에게 강에 가서 손을 씻으라고 했는데, 그 때부터 강가 모래에서 금이 나오게 되었다고 한다.

미다스의 귀가 당나귀 귀가 된 사연은 이렇다. 미다스는 팬과 아폴로가 벌이는 음악 경연 대회의 심판관으로 뽑혔다. 팬은 풀피리로 정겹고 소박한 곡을 연주했고, 아폴로는 아름다운 소리가 흘러나오는 은빛 칠현금을 켰다. 미다스는 소박한 팬의 노래가 좋아 팬에게 승리를 선언했다. 그런데 이것이 미다스의 잘못된 판단이었다. 팬보다 힘이 훨씬 강한 아폴로는 이렇게 아름다운 음악을 듣지 못하는 사람에게는 그에 맞는 귀가 있어야 한다고 하면서

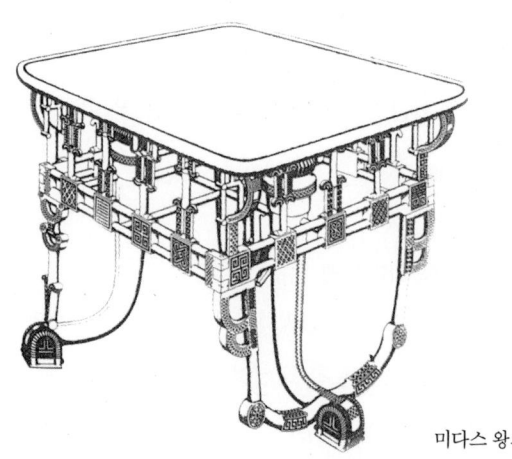

미다스 왕의 책상.

미다스의 귀를 당나귀 귀로 만들어버렸다.

　프리기아 왕국은 아나톨리아를 지배하던 히타이트 제국이 붕괴한 후 생긴 왕국이다. 인도·유럽어족인 프리기아인들은 기원전 800년경 앙카라에서 서남쪽 100㎞ 떨어진 곳에 있는 고르디온에 왕국을 건설하였다. 프리기아 왕국은 기원전 8세기 후반에 강력해졌으나 키메리아인의 침략과 리디아 왕국의 지배를 받다가 기원전 550년경 페르시아에게 완전히 패망하였다.

　고르디온은 풀어도 풀리지 않는 고르디온 노트knot;매듭 로 유명하다. 알렉산더 대왕이 동방 원정시 프리기아를 지나가려 하자 미다스 왕이 풀어도 풀리지 않는 고르디온 매듭을 주면서, 이 매듭을 풀면 이 길을 열어줄 것이고 풀지 못하면 돌아가라고 하자, 알렉산더가 매듭을 칼로 내리치면서 전쟁이 시작되었다고 한다. 고르디온에는 만지기만 하면 금이 되었다는 손과 당나귀 귀로 알려진 미다스 왕의 높이 50m 대형 고분이 벌판 한가운데 놓여 있다. 미다스 왕의 고분으로부터 조금 떨어진 곳에 프리기아 옛 왕국의 잔해 터가 녹슨 철조망으로 둘러싸여 있다.

　고르디온 유적은 1950년대 미국인 고고학자에 의해 발굴되었다. 미다스 왕은 최초 발굴 당시 옷을 입은 채로 있었으나 바깥 공기와 접촉하는 순간 옷은 산화하여 버리고 뼈만 남게 되었다고 한다. 2,300여 년이 지나는 동안에도 미다스 왕의 시신과 그 부장품이 크게 훼손되지 않은 것은 외부 공기를 차단시킨 특이한 공법 때문이라 한다. 미다스 왕의 시신은 큰 방 같은 관에 청동 그릇, 토기 등과 함께 있었고, 관 외부는 큰 나무 기둥으로 막은 다음 잔돌을 넣고 다시 나무로 마감한 형태였다. 미다스 왕이 사용했던 나무 책상은 독특한 문양과 정교한 세공으로 만들어진 수작이다. 미다스 왕의 묘는 앙카

트로이 목마.

라에 있는 아나톨리아 문명 박물관에 재현되어 있어 미다스 왕의 손과 귀를 확인할 수 있다. 미다스 왕의 묘에서는 금이 하나도 나오지 않았다고 한다. 또한 미다스 왕의 귀도 보통 사람보다 약간 큰 정도라고 한다.

트로이 유적지에는 1963년에 설립된 고르디온 박물관이 있다. 작은 규모의 이 박물관에는 주로 프리기아 시대 유물이 전시되어 있지만, 고대 청동기, 히타이트, 그리스, 로마 시대의 희귀한 유물이 전시되어 있어 볼 만한 가치가 있다. 프리기아 왕궁 터에서 발굴된 대형 모자이크도 전시되어 있다. 고르디온 북쪽 35㎞ 지점에 있는 아슬란타쉬도 프리기아 시대 유적지로 알려져 있다.

트로이 목마가 있는 트루바

트로이 목마와 관련된 트로이 전쟁은 기원전 13세기 그리스 영웅 서사시에 전해 내려온 그리스군과 트로이군의 전쟁에 대한 이야기이다. 그리스 신화에 나오는 이야기는 다음과 같다. 트로이의 왕자 파리스가 세상에서 가장 예쁜 여인을 찾기 위해 스파르타로 간다. 스파르타에는 메넬라우스 왕이 가장 예쁜 여인인 헬레네와 결혼하여 살고 있었다. 그런데 메넬라우스가 잠시 크레타로 볼일을 보러 간 사이 파리스는 헬레네를 훔쳐 도망간다. 이에 격분한 메넬라우스가 그리스 왕들에게 도움을 청하자 그리스 왕들은 헬레네를 구하고 트로이를 잿더미로 만들자고 결의하였다. 이리하여 미케네 왕 아가멤논이 이끄는 그리스 연합군이 트로이에 원정을 가 10년 간의 장기전이 전개된다.

트로이가 함락되지 않자 그리스군은 오디세우스가 고안한 커다란 목마를 만들어 트로이 성 밖에 갖다 놓았다. 그리스 진영에 아무런 소리도 없는 것을 안 트로이군은 그리스군들이 다 도망간 것으로 믿는다. 이때 그리스 진영에 남아 있던 시논이 트로이 군대에 잡혀 트로이 왕 앞에 섰다. 시논은 그리스인들이 목마를 만든 것은 아테나 여신에게 바치기 위한 것이고, 이렇게 크게 만든 것은 트로이인들이 목마를 성 안으로 끌고 들어가지 못하게 하기 위한 것이라고 계략적으로 말을 했다. 이 말을 깜쪽같이 믿은 트로이 군대는 목마를 끌어 아테나의 신전 앞에 갖다 놓았다. 트로이 군사들은 이제 전쟁이 끝난 것으로 생각하고 모두 집으로 돌아갔다. 드디어 한밤중에 목마가 열리면서 그리스 용사들이 나와 성 안에 불을 질러 파괴하여 난공불락이던 트로이가 함락된다.

　트로이 유적지는 독일인 고고학자 하인리히 슐리만이 전쟁을 주제로 한 호메로스의 영웅 서사시 일리아스를 토대로 1870~1873년 간의 발굴을 통해 빛을 보게 되었다. 평생을 트로이 유적 발굴에 매달린 슐리만은 발굴품을 독일로 밀반출하고 1881년에 베를린 박물관에서 이를 전시함으로써 처음으로 트로이가 세상에 알려지게 되었다. 슐리만의 발굴 전까지는 트로이 전쟁이 실제로 있었는지에 대해 논란이 많았으나, 슐리만의 발굴로 호메로스의 서사시가 사실에 근거를 두고 쓰여진 것으로 믿어지고 있다. 현재까지 발굴된 트로이 도시의 유적은 9층으로 이루어져 있으며, 이들은 모두 시대를 달리하며 세워진 도시로 밝혀졌다. 트로이 제1층은 기원전 3000~2500년의 유지에 속하며, 제2층은 기원전 2500~2100년에 해당하는 유지인데, 트로이 제1층에서부터 제5층까지는 문화적 성격이 비슷하다. 제6층이 트로이 전쟁과 관련된 도시이다. 제7층은 철기 시대, 제8층은 아르카이크 시대, 제9층은 헬레니즘 및 로마 시대의 것으로 확인되고 있다.

트로이의 현 터키어 지명은 트루바로 차낙칼레에서 30여km 떨어진 곳에 있다. 트로이의 유지는 이미 알려진 트로이 목마 명성에 비해 남아 있는 것이 빈약하여 방문하는 사람이 실망하기 쉽다. 시대를 설명하기 위해 폐허 앞에 세워진 안내판으로 그 옛날의 역사를 가늠할 수밖에 없다. 그러나 최근 유수 기업의 지원으로 트로이 유적지의 복원 사업이 많이 진행되고 트로이와 관련된 영화가 상영되어 트로이 전쟁을 머리 속으로 재현해볼 수 있게 되었다.

아르테미스 여신상.

세계 7대 불가사의 유적지

우리가 일반적으로 말하는 세계 7대 불가사의는 이집트 기자의 피라미드, 메소포타미아 바빌론의 공중 정원, 올림피아의 제우스상, 로도스의 크로이소스 대거상 大巨像, 알렉산드리아의 파로스 등대, 에페스의 아르테미스 신전, 할리카르나소스의 마우솔로스 능묘이다. 여기에 열거한 일곱 개의 건축물은 기원전 2세기 비잔티움 수학자인 필론의 저서 《세계의 7개 경관》에 기록되어 있는 것들이다. 이들 중 두 개가 터키에 있는데, 아르테미스 신전과 할리카르나소스의 마우솔로스 능묘가 그것이다. 이들 불가사의 유적지는 고대 그리스인들이 세계의 경이적인 건축물에 붙여놓은 이름으로 사람에 따라 세계 7대 불가사의에 포함되는 유적이 달라지기도 한다. 이미 널리 알려진 7대 불가사의 외에 터키는 여덟 번째 불가사의라고 불리는 건축물이 두 개가 더 있다. 그중 하나는 터키 중부 넴루트 산에 있는 유적이고 다른 하나는 이스탄불에 있는 성 소피아 성당 이다.

에페스의 아르테미스 신전

에베소 사람들은 유방이 스물 네 개 달린 다산 多産과 풍요의 상징인 아르테미스 여신을 위해 기원전 580년에 아르테미스 신전을 건축하였다. 아르테미스 신전은 기원전 356년 한 정신병자의 방화로 소실되었다가, 그리스 건축

아르테미스 신전이 있었던 곳, 지금은 큰 기둥 한 개만 남아 있다.

을 대표하는 최선최미最善最美의 걸작품인 아테네의 파르테논 신전보다도 크고 웅대한 신전으로 다시 창건됨으로써, 이오니아 양식으로 지어진 대표적인 건축물로 손꼽히게 되었다. 세계 7대 불가사의로 불리는 아르테미스 신전은 기독교의 영향에 의해 그 빛을 잃게 된 후 에페스 앞에 흐르는 강물의 토사로 완전히 덮여 땅위에서 자취를 감추었다. 아르테미스 신전은 1874년 영국인에 의한 발굴 작업 이후 그 모습을 다시 드러냈으나 지진으로 파괴되고, 거대한 석주들은 하나 둘 다른 곳으로 옮겨져 지금은 넓은 공터에 20여m 높이의 큰 기둥 한 개만 우뚝 서 있어 그 옛날 사람들이 경이의 눈으로 바라보았던 신전은 마치 허상처럼 느껴진다.

따라서 이 유적의 복원도를 보지 않고는 이것이 불가사의 건축물이라는 것을 인정하기가 쉬운 일이 아니다. 아르테미스 여신을 모신 신전은 장대하고 화려하여 과거에 그리스인들은 이 신전을 보고 경탄했던 것 같다. 신전은 총 133개의 돌기둥으로 세워졌는데 아마도 그리스인들은 정렬되어 늘어선 무수한 돌기둥을 보고 놀랐을 것으로 보인다. 외롭게 혼자 서 있는 돌기둥은 133개 돌기둥 중의 하나이다. 돌기둥의 직경은 1.85m이고 높이는 18.6m이다. 건물의 평면은 56.7×112.0m로 파르테논 신전 규모의 2.5배에 달한다. 아르테미스 신전의 복원된 모형도는 영국의 대영 박물관에서 볼 수 있다.

에페스의 유적지와 주변 도시를 즐기기 위해서는 이곳에서 20km 떨어진 항구 도시 쿠쉬아다스를 거점으로 하는 것도 좋다. 쿠쉬아다스 주변에는 에페스는 물론 프리에네, 밀레투스, 디디마 등 고대 역사 도시를 방문하기가 쉽다. 쿠쉬아다스는 비잔틴 시대의 조용한 항구였으나, 1413년 오스만 제국이 점령한 후 시내에 성곽과 사원, 하맘(목욕탕)이 건축되었고 유럽과 아프리카와 교역하기 위한 무역항으로 역할을 하게 되었다. 이 항구 도시는 1980년대 관광지로 개발되어 최근에 급격히 커진 도시로 해안의 낮은 구릉에 휴양촌이 계속 들어서고 있다.

보드룸의 마우솔로스 능묘

보드룸의 옛 이름은 할리카르나소스로 할리카르나소스는 기원전 900년경 펠로폰네소스 반도의 그리스계 도리스인에 의해 건설되었다고 한다. 기원전 370년경 마우솔로스 왕이 이곳을 중심으로 항구와 공공 건물을 건축하였고, 그의 사후 기원전 350년경 마우솔로스 영묘靈廟 건물이 세워졌는데, 바로 이것이 세계 7대 불가사의의 하나이다. 역사의 현장에는 건축물이 남아 있지는 않지만, 마우솔로스 능묘는 높이가 46m로 이오니아 양식으로 지어진 걸작품이라고 한다. 이 능묘는 가로 세로가 각각 36m, 27m의 묘대墓臺 위에 대리석 돌기둥을 세우고 피라미드 형태의 지붕으로 마감된 거대한 건축물이었다. 이 건물은 지진과 십자군 원정으로 완전히 파괴되기 전까지 1900여 년 간 원형이 보존되어 있었다. 오늘날 영묘 건축물을 일컫는 모솔리움이라는 단어는 마우솔로스 왕릉과 연관이 있다고 한다.

보드룸은 에게해 연안의 중요한 관광 도시이다. 이 도시는 역사의 아버지 헤로도토스의 고향으로도 유명하다. 에게해의 중심 도시 이즈미르에서는 250km 떨어져 있고, 이스탄불에서는 830km, 앙카라에서는 785km 거리에 있다. 보드룸은 에게해 남부 지역에서 가장 아름다운 휴양 도시이며, 그리스 섬 코스를 왕복하는 페리도 운항된다. 보드룸 거주민들은 이미 고대부터 배를 만들어 즐겼다고 하는데, 보드룸에서 출발하는 요트 관광도 해안을 둘러싸고 있는 녹음을 만끽할 수 있어 해볼 만한 관광거리이다. 보드룸은 밤이 되면 젊은이들로 넘쳐 시내가 불야성을 이룬다. 해안 주변과 할리카르나소스 유적 주변에는 디스코 장이 많은데 보드룸을 찾는 젊은 층이 많기 때문이다.

보드룸의 대표적 명소는 밤에도 빛을 발하는 보드룸 성이다. 보드룸 성은 영·불·독 으로 구성된 성 요한 기사단이 1406년에 축조하였다. 보드룸 성에 있는 다섯 개의 성 탑 이름(영국 탑, 독일 탑, 이탈리아 탑, 프랑스 탑, 스페인 탑)만 보아도 이 성 주변의 거주민이 누구였는지 알 수 있다. 오스만 제국이 1523년에 보드룸과 로도스 섬을 정복한 이래 보드룸은 터키인의 수중에 놓이게 되었다. 보드룸 성에는 수중에서 발굴한 유물을 전시한 것으로 유명하다. 또한 기원전 14세기 카쉬에서 침몰한 선박이 복원되어 있어 고대 해상 생활과 무역이 어떠했는지를 보여 주고 있다.

신상神像의 왕국 콤마게네의 넴루트 산

넴루트 산은 동남부 지역 아드야만에 있는 해발 2,150m의 산이다. 터키에는 동부 반 지역에도 아드야만에 있는 산 이름과 같은 넴루트 산이 하나 더 있다. 아드야만의 넴루트 산을 가기 위해서는 두 가지 길이 있다. 하나는 남쪽에서 가는 길인데, 아드야만에서 35km 떨어진 카흐타를 거쳐 다시 이곳에서 70km 거리의 산 정상을 올라야 한다. 북쪽에서 간다면 말라탸에서 남쪽으로 내려오면 되는데, 말라탸에서 넴루트 산까지는 110km이다.

유프라테스 강을 굽어보고 있는 넴루트 산 정상에는 소아시아의 고대 소왕국인 콤마게네 왕국의 신전이 있다. 콤마게네는 기원전 190년경 수도를 삼삿으로 발흥하여 기원후 72년 로마에 의해 완전 합병되어 약 260여 년 간

안티오코스 왕의 머리와 독수리 상.

존속한 왕국이었다. 콤마게네는 안티오코스라는 이름을 가진 네 명의 왕과 미티라테스라는 이름을 가진 세 명의 왕 등 일곱 명의 왕을 두었다. 안티오코스 1세는 콤마게네 왕국을 세운 미티라테스 1세의 아들이다. 넴루트 산에는 안티오코스 1세의 거대한 석상과 각종 신상이 정상에 건축되었다. 산 정상에는 안티오코스 1세의 거대한 능묘가 있고 그 주변에는 신상을 둔 제단이 있다. 안티오코스 1세 능묘는 그 높이가 50여m로 거대한 피라미드 같은 것이며, 10여m의 석상과 신상들은 7m 높이의 제단 위에 세워졌다. 콤마게네는 거대한 신상의 왕국이다.

콤마게네는 라틴어로 '행운', '풍요'의 뜻을 가진 풍요의 여신이다. 콤마게네 사람들은 별을 보고 미래를 점쳤다. 메소포타미아 시대에는 태양, 달, 물의 신이 제일 신성하여 이들 신을 위해 신전을 건축하였다. 메소포타미아에 가까운 아나톨리아 지역도 기원전 3~기원전 2세기경 비슷한 상황이었다. 그러나 아나톨리아가 동서양의 교차로에 있어 이 지역에는 이들 신 외에도 산, 폭풍, 전쟁, 풍요의 신 등 다양한 신들을 숭배하게 되었다. 콤마게네 사람들은 신들은 다 하늘에 있는 것으로 믿어 하늘에 가장 가까운 곳에 신전을 만들었다. 그래서 그들은 신에게 더 가까이 갈 수 있다고 믿었다. 그들이 만든 것이 넴루트 산의 안티오코스 1세 능묘와 그 제단이다.

안티오코스 1세 능묘는 거대한 봉분으로 덮여진 후 다시 자갈돌로 완전히 덮여졌다. 능묘의 동, 서, 북쪽에 제단이 마련되어 있다. 동쪽 제단에는 아폴로, 콤마게네, 제우스, 안티오코스, 헤라클레스, 독수리, 사자의 석상이 있고, 서쪽 제단에는 사자와 독수리, 안티오코스와 콤마게네, 안티오코스와 아폴로, 안티오코스와 제우스, 안티오코스와 헤라클레스, 아폴로, 콤마게네 등의

넴루트 산의 석상들. 지진에 의해 머리 부분이 다 떨어져 땅위에 놓여 있다.

석상이 있다. 동쪽 제단에는 안티오코스 왕 자신과 신들이 각각 세워졌지만, 서쪽 제단에는 안티오코스와 신을 함께 조각해놓음으로써 안티오코스 왕이 신과 동격임을 부각시킨 것이 다르다. 동서 제단의 석상들은 지진에 의해 머리 부분이 다 떨어져 땅위에 놓여 있다. 콤마게네 사람들은 독수리를 태양에 가장 가까이 갈 수 있는 신의 창조물로서 인간과 신의 중개자라고 믿었고, 사자는 가장 힘 센 동물로 왕국을 보호한다고 믿었다.

　넴루트 산에 있는 거대한 능묘와 석상을 보노라면, 이것이 세계 7대 불가사의에 들어가기에 충분하다는 생각이 든다. 이렇게 큰 봉분을 어떻게 작은 돌로 다 덮었으며, 거대한 석상들을 어떻게 만들어 이렇게 높은 산에다 세웠을까 하는 의문이 가시지 않는다. 넴루트 산은 한 마디로 인간이 신을 얼마나 신성시했는지를 확실하게 보여주고 있다. 넴루트 산은 일반 관광객이 쉽게 갈 수 있는 곳은 아니나, 볼 만한 가치가 충분히 있는 곳이다. 넴루트 산의 거대한 유적 외에도 이곳의 명물은 일출과 일몰이다. 일출과 일몰 시의 넴루트 산에 퍼지는 신비스런 광선은 콤마게네 왕국을 천국으로 만들어주고 있다. 산 정상이 춥기 때문에 여름철에 방문하는 것이 좋다.

　넴루트 산의 콤마게네 유적은 1881년 독일인에 의해 처음 발견된 후 1950년대부터 발굴 작업이 시작되었고, 지금은 유적의 복원 작업이 진행 중에 있다. 안티오코스 왕 봉분의 높이는 75m 였으나 왕의 석관을 찾기 위한 다이나마이트 폭파 작업으로 현재의 50m로 내려왔다. 터키의 관광부는 제단에서 떨어진 안티오코스 왕의 머리나 독수리 상을 터키의 관광 홍보 포스터에 넣고 있을 만큼 넴루트 산을 터키 관광의 주요한 이미지로 생각하고 있다. 유네스코는 넴루트 유적을 세계 인류 문화 유산으로 지정하였다.

노아의 방주가 안착한 곳으로 알려진 아라랏 산.

성지聖地 둘러보기

　보통 소아시아 반도로 알려진 터키에는 성서에 나오는 지명들이 많다. 구약 성서에 기록된 노아의 방주와 아라랏 산, 기독교 초대 일곱 교회의 존재는 우리 한국인들에게도 많이 알려진 이야기가 되었다. 창세기 홍수 이후 노아의 방주가 안착한 곳으로 알려진 아라랏 산은 구약 성서에 네 차례 기록되어 있다. 터키의 동부 지역에 있는 아라랏 산은 해발 5,165m 높이로 터키에서 가장 높은데, 현재의 이름은 아으르 산이다. 또한 터키가 위치한 소아시아 반도는 유대인들과 잡신을 믿던 이방인들에 대한 사도 바울의 전도 여행이 있었던 곳으로 기독교 역사상 초대 일곱 교회가 이곳에 있어 기독교인들에게는 매우 중요한 성지이다. 기독교 교회사 면에서 볼 때, 교회가 핍박당하던 어둠의 시대에 생긴 초대 일곱 교회의 시대와 서기 300년대 초 콘스탄티누스 황제에 의해 기독교가 종교의 자유를 얻게 되어 동로마 수도 콘스탄티노플이 서양 기독교의 중심지가 된 시대가 모두 터키 땅에서 이루어졌기 때문에 터키는 기독교 역사가 살아 있는 현장이기도 하다.
　터키에서 성지로서 빼놓을 수 없는 곳이 중부 내륙에 있는 카파도키아이다. 카파도키아에는 기독교가 박해받던 초대 교회 시대에 기독교인들이 신앙의 피신처로 사용했던 지하 동굴과 지하 교회가 있다. 이곳은 기괴한 자연의 경관과 함께 초기 기독교인들의 고난을 몸으로 느낄 수 있어 이곳을 찾는 사람들로부터 감동을 자아내게 한다. 화산 작용으로 생긴 기괴한 바위들이 잿빛 땅위에 널려 있어 그곳에 서면 마치 이름 모를 다른 행성에 와 있는 것과 같은 착각이 들게 할 정도다. 용암으로 생긴 바위가 오랫동안 비와 바람에 깎여 버섯 모양의 특이한 모양을 연출하고 있어 자연의 조화로움과 신비함을 만끽할 수 있는 곳이다. 카파도키아에 있는 돌기둥 안에는 수없이 많은 교회가 있고, 데린쿠유를 중심으로 한 지하 도시에도 교회의 흔적이 많이 남아 있다. 고대 이름이 '안디옥'인 지중해 연안 도시 안타키아도 예루살렘에서 교회에 핍박이 있을 때 많은 기독교인들이 안디옥으로 피난와 초대 교회를 형성하였다. 안디옥은 예루살렘, 로마 다음으로 중요한 도시였으며, 안디옥 교회 교인들이 최초로 크리스천이라고 불리게 되었다고 한다. 교황 바오로 6세는 1963년 안디옥 동굴 교회를 성지로 선포하였다.

터키에 있는 기독교 성지를 다 설명할 수는 없으므로 대표적인 기독교 성지이면서 관광객이 많이 찾는 명소를 중심으로 하나씩 살펴보도록 하자.

초대 일곱 교회

요한 계시록에 기록된 초대 일곱 교회는 에베소, 서머나, 버가모, 두아디라, 사데, 빌라델비아, 라오디게아이다. 이들 일곱 교회는 에게해 연안과 내륙에 위치하고 있는데, 이들 교회가 위치한 현재의 지명은 아래와 같다.

에베소 : 에페스.
서머나 : 이즈미르.
버가모 : 베르가마.

두아디라 : 악히사르.

빌라델비아 : 알라셰히르.

사데 : 악히사르에서 동남쪽 살리흘리.

라오디게아 : 데니즐리와 파묵칼레 사이 에스키히사르.

요한 계시록에 나타난 기독교 초대 일곱 교회의 교회 건물이 이 지역에 남아 있는 것은 아니다. 초기 기독교인들은 로마의 박해를 피해 개인의 집이나 동굴 등 비밀스런 장소에서 모임을 가졌기 때문에 초대 일곱 교회가 있다는 곳을 방문하더라도 교회의 건물 모습은 찾아볼 수 없다. 일곱 교회란 일곱 도시에 흩어져 신앙 생활을 하고 있던 기독교인들이 살고 있는 지역의 이름일 뿐이다. 일곱 교회가 있는 에페스, 이즈미르, 베르가마, 파묵칼레 등은 성지로서뿐만 아니라 관광 명소로도 유명하여 일반 관광객들이 늘 붐비는 곳이다.

상업과 학문의 중심지, 에베소(에페스)

에페스는 에게해안 도시 이즈미르에서 남쪽으로 약 74km 떨어진 곳에 자리하고 있다. 이스탄불에서는 600km, 앙카라에서는 583km의 거리에 있는 이즈미르는 터키에서 세 번째 큰 도시로 이스탄불, 앙카라 다음이다.

에페스로 가기 위해서는 셀축이라는 곳을 지나야 한다. 셀축과 에페스의 거리는 3km 정도의 지척 간으로, 셀축에는 에페스 박물관, 사도 요한 교회와 세계 7대 불가사의 중의 하나인 아르테미스 신전의 큰 기둥이 있다. 에페스 박물관에는 에베소 사람들의 수호신인 아르테미스 여신상이 있다. 또한 유

거대한 반원형의 대공연장.

스티아누스 황제가 건축한 요한 교회에 사도 요한의 무덤이 안치되어 있는데, 사도 요한과 바울은 갖은 박해를 무릅쓰고 이 교회를 거점으로 하여 초기 일곱 교회를 개척하고 요한복음을 기록하였다.

초기 에베소는 기원전 10세기에 이오니아인에 의해 건설되었다. 성경은 에페스를 에베소로 적고 있다. 알렉산더 대왕 이후 에베소는 로마의 중요한 도시가 되면서 번창기를 맞아 에게해안에서 금융과 상업의 중심지로서 화려하고 부유한 대도시가 되었다. 이뿐만 아니라 아름답고 살기 좋은 에페스는 철학 문학 역사 등 학문의 중심지였으며, 예술가와 돈 많은 상인들이 몰려와 한때는 인구 25만 명을 가진 큰 도시로 발전하였다. 이집트 여왕 클레오파트라와 결혼한 로마의 집정관 안토니우스도 에베소에 들러 보석과 화장품을 샀다고 전해진다. 에페스의 화려함은 정교한 도시 계획에 따라 아름답게 조화 배치된 시가지는 물론 대리석이 연출한 수많은 조각과 건축물이 대변하고 있다.

에페스에는 세 개의 대로가 각기 다른 방향으로 뻗어 있는데, 이들 대로 양변에는 대소 공연장, 도서관, 민회, 신전, 유곽, 수세식 공중 변소, 창고, 운동장, 체육관, 우물, 목욕탕, 가축 시장, 시장터 등이 꽉 들어차 있어 도시 전체가 빈틈이 없어 보인다. 특히 대리석으로 된 대로에는 마차 다니는 길과 인도가 뚜렷이 구분되어 있으며, 이륜 마차 바퀴가 잘 굴러가도록 대리석 도로의 양쪽에 긴 홈을 파놓았고, 하수도 시설을 완벽하게 만들어놓은 데서 세심한 도시 계획의 단면을 엿볼 수 있다.

에페스 도시 입구에 들어서면 2만 5,000명을 수용할 수 있는 거대한 반원형 대공연장이 한눈에 들어온다. 이 공연장은 기원전 3세기경에 건축되었는데 로마 시대에 수차 확대되었으며, 사도 바울이 서기 53년에 에페스에 도착하여 이곳에서 설교를 하였다고 한다. 에페스에서의 바울의 설교 행적은 성경의 사도행전 19장에 기록되어 있다. 바울이 우상 숭배를 하지 말라는 말에 흥분한 군중들이 "아르테미스 신은 위대하다"고 외치며 바울을 쫓는 바람에 바울이 할 수 없이 그곳을 떠나야 했다는 사도행전의 기록처럼 아르테미스 신전을 숭배하던 사람들에 대한 전도 활동은 쉽지 않았으나, 아르테미스 신전이 지배하던 도시는 사도 바울의 복음 전파로 에베소 교회로 변해갔다.

로마 시대 때 에게해를 항해하던 사람들은 화려하고 아름다운 항구 도시

셀시우스 도서관.

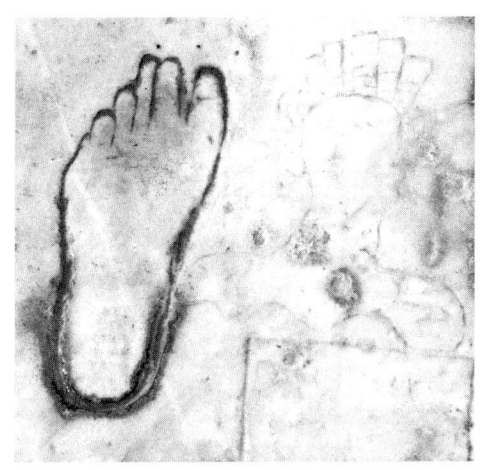

유곽이 있음을 알리는 광고 석판.

에베소에 정박하고 몸을 풀었다. 에베소로 들어오는 항구로에는 유곽遊廓을 찾는 사람들을 위한 광고 석판이 있다. 포주가 인도의 대리석 위에 머리를 단장한 여자의 얼굴, 하트 모양, 조그만 동그라미와 발모양 등을 음각한 광고인데, 이것이 인류 최초의 광고로 알려지고 있다. 예나 지금이나 항구 주변의 모습은 같은 것 같다.

에베소에서 가장 아름다운 건축물을 꼽으라면, 단연 셀시우스 도서관이다. 이 도서관은 서기 110년에 건축을 시작하여 135년에 완공한 것인데, 로마 제국 내의 최대 도서관 중의 하나이다. 버가모의 도서관에 비하면 규모가 훨씬 미치지 못하지만, 만 권 이상의 책을 소장하고 있던 이 도서관으로 에베소는 학문의 중심지 역할을 할 수 있었고, 에베소 사람들은 이를 자랑스럽게 생각하였다.

성모 마리아의 집.

에페스에서 약 11㎞ 거리의 산으로 올라가면 '성모 마리아의 집'이 나온다. 요한복음 19장에는 예수가 십자가 위에서 사랑하는 제자에게 모친 마리아를 모실 것을 당부하고 있다. 성모 마리아의 집은 성모 마리아가 말년을 보내다가 승천한 곳이라고 한다. 성모 마리아는 예수의 부탁을 받은 제자 요한을 따라 에베소로 갔으며, 마리아는 이곳에서 말년을 보내다가 생애를 마쳤다고 한다. 2006년 11월 에페스를 방문한 교황 베네딕토 16세는 성모 마리아의 집에서 미사를 집전하고 '대륙을 연결하는 아나톨리아 반도나 성지 에페스는 기독교인과 유대교인, 무슬림인들이 다 같이 신성시하는 땅'이라고 하였다. 교황이 방문하기 수개월 전에 산불이 일어나 성모 마리아의 집이 소실될 위기에 처했으나 다행히 불길이 집으로 오기 직전에 잡혀 화를 면하기도 했다. 터키 언론은 이를 두고 신이 내린 기적이라고 표현했다.

성모 마리아의 집이 발견된 연유는 참으로 신기하기까지 하다. 이 성소의 발견은 독일에 살던 한 여인의 구술이 단서가 되었다. 독일인 수녀 캐더린 에밀리히가 병상에서 누워 지내는 동안 예수와 성모에 대한 환상을 보았으며 성모 마리아가 일설의 주장처럼 예루살렘에서 죽은 것이 아니고 에베소에서 죽었다고 주장하였다. 그녀는 꿈 속에서 마리아가 마지막으로 살던 집을 보았다고 하면서 그 지역과 집을 묘사하였다. 그녀의 구술이 너무 사실적이고 구체적이라 그 구술은 한 시인에 의해 책으로 발간되었고, 그 후 이즈미르에 있는 성직자들의 탐사로 1891년 5월에 성모 마리아의 집이 발견되었다. 성모 마리아의 집 옆에는 기적의 효능이 있다고 믿어지는 성수聖水 터가 있고 바로 그 옆에는 방문한 사람들이 소원을 종이에 적어 매다는 벽보판이 있다.

에베소에는 성모 마리아 교회의 유적이 남아 있는데, 이곳에서 431년 제3차 세계 공의회가 열려 "예수는 하느님의 아들이시며, 동정녀 마리아는 주 예수의 어머니 곧 성모이시다"라는 교의가 확정되었다.

폴리갑의 순교지, 서머나(이즈미르)

이스탄불, 앙카라에 이어 터키의 3대 도시 중 하나인 이즈미르는 초대 교회가 있던 역사적인 도시 서머나의 현재 이름이다. 서머나의 그리스식 발음은 스미르나이며, 스미르나는 1923년 터키 공화국 건설 이후 이즈미르로 바뀌게 되었다.

서머나의 최초의 정착민은 기원전 10세기경 에올리아 헬라인으로 알려지고 있는데, 서머나는 기원전 3000년경부터 에게해안의 항구 도시로 발전하였다. 서머나는 기원전 700년경에 살았던 그리스 최대 서사시 일리아스와 오디세이아의 작가 호메로스의 고향으로 알려지고 있다. 서머나는 에올리아인에서 이오니아인, 리디아인, 페르시아인 등으로 주인이 계속 바뀌면서 지진, 약탈 등으로 도시는 크게 파괴되었다. 그러나 소아시아를 정복한 알렉산더 대왕이 파고스 산(현재의 카디페칼레)에 거대한 성채를 짓고 도시를 재건설하면서 서머나는 다시 큰 도시로 변모하게 되었다. 알렉산더 대왕이 서머나를 건설하게 된 것은 파고스 언덕에 사냥 나왔다가 낮잠을 자던 중 네메시스 여신으로부터 서머나에 새로운 도시를 건설하라는 계시를 받은 때문이라 한다.

서머나는 바로 북쪽에 있는 버가모와 함께 에게해 연안의 주요 도시로 성장하였고 로마 제국이 이 도시를 정복하면서 더욱 발전하게 되었다. 서기

178년에 이 지역을 강타한 대지진으로 서머나는 또 한번 크게 파괴되었으나, 마르쿠스 아우렐리우스 로마 황제의 도시 재건을 위한 물자 지원으로 도시는 재건되었고 비잔틴 시대에 이르러 서머나는 가장 활발한 항구 도시가 되었다.

1415년에 서머나는 오스만 제국의 영토가 되었으며, 1535년 오스만 제국의 쉴레이만 황제가 프랑스의 프랑수와 1세와 최초의 상업 조약을 체결함에 따라 서머나에는 외국인 상인들이 거주하게 되었다. 이로 인해 이즈미르에는 거리의 모습이나 건물들이 유럽풍의 분위기를 풍기고 있으며, 이즈미르는 그리스어 이탈리아어 독일어 등 다양한 언어가 소통되는 국제 상업 도시가 되었다. 근래 이르러 제1차 세계대전 시 오스만 제국이 독일편에 들어 참전하였으나 독일이 전쟁에서 패하자 연합국의 지원을 받은 그리스가 1920년에 이즈미르를 침공하였다. 이에 맞서 무스타파 케말이 이끄는 군대가 치열한 전투를 가진 결과, 1922년 9월 이즈미르는 다시 터키인들의 손에 들어오게 되었다. 이즈미르는 국부 아타튀르크가 신생 공화국의 경제 정책을 탄생시킨 제1차 경제 대회의를 가진 것으로 유명하며, 공화국 이래 매년 8월 말 9월 초에 국제 박람회를 개최하고 있어 국제적으로도 많이 알려진 도시이다.

서머나에는 사도 바울의 전도 활동으로 초대 교회가 세워졌다. 현재 서머나에는 86세 때 순교한 서머나 교회의 감독 폴리갑(155~166년)의 기념 교회가 시내에 있는 에페스 호텔 맞은편에 있다. 폴리갑의 기념 교회는 1600년 프랑스 교구에서 폴리갑을 기념하기 위해 재건한 것이다. 폴리갑의 화형火刑을 묘사한 성화가 이곳을 찾는 사람들을 경건하게 만드는데, 폴리갑의 생애와 관련된 성화들은 이 교회를 보수할 때 프랑스 화가 레이몽 페레가 그린 것

이즈미르의 폴리갑 기념 교회 안에 있는 폴리갑의 순교 장면 성화.

이라고 한다. 불길에 싸인 폴리갑을 향해 한 사나이가 칼을 들고 달려들고 있고, 칼을 든 사람의 뒤편에는 또 한 사람의 순교자가 손이 묶인 채 체념한 표정으로 화형 차례를 기다리고 있다. 화형을 기다리고 있는 사람이 바로 화가 자신인 페레라고 한다. 화가 자신도 폴리갑의 뒤를 잇는 순교자로 묘사한 것이다. 폴리갑의 눈길은 하늘을 향해 있지만, 페레의 눈길은 땅을 향하고 있어 화형을 맞는 두 사람의 각오가 어떠했는지를 짐작하게 한다.

신전과 학문의 도시, 버가모(베르가마)

버가모는 이즈미르에서 북쪽으로 90km 떨어진 곳에 위치하며, 고대 도시 명은 페르가몬이다. 이 도시의 유래는 트로이 전쟁 시로 거슬러 올라가지만,

도시의 전성기는 알렉산더 대왕이 소아시아를 점령한 이후부터 로마가 이 지역을 정복하기 전까지인 기원전 4~1세기경이었다. 기원전 334년 알렉산더 대왕이 페르시아의 다리우스 9세 왕을 버가모 지역에서 격퇴함으로써 버가모는 그리스 시대를 맞게 되었다.

베르가마 도시에 들어서면 경사가 심한 산꼭대기에 거대한 버가모 왕국의 유적이 나타나는데, 시내 쪽에서 구왕국이 있는 정상을 쳐다보노라면 마치 전설의 나라를 찾아가는 듯한 환상이 든다. 구불구불한 나선형 산길을 따라 정상에 오르면, 시내는 물론이고 저 먼 곳까지 모두 한눈에 들어온다. 버가모가 천연적인 요새임을 말해주는 것이다. 버가모 왕국은 필레타리우스(기원전 283~기원전 263년)가 버가모를 요새화하고 자신을 왕이라 칭함으로써 탄생되었으며, 이후 유메네스 1세, 앗탈레스 1세, 유메네스 2세, 앗탈레스 2세, 앗탈레스 3세(기원전 138~기원전 133년)가 왕을 계승하여 150여 년 간 계속되었다.

버가모 왕국은 앗탈레스 3세가 버가모를 로마에 자진 헌납하여 로마 제국에 편입되었다. 그러나 로마가 버가모를 소아시아의 수도로 삼았기 때문에 버가모의 화려한 역사는 로마 제국의 아시아 지역 수도가 에베소로 옮겨질 때까지 계속되었다. 산 위에 넓게 퍼져 세워진 아크로폴리스의 왕궁과 많은 수의 신전은 버가모 왕국의 화려했던 영광을 말해주고 있다.

산 정상의 아크로폴리스 왕궁에는 제우스 신전, 디오니소스 신전, 아데나 신전, 트라야누스 신전, 도서관 등이 자리하고 있다. 이 도시는 지진과 전쟁으로 많이 파괴되었으나 계속되는 복원 작업으로 어느 정도 도시의 규모를 알 수 있는 정도가 되었다. 버가모의 관광 명소는 아크로폴리스 왕궁 외에도

아크로폴리스 신전.

시내에 있는 태양의 신 세라피스 신전과 버가모의 종합 병원인 아스클레피온이다. 세라피스 신전은 이집트 신전이라고도 불리는데, 붉은 벽돌로 지어져 크즐 아블루라고 불린다. 이 신전 규모는 가로 100m, 세로 260m에 이르고, 높이도 20여m에 달해 웅장한 규모이다. 현재는 건축물 일부만 남아 있지만, 그것으로도 이 신전의 규모를 짐작할 수 있다. 이 신전은 세리누스라는 천川 위에 세워진 것이 특징이다. 이 신전은 기독교 공인 이후 기독교 교회로 전환되었으나, 비잔틴 제국의 쇠퇴와 함께 교회의 역할도 사라지게 되었다. 지금은 이 건축물 한쪽을 이슬람 사원으로 사용하고 있다.

버가모가 자랑하는 또 다른 건축물은 시내 입구에 있는 종합 병원 아스클레피온이다. 아스클레피온이라는 이름은 그리스 신화에 나오는 의료의 신 아스클레피우스에서 유래한다. 아스클레피온 병원 진입로는 폭 20m, 길이 820m인 대로가 한 줄로 길게 뻗어 있으며 길 양편에는 15m의 석주石柱가 세워져 있어 거대한 도시 국가로 들어가는 듯한 기분을 준다. 이 건축물은 1967년에 발굴되었는데, 기원전 4세기경에 건축된 것으로 알려지고 있다. 의학의 아버지 히포크라테스도 이곳에서 일했다고 한다. 이 병원은 현대적 의미로 일반 치료는 물론 음악 요법, 명상 요법, 목욕 요법, 심리 요법 등의 치료 시설을 갖춘 대형 전문 병원이었다. 병원 입구인 대리석의 대로를 걷는 것부터가 건강의 신으로 간다는 믿음을 주는 치료의 시작이며, 긴 터널 통로를 걷게 하는 것은 명상 요법이고, 진흙 목욕은 목욕 요법, 환자들에게 삶의 의욕과 희망을 주기 위한 야외 원형 극장 공연은 음악 요법이었다.

버가모를 언급하려면 버가모 사람들의 양피지 발명과 도서관을 잊지 말아야 한다. 버가모의 도서관은 이집트 알렉산드리아의 도서관과 함께 세계

2대 도서관이었는데, 버가모 전성기의 유메네스 2세는 알렉산드리아의 궁정 도서실보다 더 큰 도서실을 지으려고 하였다. 도서관에 대한 유메네스 2세의 광적인 관심을 알게 된 이집트 왕은 버가모에 파피루스 수출을 금지시켰다. 버가모 사람들은 갈대로 이겨 만든 이집트의 파피루스 공급이 중단되자 양의 가죽으로 만든 양피지羊皮紙를 발명하였다. 기원전 1세기 때 알렉산드리아 도서관이 화재로 큰 손상을 입은 데 대해 클레오파트라 여왕이 상심하자, 이를 본 로마 장군이 군대를 동원하여 버가모 도서관의 장서를 알렉산드리아로 가져가 클레오파트라 여왕에게 선물했다고 한다. 당시 장서 20만 권을 자랑하던 버가모의 도서관은 아테나 신전과 트라얀 신전 사이에 기초 부분만 남아 있다.

목화木花의 성, 히에라폴리스(파묵칼레)

파묵칼레는 목화성木花城이라는 뜻으로 마치 목화 송이로 덮인 성과 같다 하여 붙여진 이름이다. 파묵칼레는 이즈미르에서 동남쪽으로 230여km 떨어진 데니즐리라는 도시에서 다시 북쪽으로 20여km 들어간 곳에 있는 도시이다. 파묵칼레는 성서 골로새서에서 언급되는 고대 도시 히에라폴리스이다. 이곳은 맨 위에서 흐르는 온천물이 경사진 아래로 흘러내려 크고 작은 층을 만들고 있는데, 다량의 석회질을 담고 있는 온천수가 흘러내리면서 석회만 침전되어 목화 같은 하얀 색의 장관을 이루고 있다. 특히 야간 조명을 받은 파묵칼레의 모습은 환상적인 동화 속의 나라 같은 분위기를 자아낸다. 이곳의 온천물은 35℃의 탄산수로 여러 가지 질병에 효험이 있어 로마 황제와 귀족들이 치료를 위해 이곳을 찾았다고 한다. 파묵칼레는 자연이 만들어낸 신

파묵칼레.

기한 경치, 온천장과 함께 고대 도시 유적을 갖고 있어 관광객이 일석삼조의 효과를 볼 수 있는 곳이다.

히에라폴리스는 기원전 3세기에는 시리아 왕의 지배에 있었으나 기원전 2세기 말에는 버가모 왕국의 지배에 있었다. 이 도시는 로마의 지배를 받으면서 번창해나가다가 기원후 60년에 대지진으로 크게 파괴되었으나 네로 황제 때 재건되었다. 히에라폴리스는 치료 휴양의 도시이자 상업의 도시였다. 로마의 웅변가이면서 정치가인 키케로도 이곳에서 서사시와 연설문을 썼다고 한다. 히에라폴리스 도시는 한때 인구가 8만 명에 이르렀으나 계속되는 지진, 아랍인의 침입, 셀주크 터키 군과 비잔틴 제국 군대 간의 전장이 되는 바람에 도시는 급격히 황폐해졌으며 12세기 이래 폐허로 잊혀진 도시가 되었다. 그러나 19세기에 시작된 발굴 작업으로 히에라폴리스 폐허는 다시 빛을 보게 되었다.

히에라폴리스에는 2세기경에 건축된, 1만 명 정도를 수용할 수 있는 원형 극장이 있고 온탕과 냉탕을 갖춘 로마 목욕탕이 있다. 현재는 로마 목욕탕의 일부가 복원되어 박물관으로 활용되고 있다. 또한 성문 밖 북쪽 1km 지점에는 1,200개에 달하는 석관이 여기저기 흩어져 있다. 이 도시의 산기슭에는 빌립 사도 순교 기념 교회가 있다. 이 교회는 빌립 사도가 기원후 80년에 순교한 것을 기념하기 위해 기독교가 공인된 이후, 그가 네 딸과 함께 순교당한 곳에 세워졌다

히에라폴리스에서 7km 떨어진 곳에 초대 일곱 교회 중 하나가 있었던 라오디게아가 있다. 라오디게아는 눈병을 고치는 안약의 산지로 유명하였다고 한다. 라오디게아 교회에 보낸 요한 계시록에는 "영적인 눈을 뜨기 위해 안

약을 사서 바르게 하라"고 기록하고 있다.

기암괴석奇巖怪石의 동굴 교회, 카파도키아

카파도키아란 지명은 200여 년 간 유지된 카파도키아 왕국(기원전 257~기원전 64년)의 이름을 그대로 사용하여 부른 것이다. 지리적으로는 네브셰히르―카이세리―니데를 잇는 삼각지대를 말하며, 이곳의 중심 관광지는 괴레메, 위치히사르, 젤베 등이다. 앙카라에서 남쪽으로 270㎞ 떨어진 악사라이에서 다시 동쪽 방향으로 한 시간 가면 괴레메가 나온다. 앙카라에서 악사라이까지는 끝없는 평야와 구릉이 펼쳐져 있다.

카파도키아의 특징은 기암괴석의 동굴 교회와 땅속에 펼쳐진 거대한 지하 도시를 갖고 있다는 것이다. 이곳은 보는 사람으로 하여금 자연의 경관에 대한 경이와 자연의 무서움으로 인한 전율을 동시에 느끼게 하는 곳이다. 파묵칼레를 동화의 나라로 표현한다면, 카파도키아는 기괴한 요정의 나라라고 할 수 있다. 황량하고 황폐한 지형에 원추형과 버섯 모양의 기괴한 암석들이 즐비하게 서 있고, 그 속에는 상상을 초월하는 교회가 형성되어 있어 자연과 인간의 능력에 대해 놀라지 않을 수 없게 된다.

카파도키아는 6,000만 년 전 주변의 에르지예스 산과 하산 산의 화산 활동으로 형성되었다. 화산 폭발로 분출된 화산재는 응회암이라는 암석으로 굳어졌고, 오랜 세월 계속된 풍화 작용으로 이 암석은 기이한 원추형 모양으로 변하게 되었다. 이 때문에 이 지형의 색깔은 붉은 녹빛, 황토색, 밤색으로 우주선을 타고 별세계에 온 것같이 으시시하고 어두운 분위기이다. 카파도키아는 돌기둥이나 암석이 기묘한 모습을 연출하는 경연장 같다. 특히 젤베

젤베에 있는 돌기둥은 요정의 굴뚝이라 불린다.

위치히사르 기암 동굴.

카파도키아 기암 동굴 내에 있는 성화들.

에 있는 돌기둥은 그 모습이 괴기하여 요정의 굴뚝이라고 불린다. 이곳의 돌기둥은 아래가 넓고 위로 갈수록 가늘어지면서, 한 덩어리의 현무암이 모자를 씌워 놓은 것과 같은 모습으로 놓여 있다. 현무암이 얹혀 있는 돌기둥의 모습은 남근男根을 연상하게 한다.

  카파도키아에는 원추형의 돌기둥이 평균 30m의 높이로 늘어서 있고, 돌기둥에는 1~5개의 구멍이 나 있다. 돌기둥이나 암석에 생긴 구멍에 들어가 보면 엄청난 규모의 교회가 있는데, 바로 이곳이 초기 기독교인들이 숨어 살면서 기도했던 곳으로 알려지고 있다. 에게해 지역의 초대 일곱 교회가 실체가 없는 영적인 교회인 데 반해, 이곳은 초기 기독교인들이 남긴 교회의 현장이라는 특징을 갖는다. 한편 일설에 의하면, 4세기경 성 바질이 이집트 사막에서 수도 생활을 하였는데, 이때 시작된 수도원 운동이 카파도키아에도 영향을 미쳤다고 한다. 그래서 카파도키아의 동굴 교회는 일반적인 교회가 아니라 수도의 목적으로 만들어졌다는 것이다. 초기 기독교인들은 동굴 교회에서 수도 생활을 했을 것이라는 설이 설득력을 얻고 있다. 이곳에는 수도원과 교회 등이 1,000여 개가 있으며, 성화가 그려져 있는 교회만도 150여 개가 된다고 한다. 이 지역에 이슬람 세력이 들어오면서 동굴 교회 내 사람 손이 닿는 부분의 성화는 아예 없어졌거나 훼손된 것이 많으나, 카파도키아 일부 동굴 교회의 내부는 예수의 생애를 묘사한 귀중한 성화로 가득 차 있다.

  카파도키아의 또 다른 명물은 데린쿠유와 카이막클르에 있는 지하 20층의 거대한 지하 도시이다. 이 지하 도시가 발견된 것은 1960년대의 일이다. 데린쿠유의 한 마을에 있는 닭이 조그만 구멍으로 들어가 나오지 않자, 이를 이상하게 여긴 주인이 당국에 신고를 한 것이 지하 도시를 발견한 시초가 되

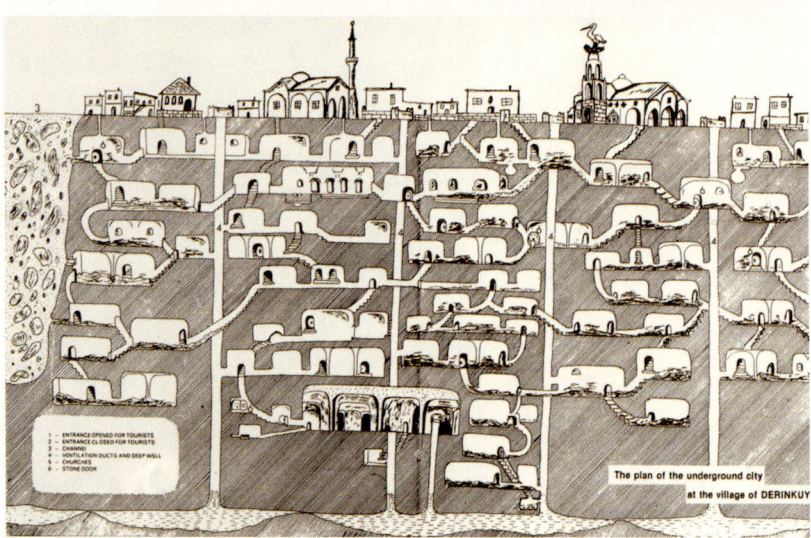

데린쿠유의 지하 도시의 내부와 단면도.

었다. 이 지하 도시는 주변의 지질을 이용해 사람이 일일이 쪼아가며 파 들어간 인공 동굴이라고 한다. 지하 도시의 통로 입구는 연자방아 모양의 커다란 둥근 돌로 막혀 있는데, 이 돌은 내부에서는 쉽게 열리지만 외부에서는 열려고 해도 움직이지 않았다. 지하 도시는 20층까지이나 관광객의 안전을 위해 8층까지만 공개하고 있다. 안내원의 도움 없이는 길을 찾기가 매우 어렵게 되어 있으며, 한여름에 들어가면 냉기로 더위가 다 가실 정도이다.

지하 도시에는 식당, 부엌, 교회, 창고, 기도실 등이 다 갖추어져 있다. 지하 도시에 있는 교회는 초대 교회 시절 기독교인들이 지하에 숨어서 예배를 보았던 곳이다. 로마 시대 박해받던 기독교인들이 이곳에서 살았다 하더라도 어떻게 해서 이렇게 거대한 지하 동굴을 만들었는지는 신비의 수수께끼로 남아 있다.

노아의 방주가 묻힌 곳, 아라랏 산(아으르 산)

창세기 노아의 방주가 묻힌 곳으로 알려진 아라랏 산은 터키의 동부 지역 아으르 도의 도우바야즈트에 위치한다. 도우바야즈트는 아르메니아와의 국경 지역에 있으며, 이스탄불에서는 1,600여 km, 앙카라에서는 1,100여 km 떨어진 거리에 있다. 아라랏 산은 현재 아으르 산으로 불려지고 있으며, 해발 고도가 5,165m로 터키의 최고봉이다.

도우바야즈트는 인구 4만 명의 조그만 도시이다. 이 도시의 북쪽에 터키에서 제일 높고 영산靈山이라 불리는 만년설의 아라랏 산이 주위의 자연 속에 장엄하게 버티고 있다. 아라랏 산은 큰 아라랏 산과 작은 아라랏 산으로 연결되어 있는데, 작은 아라랏 산의 고도도 3,925m나 된다. 도우바야즈트에서 약 35km 동쪽으로 더 가면 바로 이란 국경 검문소가 나온다. 아라랏 산은 등산가들을 위해 세 군데에 캠프를 설치하고 있으며, 산에 오르기 위해서는 사전에 내무 당국으로부터 등산 허가를 받아야 한다.

아라랏 산이 우리에게 갑자기 알려지게 된 것은 1982년 여름 아폴로 15호 우주인 제임스 어윈에 의해 노아의 방주가 이곳에서 발견되었다는 보도 때문이었다. 그러나 알려진 것과는 달리 노아의 방주는 없었다. 아라랏 산에 대한 탐사의 역사는 1800년대로 거슬러 올라간다. 성경의 기록에 의존한 노아의 방주는 길이가 135m, 폭이 23m, 높이가 14m로 상당히 규모가 큰 배이다.

그러나, 노아의 방주가 실제 있다고 현지에서 알려진 곳은 아라랏 산 맞은편에 있는 주디 산이다. 도우바야즈트에서 이란으로 가는 육로를 따라 약 3km 가다보면 위젠겔리라는 촌락이 있다. 이곳에서 다시 8km 정도 산으로 올라가면 노아의 방주가 있다는 골짜기가 나온다. 이 골짜기 위쪽에는 아으도가 세운 전망대가 있다. 이곳은 미국인 윌리엄 와트가 1977년부터 최신 장비로 탐사 작업을 한 결과 노아의 방주가 묻혀 있음을 확인한 곳이라 한다. 전망대에서 내려다보면 그 지점이 배 모양을 하고 있어 정말 노아의 방주가 있는 것 같은 생각이 들 정도이다. 노아의 방주가 묻혀 있다면서 전망대까지 만들어놓았지만, 노아의 방주가 어디 있는지는 아직 알려진 것이 없다.

아르메니아인들은 아라랏 산을 자신들의 성산聖山으로 여기고 있으며, 이 산을 노아의 방주와 에덴 동산이 있는 곳으로 믿고 있다. 아라랏 산에서 노아의 방주를 찾으려는 시도는 1820년대 말 독일인에 의한 것이 처음이었다. 노아의 홍수가 사실이라는 전제하에 방주가 아라랏 산에 머물렀다는 창세기

8장 4절에 기록된 노아의 방주를 찾기 위한 많은 사람들의 탐사 작업은 현재도 계속되고 있다.

아브라함의 땅 샨르우르파와 하란

터키의 동남부에 위치한 샨르우르파(보통 우르파라고 함)와 하란은 하나님으로부터 최초로 축복의 언약을 받은 선지자 아브라함의 땅이다. 전해 내려오는 이야기에 의하면, 샨르우르파는 아브라함이 태어난 곳이며, 이곳에서 50여 km 떨어져 시리아 국경 가까이 위치한 하란은 아브라함 가족이 가나안 땅으로 가던 중 잠시 체류한 곳으로 알려져 있다. 오늘날 하란은 기독교, 유대교, 이슬람교 3대 종교의 아버지인 아브라함의 제2의 고향으로도 언급되고 있는데, 이는 아브라함이 그의 아버지 데라와 함께 수메르 왕조의 수도 우르에서 하란으로 온 데서 연유한다. 하란은 아브라함이 하나님으로부터 가나안으로 가라는 소명을 재차 받은 곳이다. 또한 이삭의 아내 리브가의 고향이며 아브라함의 손자 야곱이 이곳에서 20년을 지내다가 아람족의 조상이 된 외삼촌 라반의 딸 레아와 라헬을 아내로 맞아들였던 곳이다. 또 훗날 야곱이 형 에서를 피하여 도망한 곳으로 알려지고 있으며, 아브라함의 부친 데라가 205세까지 살다가 잠든 곳이기도 하다. 이처럼 하란은 성서와 깊은 관계를 갖고 있는 도시다.

샨르우르파는 기독교인이나 이슬람교도들에게 모두 선지자의 도시로 알려져 있다. 이슬람도 기독교 성서에 나오는 대부분의 선지자를 자신들의 예언자로 추앙하고 있는데, 아브라함은 이슬람 신도들도 추앙하고 있는 선지자이다. 아브라함의 적자 이삭이 이스라엘 민족의 뿌리로 알려져 있고, 그의

하란 움막집.

서자인 이스마엘은 이슬람을 믿는 아랍 민족의 조상으로 알려져 있다.

이슬람에서는 아브라함이 샨르우르파에 있는 동굴에서 태어났다고 믿고 있다. 이 동굴은 발륵클르 굘이라고 불리는 물고기 호수 가까이에 있는데, 하릴 아브라함의 동굴이라고 불린다. 이슬람 교도들은 동굴에 있는 물이 신성한 물이라고 믿는다. 발륵클르 굘은 아브라함과 관련된 전설을 갖고 있다. 아브라함이 이교도 신들을 인정하려 하지 않자, 화가 난 앗시리아의 님로드 왕은 아브라함을 장작불로 처형하려 하였다. 이때 하나님이 장작불을 물로 바꾸어 호수로 만들었고, 숯더미는 잉어로 만들었다고 한다. 지금도 물고기 호수에는 수많은 잉어가 떼지어 몰려다니지만 터키 사람들은 성스러운 물고기라 하여 먹지 않는다.

하란은 기원전 19세기에 번창했던 상업 도시로 달의 신인 '신Sin'을 숭배하는 중심지 우르처럼 월신月神을 숭배하였던 곳이었다. 하란에서는 언덕에 있는 원추형 모양의 흙 벽돌집이 명물이다. 찰흙과 돌로 만들어진 누에고치 모양의 집은 그 지방의 기후와 환경에 잘 조화되어 지어졌다고 한다. 하란에서 1km 거리에는 야곱의 샘이 있다. 아브라함의 종이 이삭의 아내를 찾기 위해 양떼를 이곳 샘 곁에 쉬게 하고 샘으로 물 길러 오는 여인들을 지켜보았다는 샘인데, 지금은 다 말라버리고 물 한 방울 없는 샘으로 변해버려 설명을 듣지 않고는 알 수 없는 상태이다. 샨르우르파와 하란은 황량한 평야와 황토 색깔 때문에 창세기의 도시 같은 분위기를 물씬 풍긴다.

사도 바울의 고향 다소와 초대 기독교 공동체 안디옥

개신교 성경에 '다소'라고 기록된 타르수스(아다나에서 서쪽으로 39km)

는 사도 바울의 고향으로 알려져 있다. 사도 바울이 지금부터 2,000여 년 전 이곳에서 태어났다고 한다. 타르수스에는 바울의 샘이 있는데, 이곳이 바울의 생가였을 것으로 믿어지고 있다. 바울의 샘에 준비되어 있는 방명록에는 우리 나라 전역에서 온 기독교 신자들이 이곳을 방문한 기록이 있다.

시내 한가운데는 19세기에 세워진 사도 바울의 기념 교회가 있다. 또한 타르수스 시내에는 클레오파트라의 문이라고 이름 붙여진 건축물이 남아 있다. 이집트의 클레오파트라가 로마의 안토니우스와 사랑을 나누며 이곳을 지나다녔다고 하는데, 최근 복원이 되어 새로 단장되어 있기는 하지만 안타깝게도 남아 있는 건축물로는 "코가 한 치만 더 높았더라면 세계의 역사는 바뀌었을 것"이라는 말처럼 세계의 미인 클레오파트라와 안토니우스가 나누었을 그때의 밀어를 느낄 수가 없는 것이 안타깝다.

타르수스에서 동쪽으로 동남부의 대도시 아나다라는 도시를 지나, 알렉산더 대왕이 이곳을 지난 것을 기념하여 도시의 이름을 터키어로 이스켄데룬이라고 붙인 도시를 거쳐 다시 남쪽으로 내려가면 시리아 국경 가까이에 안타키아라는 도시가 나온다. 이곳이 초대 교회의 기독교 공동체로 알려진 안디옥이며, 안디옥의 동굴 교회는 세계 최초의 기독교 교회로 공인받아 초대 일곱 교회 못지않게 기독교 성지를 찾는 사람들의 발길이 끊이지 않는 곳이다.

안디옥 교회의 예수를 믿는 신도들이 처음으로 그리스도의 추종자라는 뜻으로 '그리스도인Christian'이라고 불리게 되었다고 한다. 안디옥 교회는 이방인들이 모여 만든 기독교의 중요한 공동체였다고 하며, 세계 최초로 이방인에 대한 선교를 위해 바울과 바나바가 이곳에서부터 선교 여행을 떠난 사실은 이미 많이 알려져 있다. 또한 이곳은 누가복음과 사도행전의 저자로 알려진 누가의 고향이기도 하며, 이들은 바울을 만나 복음을 받아들이고 바울이 로마에서 순교당할 때까지 바울의 동반자가 되었다. 이외에도 아시아 일곱 교회 중 서머나 교회의 교회 감독 폴리갑과 갑바도기아(카파도키아)에서 중세 수도원 운동을 이끌던 성인 시몬 같은 사람이 이 고장 출신이다.

 참고로 성서에 안디옥이라는 이름이 두 개 나오는데, 하나는 비디시아(현재의 내륙 도시 아피온 근처의 얄바치) 안디옥과 현재의 안타키아에 있었던 수리아 안디옥이 그것이다. 안타키아 시내 도청 건물 옆에는 최근 한국의 한 교회에 의해 세워진 안디옥 개신 교회 건물이 자리하고 있다.

성 소피아 성당.

© Izzet Keribar

제국의 수도 이스탄불

이스탄불은 아시아와 유럽의 양 대륙에 걸쳐 있는 유일한 도시다. 유럽 쪽에서 볼 때 이스탄불은 유럽의 남동쪽에 있다. 이스탄불을 아시아와 유럽으로 분리하는 것은 보스포러스 해협이고, 유럽 쪽의 이스탄불을 오스만 제국의 구도시와 갈라타 항구로 분리하는 것은 골든 혼이다. 이스탄불은 대충 삼각형의 모양을 하고 있으며, 자연의 아름다움을 한껏 연출하고 있는 아름다운 도시이다. 이스탄불이 갖고 있는 지정학적인 중요성과 자연적인 아름다움 때문에 이 도시는 강대국들이 탐내는 도시였다.

흔히 이스탄불을 두고 신과 자연, 자연과 예술이 한데 어우러져 만든 완벽한 작품이라고 한다. 이스탄불을 찬미하는 이들은 이스탄불을 로마나 나폴리, 파리, 시드니, 리오 등에 비교하지 말라고 한다. 이들 도시를 모두 합친다 해도 이스탄불의 지정학적인 가치나 역사적인 중요성, 자연적인 아름다움과 물질적인 풍요에 필적할 수 없다는 것이다. 모두 맞는 말은 아니라고 하더라도 이스탄불이 역사상 얼마나 중요하고 아름다운 도시이며 미항美港인지를 강조하려는 의도는 충분히 엿볼 수 있다. 인류미래학자 헌팅턴이 이슬람과 기독교 간의 문명 충돌을 예견한 후, 이스탄불은 최근에 이질적인 문명이 교류할 수 있는 곳으로 주목받고 있다. 동·서양의 문화와 문명이 교류하면서 갈등과 대립보다는 화해와 수용의 상생相生 관계를 이루어낸 곳

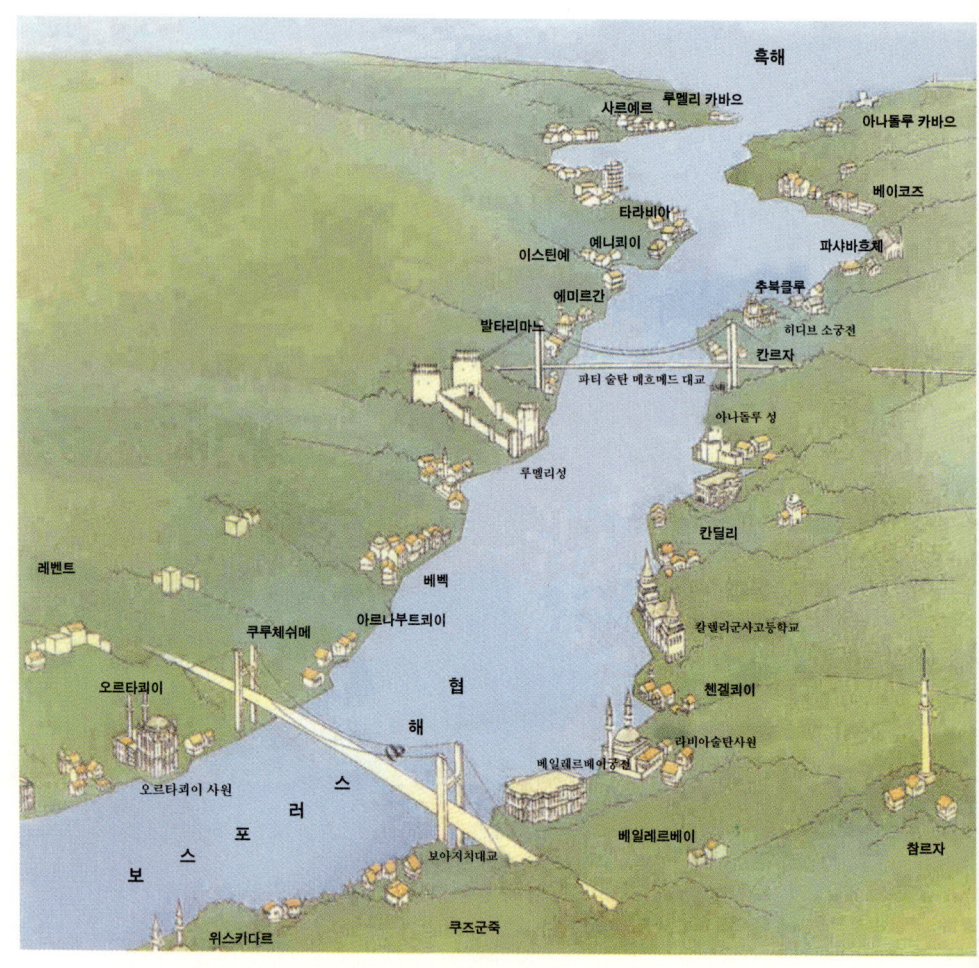

이스탄불을 아시아와 유럽으로 분리하는 보스포러스 해협.

이기 때문이다. 아시아와 유럽을 잇는 터키의 역사와 문화를 서구적인 시각과 감각으로 해석하여 쓴 소설로 2006년 노벨문학상을 받은 터키 소설가 오르한 파묵은 터키야말로 서양과 동양이 결합할 수 있음을 역사로 보여주고 있다고 말했다.

이스탄불은 제국의 땅이다. 세계사에서 강력한 힘의 한가운데 자리했던 도시가 이스탄불이기 때문이다. 우리가 비잔틴 제국이라 부르는 동로마 제국(330~1453년)의 수도에 이어 오스만 제국(1453~1923년)의 수도가 바로 이스탄불이다. 로마 제국은 테오도시우스 1세의 사망 후 동·서로 분열되었는데, 서로마 제국은 476년 멸망하였으나, 동로마 제국은 오스만 제국에 의해 멸망할 때까지 명맥을 유지하였다. 동로마 제국은 그 수도의 옛 이름이 비잔티움인 데서 보통 비잔틴 제국이라 불리고 있다. 이스탄불은 1,600여 년 간 양대 제국의 수도였기 때문에 시내 어디를 가더라도 비잔틴과 오스만 제국의 흔적을 만날 수 있다. 궁전, 모스크, 수도원, 능묘, 성벽, 폐허 등 현대와 과거가 어디를 가도 공존한다. 이스탄불에는 로마적인, 그리스적인, 그리고 이슬람적인 문화의 흔적들이 곳곳에 남아 있고, 리무진과 마차가 함께 달리는 다양하고도 독특한 모습과 멋을 느끼게 하는 곳이 이스탄불이다. 동서, 고금, 성속이 하나 되어 시간과 공간을 넘어 다양한 문명의 공존이 극명하게 나타나는 도시가 바로 이스탄불이다.

비잔티움(현재의 이스탄불)을 찬양한 사람으로는 1923년에 노벨문학상을 수상한 아일랜드의 시인 예이츠(1865~1939년)가 유명하다. 예이츠는 비잔티움이야말로 유럽 문화의 중심이자 유럽 세계에서 정신적인 철학의 원천이라며 비잔티움의 영적인 중후함과 문화적인 화려함을 찬양하였다. 영적인 삶을 찾고자 하는 자신의 모습을 그리기 위해 비잔티움과 관련한 두 편의 시를 남길 정도로 예이츠에게 비잔티움이라는 도시는 엄청난 영적인 마력을 지니고 마음을 사로잡고 끌어당기는 도시였다.

지금의 이스탄불은 기원전 7세기경 메가리아인의 전설적인 장군 비자스가 비잔티움이라는 도시를 세운 데서 연유한다. 330년에 로마의 콘스탄틴 황제가 제국의 수도를 로마에서 비잔티움으로 옮긴 후 비잔티움은 황제의 이름을 따 콘스탄티노플로 바뀌게 되었다. 동로마 제국은 로마 제국과 같이 일곱 개의 언덕에 성을 축조하고 그 안에 궁전, 성당 등 많은 건축물을 남겼다. 476년 서로마 제국이 북쪽 세력의 공격으로부터 멸망하자 콘스탄티노플은 로마 제국의 유일한 수도로 남게 되었고 갈수록 그리스의 정치와 문화의 영향을 받았다. 7~8세기에 아바르족과 페르시아의 공격을 받은 콘스탄티노플은 네 차례의 아랍 공격을 방어하였으나, 지진, 화재, 십자군의 약탈 등으로 도시의 건축물은 큰 피해를 입었다

인구도 감소하고 군사력도 취약하게 된 콘스탄티노플은 오스만 제국의 반 세기에 걸친 집요한 시도로 1453년에 영욕榮辱의 역사를 일단 마감하였다. 오스만 제국이 점령한 후 콘스탄티노플은 이스탄불로 그 이름이 바뀌게 되었다. 오스만 제국의 황제 메흐메드는 이 도시를 재건해나가기 시작하였고 여러 지역의 이주민을 받아들여 인구 면에서도 큰 도시로 만들어나갔다. 이스탄불에는 궁전, 모스크, 목욕탕, 이슬람 재단 등 다양한 건축물이 세워짐으로써 제국의 수도 이스탄불은 16세기에 이르러 황금 시대를 맞았다. 오스만 제국이 제1차 세계대전으로 패하게 되자 강대국이 이스탄불을 잠시 점령하였으나, 이스탄불은 1923년 터키 국민의회 정부에 의해 해방되었다.

마르마라해와 골든 혼 사이의 지역은 비잔틴 제국과 오스만 제국의 건축물이 공존하고 있어 이곳을 역사의 반도라고 부른다. 오스만 제국의 황제인 술탄이 살고 집정하던 톱카프 궁전, 오스만 제국의 대표적인 사원인 쉴레이마니예와 술탄 아흐메드 사원, 비잔틴 건축물의 대표작 성 소피아 사원 등이 모두 이곳에 위치하여 이들 건축물은 이스탄불의 하늘을 배경으로 아름다운 선을 만들어내고 있다. 페라라고 불린 골든 혼의 반대편 지역은 제노아인과 베네치아인들이 12세기경 정착하여 살게 되면서 서구 도시의 모습을 나타나게 되었다. 제노아인들이 이곳에 갈라타 탑을 세웠으며, 이탈리아의 도시를 연상하게 하는 좁은 거리에는 각국 영사관들이 자리하였다. 보스포러스 연안에 있는 일드즈 궁전과 돌마바흐체 궁전은 톱카프 궁전 다음에 오스만 제국 황제들이 살던 곳이다.

이스탄불은 3,500㎢의 면적에 인구가 1,200만 명이나 되는 터키의 제1 도시이다. 지금의 이스탄불은 경제, 문화, 관광, 통신의 중심지로 국제적인 회의, 박람회, 음악회, 패션쇼, 체육 경기 등이 연중 열리고 있어 도시가 늘 활기 넘치고 있다. 이스탄불 도시 북서쪽에 새로 조성된 빌딩군은 이스탄불의 또 다른 스카이 라인을 만들고 있다. 보스포러스 해협에 세워진 두 개의 다리는 이스탄불의 아시아와 유럽 지역을 연결해주고 있는데, 국제 교류의 거점으로 부상하고 있는 이스탄불의 고급 호텔들은 마르마라해와 보스포러스 해협이 내려다보이는 곳에 위치한다. 이스탄불은 사방에 들어선 유적지 때문에 도로를 확장하지도, 새로 만들지도 못하고 있어 교통난이 심각한 편이다. 이 때문에 이스탄불은 정리되지 않고 깨끗하지 못한 도시라는 인상을 주고 있다. 이스탄불 시는 심각한 교통난을 해소하기 위해 시내 지하철을 건설

성 소피아 성당의 성모 마리아와 아기 예수 모자이크.

하고 있으며 아시아와 유럽을 잇는 보스포러스 해저 전철 건설을 계획하고 있다.

이스탄불의 건축물은 히포드롬과 술탄 아흐멧 사원이 있는 비잔틴 시대의 구도시에 집중되어 있다. 톱카프 궁전, 성 소피아 성당, 술탄 아흐멧 사원, 비잔틴 지하 저수지, 고고학 박물관과 테오도시우스의 오벨리스크가 세워져 있는 히포드롬이 모두 이곳에 있기 때문에 걸어다니면서 시대의 건축물을 감상할 수 있다. 오스만 제국 말기에 세워진 돌마바흐체 궁전, 일드즈 궁전과 루멜리 성은 보스포러스 연안에 있기 때문에 이들을 하나로 묶어 보는 것도 가능하다. 이스탄불에는 궁전, 사원, 박물관, 기념탑, 성벽 등이 수를 헤아릴 수 없을 만큼 많이 있어 이를 다 본다는 것은 여행객으로서는 불가능한 일이므로 위에 언급한 명소들만 방문하더라도 값진 여행이 될 수 있다. 먼저 구도시의 명소를 살펴보자.

비잔틴 최대의 걸작, 성 소피아 성당(아야 소피야 박물관)

영원을 상징하고 있는 돔으로 바라보는 사람을 매혹시키는 성 소피아 Hagia Sophia 성당은 916년 간은 성당, 481년 간은 이슬람 사원으로 사용되어 기독교는 물론 이슬람 세계의 이목과 사랑을 받고 있다. 오스만 제국이 정복한 후에는 그리스 이름인 아야 소피야 Aya Sofya로 불리게 되었다. 기독교 세계에서는 이 건축물을 성 소피아 성당으로 부르기도 하고 이슬람 세계에서는 성 소피아 사원으로 부르기도 하나, 터키에서는 1934년 박물관으로 지정된 이후 공식적으로 아야 소피야 박물관이라고 부르고 있다.

성 소피아 성당은 비잔틴 황제 유스티아누스에 의해 532~537년 간 건축

콘스탄티노플과 성 소피아 성당을 성모 마리아와 아기 예수에게 봉헌하고 있는 콘스탄티누스 1세와 유스티아누스 1세.

되어 이 이름으로 지어진 세 번째 건축물이다. 첫 번째 성 소피아 성당은 로마 시대 때 같은 자리에 360년 2월에 세워졌다. 이때 지어진 성당은 404년 아르카디우스 황제에 반대하는 시민들의 반란에 의한 화재로 없어졌다. 이어 두 번째 성당이 테오도시우스 2세 황제에 의해 415년 10월에 세워졌으나, 이 성당도 532년 1월 시민들의 반란으로 인한 화재로 소실되었다. 반란을 평정한 황제 유스티아누스 1세 황제는 집권 5년째 되는 해 로마 제국의 영광을 과시하기 위해 자신의 자존심을 걸고 화재로 없어진 성당보다도 더 크게, 그리고 화재에 견딜 수 있는 견고한 성당을 짓도록 명하였다. 제국 내에 있는 대리석과 큰 건축물에 있는 기둥을 이스탄불로 보내라는 유스티아누스 황제의 명에 따라 각지에서 건축 자재들이 보내졌고 유명한 건축 기사들이 총동원되었다. 532년 2월에 짓기 시작한 성당은 5년 10개월의 공사를 거쳐 537년 12월에 낙성식을 가졌다. 유스티아누스 황제는 성당에 들어서자마자 그 위용에 감탄을 금치 못했고 "예루살렘의 대성전을 지은 솔로몬 당신을 내가 능가했소"라며 예루살렘 성전을 능가했다는 자부심과 함께 걸작품을 만들 기회를 주신 신에게 감사하였다.

    성 소피아 성당은 돔으로 만들어진 건축물 중 백미白眉로 꼽힌다. 중앙 내부는 7,000㎡로 매우 넓으며, 비잔틴 석조 공예술을 보여주는 총 107개의 기둥이 있다. 중앙의 큰 돔은 지상에서 56.69m에 있고 돔의 직경은 32.37m로 웅장한 느낌을 준다. 성 소피아 성당은 기독교 3대 기둥의 하나인 동방 정교회의 수장인 대주교가 있는 곳으로 비잔틴 제국의 기독교 신앙의 중심 역할을 하였으나, 지진, 화재 등으로 수난의 역사를 걸어오다가 1204년 제4차 십자군 원정시 값진 성상과 성물이 대거 약탈되었다.

콘스탄티노플이 1453년 오스만 제국에 함락당하자 당시 무슬림의 성전 관습에 따라 3일 간의 약탈이 허용되었으나, 메흐메드 2세 황제도 성당을 건축한 유스티아누스 황제처럼 성당의 아름다움에 압도되어 병사들에게 건물을 파괴하지 말도록 명령하였다. 메흐메드 2세 황제의 명에 따라 성당 건물은 파괴되지 않았지만, 비잔틴 제국이 남긴 대성당은 이슬람 사원이 되었고 모자이크로 된 기독교 성화는 회칠로 덮여졌다. 성화 복원 작업은 1930년대 미국인 학자에 의해 시작되어 회칠로 덮여진 성화들이 하나 둘 모습을 드러냈다.

중앙 작은 돔에는 금, 은으로 장식된 성모 마리아와 아기 예수의 모자이크가 있다. 성모 마리아가 옥좌에 앉아 있고 성모 마리아와 예수의 얼굴은 아름답게 묘사되어 있다. 성당으로 들어가는 황제의 문 바로 위에 있는 모자이크는 레오 6세가 만든 것으로 예수 앞에 그의 아들의 죄를 사해달라고 애원하는 모습이다. 또한 오른쪽 문 외벽 위에는 두 명의 황제와 아기 예수 모자이크가 있는데, 황제 중 한 명인 콘스탄티누스 황제는 이 도시를 성모 마리아와 아기 예수에게 증정하고 있다. 그 옆의 황제는 성 소피아 성당을 지은 유스티아누스 황제로 그도 성모 마리아와 아기 예수에게 성 소피아 성당을 손에 들고 증정하고 있다. 오스만 제국의 건축가 시난이 성당의 중력을 지지할 목적으로 16세기에 네 개의 미나레를 외부에 세웠는데, 이것이 지금까지 내려오고 있다.

이스탄불에서 모자이크와 프레스코 성화가 가장 많이 보존되어 있는 곳은 카리예 박물관이다. 에디르네 카프 근처에 있는 이 박물관은 보통 코라 교회라고 부르는데, 지명도가 높은 다른 박물관과는 거리가 떨어져 있어 찾아가기가 쉽지는 않으나, 비잔틴 시대의 뛰어난 성화가 가장 많이 보존되어 있어 볼 만한 곳이다.

오스만 황제의 궁전, 톱카프 사라이

콘스탄티노플을 점령한 메흐메드 2세 황제는 비잔틴 제국이 남긴 궁전에서 살기를 원하지 않았다. 그는 지금은 없어졌지만 현재 이스탄불 대학교 자리에 있는 궁전에서 조정을 살폈다. 그는 비잔틴 제국을 정복한 오스만 제국의 황제로서 걸맞는 새로운 궁전을 콘스탄티노플 구도시의 중심지에 짓기로 하였다. 이리하여 마르마라해와 보스포러스 해협과 골든 혼으로 둘러싸인 곳에 톱카프 사라이라는 궁전이 세워졌다. 톱은 대포라는 뜻이고 카프는 문이라는 뜻이다. 궁전 입구 양쪽에 두 대의 대포가 배치되었는데, 궁전 이름은 이에 연유한다. 톱카프 궁전은 19세기 마흐무드 2세 황제(1808~1839년) 때까지 약 380여 년 간 오스만 제국 황제의 궁전이 되었다.

톱카프 궁전은 오스만 제국의 국사를 의논하고 결정하는 최고 기관이었다. 톱카프 궁전은 세 개의 문과 그에 딸린 넓은 마당을 가지고 있다. 첫 번째 문은 바브 휘마윤이라 불리는 황제皇帝의 문, 두 번째 문은 바뷔스 쎌람이라 불리는 경의敬意의 문, 세 번째 문은 바뷔스 싸데라 불리는 지복至福의 문이다. 톱카프 궁전의 입구인 황제의 문을 들어서면 첫 번째 마당이 있는데 이곳에는 오스만 황제와 궁전을 수비하는 예니체리라 불리는 근위대가 위치하여 별칭 예니체리 마당이라고도 부른다. 입구 정면 벽에는 아랍어로 된 "알라여 이 궁전을 지은 사람의 영광이 영원하도록 하소서, 알라여 그의 힘을 더욱 강하게 하소서"라고 아랍어로 새긴 글이 있다. 이 마당에는 비잔틴 제국 때

톱카프 궁전의 황제와 대신들.

지은 이레네 성당이 초라한 모습으로 남아 있다.

두 번째 경의의 문을 지나면 또다시 넓은 마당이 나타나는데, 이곳에는 대신들이 국사를 논의하는 디반 건물과 거대한 왕실 주방 건물이 자리하고 있다. 오늘날 우리의 국무 회의와 같은 디반 회의가 처음에는 토·일·월·화요일 등 일주일에 네 번 개최되었으나, 점차 줄어들다가 18세기 초에 이르러서는 일주일 중 화요일 하루만 개최하였다. 디반 회의 초기에는 황제가 직접 참여하였으나, 나중에는 총리 대신이 디반 회의를 주재하였으며, 일·화요일은 황제가 주로 외국 사절을 접견하는 날로 하였다. 이 마당의 또 다른 특징은 이곳에서 각종 의식이 열렸다는 점이다. 출정식, 황제 폐위식, 왕세자 할례식, 공주 결혼식, 바이람 축제, 외국 사절 접수 등 각종 의식이 예니체리 근위대 및 대신들의 화려한 복장과 함께 열려 보는 사람으로 하여금 오스만 제국의 위용을 느끼기에 충분하였다. 마당 오른쪽에 있는 주방 건물은 황제를 비롯해 궁전 안에 있는 사람들의 직분에 따라 열 개의 별도 주방을 갖고 있었으며, 하루에 양 200마리가 소비되었다고 한다.

세 번째 지복의 문은 황제와 황제의 측근만이 통과할 수 있는 문으로 이곳 마당에서 황제의 즉위식이 열렸다. 이곳에는 금남禁男의 구역으로 유명한 하렘이 있는데 하렘 건물에는 약 250개의 방이 있다. 오스만 제국 전성기인 쉴레이만 황제 시대에는 하렘에 있는 사람 수가 천여 명에 이르렀고, 황제가 마음에 드는 여인이 있는 곳으로 가는 비밀 통로도 만들어졌다. 또한 이곳에는 오스만 제국 황제들이 소장했던 각종 보석과 보물을 전시한 보석관이 있는데, 규모로는 세계 최대라 한다. 또한 성물관에는 1517년 셀림 1세 황제가 이집트를 정복하고 가져왔다는 모하메드의 수염과 이빨, 그가 들었던 성전기,

하렘의 여인이 아기 낳는 모습을 담은 그림.

톱카프 사라이의 하렘 건물.

그의 발자국 주조물 등이 전시되어 있다. 마지막 네 번째 마당에는 바그다드와 레반을 점령하고 기념으로 지은 바그다드관과 레반관이 있다. 톱카프 궁전의 해안쪽 끝은 규율을 어긴 하렘의 여인들을 무거운 자루에 넣어 보스포러스 해협에 던졌다는 곳이다.

 톱카프 궁전은 세 번째 마당에서 보듯이 마르마라해와 보스포러스 해협을 바라보고 있고 숲으로 싸여 있어 경관이 뛰어나게 아름답다. 이 궁전은

톱카프 사라이에 있는 각종 보석류.

오스만 제국의 독특한 건축 양식으로 지은 건축물로 유럽식의 궁전과는 구조나 실용 면에서 다른 것이 특징이다. 황제를 보위하는 예니체리 근위대와 황실 가족을 위한 거대한 군막사 건축물 같은 분위기도 느껴진다.

톱카프 궁전에는 작게 그려진 이슬람 세밀화細密畵가 많이 전시되어 있다. 궁전 입구 안내판에서부터 세밀화를 볼 수 있다. 세밀화란 원래 인도, 페르시아 문화권에서 만들어진 독특한 회화 표현이다. 세밀화는 높은 곳에서 아래를 내려다보는 것 같은 화폭에 원근법을 사용하지 않고 그늘을 나타내는 음영을 표현하지 않는 것이 가장 큰 특징이다. 화폭에 등장하는 사람들의 표정도 없고 동작도 구체적으로 그리지 않는다.

우리 나라에서 이슬람 세밀화에 대한 관심은 터키인 소설가 오르한 파묵의 《내 이름은 빨강》이라는 소설이 국내에 소개되면서 일어나게 되었다. 오스만 제국의 조정은 제국의 전성기에 황제의 생활을 그림으로 기록하기 위해 세밀화를 그리는 화가를 양성하였다. 16세기 말 이스탄불에서 살해되어 버려진 한 세밀화가의 독백으로 시작되는 파묵의 소설은 오스만 궁정에서 황제의 생활을 비밀리에 세밀화로 그려나가는 화가들과 이를 신성 모독이라고 여기는 화가들 간의 갈등을 그렸다. 오스만 조정의 세밀화는 베네치아 궁전의 초상화 화법의 영향을 받았다. 본래 이슬람교에서는 생명을 지닌 사람이나 동물의 형상을 표현하는 일을 금지하였다. 오직 신만을 신성시한다는 생각 때문이었다. 이슬람 안에서는 신 이외에는 아무것도 표현할 수 없는 상황에서 황제를 세밀화로 표현하는 것은 당시로서는 혁명적인 시도였다. 베네치아 궁전의 서양 화법은 사물을 있는 그대로 나타낸 반면, 오스만 제국의 세밀화는 신의 관점에서 위에서 아래를 내려다보는 형식으로 그려졌다. 그러므로 신과 동격인 황제가 원근법 없이 항상 제일 크게 묘사되어 있다. 오스만 제국의 세밀화는 제국의 역사와 문화를 그림으로 기록한 중요한 사료史料가 되었다.

오스만 황제의 야심작, 술탄 아흐메드 사원

아야 소피야 박물관 맞은편에 위치한 술탄 아흐메드 사원은 아흐메드 1세 황제(1603~1617년)때 지은 오스만 제국 황제의 야심작이다. 아흐메드 1세 황제는 비잔틴 제국의 성 소피아 성당을 능가하는 건축물을 지으려는 대망을 술탄 아흐메드 사원을 지어 실현시켰다. 1616년에 건립된 술탄 아흐메드 사원은 전통적인 오스만 건축 양식으로 지은 것인데, 건축적인 아름다움 면에서는 성 소피아 성당을 능가하는 것으로 평가받고 있다.

술탄 아흐메드 사원은 돔으로 구성되어 안정감을 주고 있으며 중앙의 큰 돔은 작은 네 개의 돔이 받치고 있다. 사원 내부는 약 2만 1,000개에 달하는 파란색의 이즈닉 타일로 장식되어 있는데, 서양 사람들은 발음하기 어려운 술탄 아흐메드 모스크로 부르기보다는 파란색의 타일이 많은 사원이라 하여 '블루 모스크'라 부른다. 사원의 뜰 가운데는 샤드르반이라는 분수대가 있고 사원 옆에는 신자들이 기도 전에 손발을 닦는 수도 시설이 있다. 오스만 제국 때의 사원은 신학교, 목욕탕, 시장, 병원 등 사회 시설을 주변에 다 갖추고 있었는데, 이런 시설을 '퀼리예'라고 부른다. 술탄 아흐메드 사원도 이 같은 복합 시설을 갖춘 사원이었다. 이 사원은 여섯 개의 미나렛을 갖고 있는 유일한 사원으로 오스만 제국 황제는 매주 금요일 이 사원에서 예배를 보았다. 술탄 아흐메드 사원은 크고 작은 돔의 균형과 사원 양쪽에 쭉 뻗어 세워

아흐메드 사원 정경.

진 미나렛으로 장관을 이루고 있다.

술탄 아흐메드 사원의 바로 북쪽 자리에 히포드롬이라 불리는 고대 로마 경기장이 있다. 오스만 제국의 술탄들도 이곳을 말馬의 광장이라는 뜻의 아트 메이다느라고 불렀다. 히포드롬에는 과거의 웅대한 모습은 다 사라지고 이집트의 오벨리스크, 뱀 기둥, 비잔틴 첨탑 등 세 개의 기념물이 독일이 만들어 기증한 분수대와 함께 남아 있다. 이곳에는 이집트의 투트모스 3세가 유프라테스 강 유역의 카데쉬에서 히타이트 군대를 격파한 것을 기념하기 위해 만들었다는 26m 높이의 방첨탑方尖塔인 오벨리스크가 있다. 이집트 첨탑인 오벨리스크는 비잔틴의 테오도시우스 황제가 이집트에서 옮겨다놓은 것이다. 탑 가까운 곳에 있는 다른 기념물은 델피의 아폴로 신전에서 가져온 뱀 세 마리가 몸을 틀고 있는 구리로 된 키 작은 기둥이다. 이 기둥은 그리스의 도시 국가들이 페르시아의 대군을 무찌르고 병사들로부터 빼앗은 방패를 녹여 만든 것이다. 그 옆에는 비잔틴의 콘스탄티누스 7세 황제가 세운 비잔틴 첨탑이 있다. 원래 첨탑에는 아름다운 청동 부조물이 있었으나, 부조물은 다 없어지고 벽돌 부스러기만 붙어 있어 설명 없이는 이것이 무엇인지 알 수 없다.

비잔틴 시대에는 히포드롬에서 녹팀Greens과 청팀Blues 간 이륜 마차 경기가 있었는데, 이 경기는 단순한 오락이 아니라 정파 간에 응원팀이 달라 경기 결과는 정치에도 영향을 미칠 만큼 정치색이 강한 경기였다고 한다. 오스만 제국의 황제들도 말의 광장에서 벌어지는 군중 시위에 긴장하였다. 말의 광장에서 벌어지는 조그만 불화가 시위로 이어지고 막판에는 제국의 운명을 바꿔놓은 혁명으로 이어졌다.

알렉산더 석관石棺이 있는 고고학 박물관

톱카프 궁전 옆에 있는 이스탄불 고고학 박물관은 오스만 제국의 말기 화가인 오스만 함디 베이에 의해 1891년 6월 개관되었다. 이 박물관은 주 박물관인 고고학 박물관 외에도 터키산 타일과 도자기를 전시한 타일·도자기관과 이집트를 중심으로 한 중근동 지역 유물을 전시한 고대 동양 박물관 등 세 개의 박물관이 함께 있는 복합형 박물관이다.

이스탄불 고고학 박물관에 있는 알렉산더 대왕 석관.

이 박물관은 약 6만여 점의 고고학적인 발굴품을 소장하고 있으며, 설형문자 점토판만도 약 7만 5,000점을 소장하고 있다. 이들 유물의 역사는 기원전 7000년부터 시작하여 20세기에까지 이르고 있다. 고고학 박물관에는 로마, 비잔틴 시대의 석관, 묘석, 흉상 및 동상 조각품 등이 즐비하게 전시되어 있으며, 고대 동양 박물관에는 이슬람 이전 아랍 반도의 유물과 이집트, 메소포타미아, 아나톨리아 지역의 발굴품들이 전시되어 있다.

이스탄불 고고학 박물관의 대표적인 전시물은 1887년 시리아의 시돈에 있는 왕실 가족묘 발굴 작업에서 발굴된 알렉산더 대왕의 석관이다. 시돈 왕실 가족묘 발굴은 19세기에 있었던 최대 규모의 고고학적인 발굴 작업으로 오스만 제국의 고고학자이기도 한 오스만 함디 베이가 발굴품을 모두 이스탄불로 가져왔다. 석관의 규모나 석관 주위에 새겨진 조각품이 너무 정교하여 완벽한 예술품의 경지를 보여주고 있다. 이 석관이 정말 알렉산더 대왕의

알렉산더 대왕의 죽음을 슬퍼하는 여인의 조각상.

것인지는 아직 정확하게 알려져 있지 않지만, 박물관에서는 알렉산더 대왕의 석관으로 소개되고 있다. 알렉산더 대왕 석관은 기원전 4세기 후반의 것으로 석관 네 면에는 페르시아 군대와 그리스 군대 간의 전투 모습, 알렉산더가 페르시아 병사를 쫓는 모습, 사냥하는 모습 등이 새겨져 있다. 석관 외부의 조각은 알렉산더가 페르시아의 다리우스 3세 군대를 현재 아다나 근교의 이수스 평야에서 대파한 전투를 묘사한 것으로 보인다. 또한 알렉산더 석관 바로 옆에 있는 석관의 네 면에는 열 여덟 명의 여인이 대왕의 죽음을 슬퍼하는 모습이 마치 사진처럼 조각되어 있다. 여인들은 각자 다른 표정과 자세로 슬퍼하는 모습을 나타내고 있는데, 이들 여인의 모습이 얼마나 사실적인지 금방 여인들의 눈에서 눈물이 쏟아질 것 같은 착각이 생긴다.

이스탄불 고고학 박물관에서 알렉산더 대왕의 석관과 슬퍼하는 여인들의 조각상이 걸작품이라면, 고대 동양 박물관의 걸작품은 기원전 13세기 중반 고대 이집트와 히타이트 간에 체결된 평화 협정문이 새겨진 설형 문자 점토판이다. 시리아에서 벌어진 카데쉬 전쟁 후에 이집트의 람세스 2세와 히타이트의 무와탈리쉬 왕 간에 체결된 평화 협정은 인류 최초의 평화 조약이라는 자격을 얻었다. 북대서양조약기구NATO 협정문에 "회원국 일 국에 대한 위협은 회원국 전체에 대한 위협으로 본다"는 규정은 이집트와 히타이트 간에 체결된 평화 협정이 효시라고 한다.

로마 시대 지하 저수조 예레바탄 사라이

예레바탄 사라이라고 불리는 비잔틴 시대의 지하 저수조는 유스티아누스 황제 때인 532년에 건설되었다. 서양 사람들은 교회당 저수조라는 뜻으로

이스탄불 지하 저수조.

바실리카 시스턴Basilica Cistern이라고 부르기도 하지만, 교회당과는 관계없는 저수조이다. 이 저수조는 가로, 세로가 각각 70m, 140m 이며, 336개의 기둥이 저수조를 지탱해주고 있다.

이 저수조는 비잔틴 제국이 적에게 포위당하는 비상시에 사용하기 위해 만들어진 것으로 물은 콘스탄티노플에서 20여 km 떨어진 흑해 지역에서 끌어들여왔다. 저수 용량은 8만㎥에 달한다. 이 저수조는 한때 거의 쓰레기장으로 변해버렸는데, 이스탄불 시가 1985~1988년까지 청소, 보수, 환경 정리 작업을 통해 관광지로 변모하게 되었다. 지하 저수조의 은은한 조명과 실내에 퍼지는 음악 소리는 저수조 지붕에서 떨어지는 물방울 소리와 잘 어울린다. 저수조 한쪽 끝에는 메두사의 머리가 거꾸로 세워진 돌기둥이 두 개 있다. 그리스 신화에 의하면, 메두사는 원래 아름다운 소녀였으나 여신 아테네의 신전에서 바다의 신 포세이돈과 정을 통했다 하여 아테네 여신의 저주를 받아 무서운 괴물로 변하였다고 한다.

이제 다음은 보스포러스 해협에 있는 돌마바흐체 궁전과 그 주변을 보기로 한다.

오스만 제국의 말년을 재촉한 돌마바흐체 궁전

돌마바흐체 궁전은 압둘메지드 황제(1839~1861년)에 의해 1843년에 건축을 시작하여 1856년에 완공되었다. 이 궁전은 이탈리아 건축가 발얀이 설계한 것인데, 압둘메지드 황제는 오스만 제국의 영광을 회복해보겠다는 생각으로 국가 재정은 아랑곳하지 않고 이 궁전의 건축에만 몰두하였다. 이 궁전을 짓기 시작할 무렵은 오스만 제국의 국력이 쇠약해져 서구 열강으로부터

프랑스의 베르사이유 궁전을 모방한 돌마바흐체 궁전의 정원.

개방 압력을 강하게 받고 있었고, 오스만 제국은 국력 회복을 위해서는 개혁이 필요하다고 보고 서구 열강과의 관계를 통해 군사, 행정 등의 분야에서 개혁을 추진하고 있었다. 또한 국내에서는 유럽의 영향을 받아 민족주의 움직임이 활발해짐에 따라 제국 내 소수 민족들의 독립을 위한 반란이 계속 일어나는 가운데, 무거운 외채로 인한 국가 재정은 고갈 상태로 접어들게 되었다. 이처럼 돌마바흐체 궁전은 오스만 제국이 국내외로 가장 어려운 시기에 건축되었다.

돌마바흐체는 '정원으로 가득 찬 곳' 이라는 뜻이다. 아흐메드 1세(1607~1617년) 황제가 현재의 돌마바흐체 궁전에 작은 정자를 지은 이후 목재 건축물이 세워지고 정원도 잘 가꾸어진 데서 이곳을 돌마바흐체라고 불렀다 한다. 이곳에 세워진 건축물은 1814년 화재로 모두 소실되었다. 압둘메지드 황제는 바로 이 자리에 유럽식의 호화 궁전을 짓기로 마음먹었다. 돌마바흐체 궁전은 프랑스의 베르사이유 궁전을 모방하여 지었는데, 이전의 오스만 제국 건축 방식에서는 없었던 아름다운 정원 조경에서 유럽풍의 건축이라는 인상을 쉽게 받을 수 있다.

돌마바흐체 궁전은 18개의 홀과 332개의 방을 갖고 있는 거대한 호화 궁전이다. 이 궁전은 하렘도 갖고 있으며, 내부 장식에만 총 14톤의 금과 40톤의 은이 투입되었을 정도로 실내 장식은 웅대하고 매우 화려하다. 천장에 매달린 보헤미안 샹들리에가 이 궁전의 위용을 함축해주고 있는데, 샹들리에 한 개 무게가 4톤이나 되는 것도 있다. 또한 궁전 안에는 오스만 제국 군사가 콘스탄티노플을 함락시키는 장면을 묘사한 그림을 포함하여 오스만 제국의 말기 역사를 보여주는 귀한 그림도 많이 전시되어 있다.

이 궁전은 터키 정치사에서도 중요한 자리를 차지하고 있다. 1877년 오스만 제국 사상 처음으로 개원된 의회가 이곳에서 열렸고, 터키의 국부 아타튀르크도 1938년 11월 10일 오전 9시 5분에 이곳에서 세상을 떠났다. 르네상스 양식의 대궁전인 돌마바흐체 궁전은 압둘하미드 2세(1876~1909년) 황제가 돌마바흐체 궁전 인근에 일드즈 궁전을 지어 그곳을 사용했기 때문에 오스만 제국 황제의 저택이자 조정으로는 20여 년 정도밖에 사용되지 못했다.

돌마바흐체 궁전의 또 다른 명물은 궁전 앞에 석고상처럼 우뚝 서 있는 의장 사병의 모습이다. 눈 하나 깜빡거리지 않고 한치의 흔들림 없이 서 있는 모습은 틀림없이 동상과 같은 모습이다. 어떤 상황이 오더라도 전혀 동요하지 않는 것이 보는 사람에게는 신기하기만 하다.

콘스탄티노플을 함락하기 위한 루멜리 성

루멜리 히사르라 불리는 루멜리 성은 오스만 제국의 메흐메드 2세 황제가 콘스탄티노플을 공격하기 위한 목적으로 축조되었다. 1452년 3월 21일부터 시작된 축성 공사는 4개월 만에 완료되었다. 공사하는 동안 비잔틴 제국의 공격에 대비하기 위해 오스만 제국은 30척의 배를 해협에 주둔시켰다.

루멜리 성은 반대편 해안쪽에 바예지드 황제가 만들어놓은 아나돌루 성과 마주 보고 있다. 이 성은 보스포러스 해협의 양 구간이 가장 좁은 곳에 위치하고 있다. 해협의 양안 폭이 가장 넓은 곳은 3.6km에 이르나, 아나돌루와 루멜리 성 간의 폭은 698m로 가장 좁다.

루멜리 성은 오스만 군대가 콘스탄티노플을 함락하는 데 중요한 요새이고 전략 기지였다. 오스만 군대의 전략은 콘스탄티노플을 포위하는 것이었

콘스탄티노플을 정복하기 위해 배를 산으로 이동하는 모습.

다. 1453년 4월 11일 메흐메드 2세 황제는 비잔틴 제국의 황제에게 무조건 항복을 제의했으나, 콘스탄티누스 황제가 이를 거절하면서부터 오스만 제국 군대의 공격은 시작되었다. 콘스탄티노플을 포위하기 위해서는 오스만 전함을 골든 혼에 배치하여 내륙으로 병사를 투입해야만 한다는 결정에 따라, 골든 혼에 배를 옮기기 위한 작전이 개시되었다. 톱하네에서 카슴파샤에 이르는 구릉에 반들반들하게 기름이 칠해진 둥근 목재를 깔고, 한밤중 어둠을 틈타 둥근 목재 위에 올려진 72척의 배를 병사들이 밀고 밀어 골든 혼에 내려놓았다. 배가 해협으로 이동한 것이 아니라 산을 통해 이동한 것이다. 배가 산을 넘은 이야기는 전사에도 나오는 유명한 이야기이다. 5월 27일부터 본격적으로 시작된 콘스탄티노플 포위 작전은 콘스탄티노플이 함락됨으로써 작

이스탄불 옥내 대형 시장 카팔르 차르시.

전 개시 54일 만인 5월 29일 끝났다.

　루멜리 성 바로 옆에는 보스포러스 양안을 연결하는 제2 보스포러스 대교가 1988년에 개통되었다. 제1 보스포러스 대교는 루멜리 성에서 시내쪽 지역에 위치하는데, 공화국 창건 50주년인 1973년에 개통되었다. 차량 통행료는 아시아쪽에서 유럽쪽으로 갈 때는 무료이나, 유럽쪽에서 아시아쪽으로 갈 때는 유료이다. 보스포러스 대교는 사람의 통행을 금하고 있다. 투신 자살하는 장소로 이용되기 때문이다.

　이스탄불 명소를 둘러본 후 꼭 찾아가야 할 곳이 있다. 여행 중에 필요한 쇼핑을 위해서다. 카팔르 차르시라 불리는 옥내 시장은 대규모 재래식 쇼핑센터이다.

만물萬物이 있는 실크로드의 종착역, 카팔르 차르시

　술탄 아흐메드 사원이 있는 곳에서 그리 멀지 않은 곳에 위치한 카팔르 차르시는 대형 옥내 시장屋內市場이다. 원래의 건물은 비잔틴 제국 때 지어진 것인데 메흐메드 2세 황제가 1461년에 확장한 이후에도 시장의 규모는 날로 커갔다. 그러나 수차례의 지진, 화재 등으로 보수, 증축되었다.

　카팔르 챠르시는 이스탄불을 찾는 관광객에게는 한 번은 들려야 하는 명소이다. 이곳은 3만 700㎡의 면적에 4,000개에 이르는 상점에서 보석, 카페트, 동 제품, 가죽 제품, 수공예품, 의류 등 모든 종류의 상품이 거래되고 있다. 이스탄불이 오스만 제국의 중심지로 되면서 이곳은 오랫동안 동서양 문물을 교환하는 장소가 되었다. 시장 내에는 모두 27개의 문이 있는데 밤이 되어 이 문을 잠그게 되면 시내와는 완전히 차단된다고 한다. 또한 시장 내에 통로가 많고 관광객이 항상 밀집되어 있어 일행에서 이탈되었을 경우 일행을 찾는 데 큰 어려움을 겪을 수도 있다.

시장에서 빼놓을 수 없는 것은 흥정이다. 카팔르 차르시의 상인들은 장사술이 능란한 사람들이다. 카팔르 차르시의 상인들은 차 한 잔으로 장사를 한다는 말이 나올 정도로 모든 거래는 차로 시작하여 차로 끝나게 된다. 상인들은 물건을 사려는 사람에게 차를 공손히 권한다. 일단 손님이 차 제의를 승낙하면, 가게 주인은 물건을 팔 수 있다는 마음을 쉽게 정리하고, 손님의 환심을 사는 좋은 말들을 아끼지 않는다. 카팔르 차르시에서 흥정은 필수이다. 흥정에 따라 가격이 극적으로 떨어질 수도 있다. 한국인 관광객이 많아지자 간단한 한국어를 구사하는 상인들도 많이 늘어났다.

오리엔트 특급 열차와 페라 팔라스 호텔

이스탄불을 희미하게 아는 사람이라면 이스탄불이 애거서 크리스티의 추리 소설과 첩보 영화 007의 무대라는 걸 기억할 수 있으리라. 이스탄불은 보스포러스 해협을 사이에 두고 유럽에 속하는 이스탄불 지역과 아시아에 속하는 이스탄불 지역으로 나뉘진다. 이스탄불은 지리적, 역사적으로 그 중요성이 한번도 간과된 적이 없다. 이스탄불이라는 이름은 무언가 신비스러운 역사와 낭만이 가득 있을 것 같은 예감을 갖게 한다. 이스탄불의 화려한 역사와 풍요로운 낭만을 떠오르게 하는 것이 바로 오리엔트 특급 열차가 아닐까 싶다.

이스탄불은 오리엔트 특급 열차와 첩보 영화 007이라는 영화의 무대였고, 영국의 여류 추리 작가인 크리스티의 소설 《오리엔트 특급 살인 사건》이라는 소설로 인해 신비스러운 오리엔트의 비밀을 간직한 도시로 남아 있다. 원래 오리엔트 특급 열차는 1883년 파리를 출발하여 로잔(스위스)-베네치아(이탈리아)-베오그라드(유고)-소피아(불가리아)-이스탄불을 연결하여 운행하다가 파리를 넘어 영국의 런던까지 노선이 연장되었다. 오리엔트 특급 열차는 프랑스의 '국제침대열차회사'에 의해 운행되었으나, 94년 만인 1977년 5월 비행기에 밀려 승객의 감소로 생긴 적자로 인해 중단되었다.

유럽의 귀족들은 침대차가 주는 안락함을 맛보면서 이스탄불에서 동쪽의 신비를 만나게 되었다. 약 100여 년 전 서양의 부호와 고관대작들이 이스탄불에 도착하여 머무는 곳이 페라 팔라스 호텔이다. 이 호텔은 국제침대열차회사에 의해 1895년에 문을 열게 되었다. 유럽의 부호나 고관들이 오리엔트 특급 열차를 타고 이스탄불에 도착하였지만, 그들이 유숙할 고급 호텔이 없었기 때문에 1894년에 짓기 시작하여 이듬해에 성대한 기념식과 함께 문을 열었다. 특급 열차를 타고 이스탄불의 시르케지 역에 내린 귀족들은 네 명이 들고 가는 가마를 택시삼아 타고 호텔로 향했다. 이때 사용한 가마도 호텔 한구석에 전시되어 있다. 페라 팔라스가 건축될 당시 이스탄불에는 아메리칸 병원, 이을드즈 궁전과 페라 팔라스 등 세 군데만 전기가 들어왔다고 한다. 이 때문에 페라 팔라스의 엘리베이터는 터키 최초로 전기를 사용해 움직인 엘리베이터가 되었다. 제1차 세계대전이 한창일 때 페라 팔라스에는 프랑스, 영국, 이탈리아 등 열강의 사령관들과 정보원들이 머물러 활동하였기 때문에 첩보 전장의 상징이 되기도 하였다.

페라 팔라스가 오리엔트 특급 열차 손님들이 유숙했던 호텔이라는 것으로도 유명하지만, 오리엔트 특급 살인 사건이라는 애거서 크리스티의 추리

오리엔트 특급 열차 광고문.

소설이 바로 이 호텔에서 씌어졌다는 것으로 더 유명하다. 크리스티는 이 호텔 411호실에서 머물렀다고 한다. 오리엔트 특급 살인 사건은 시드니 루멧 감독의 1974년 작품이다. 벨기에인 탐정 포와르가 이스탄불에서 오리엔트 특급 열차를 타게 되는데 이 열차 안에서 한 승객이 칼에 찔려 죽은 살인 사건이 일어나고, 눈사태로 열차가 움직일 수 없게 된 상황에서 포와르 탐정이 사건을 추리해나가는 것이 영화의 대강 줄거리이다. 오리엔트 특급 열차라는 이름에서 풍기는 이국적이고 향수 어린 분위기는 사라졌다 할지라도 오리엔트 특급 열차의 향기를 맡을 수 있는 곳이 이스탄불의 베이올루에 있는 페라 팔라스 호텔이다. 현재의 페라 팔라스 호텔은 외관상으로 다른 호텔과 다를 바 없지만, 안에 들어가면 새 것이 거의 없고 옛날에 사용하던 것을 그대로 유지하고 있어, 100여 년 간의 많은 비밀을 간직하고 있는 듯한 자태를 보여준다. 장식된 가구, 램프, 유리, 그리고 나무로 만들어진 승강기까지 역사의 향기가 구석구석 배어 있는 듯하다. 호텔 왼쪽 입구에 있는 나무로 제작된 승강기를 보면 시간을 거꾸로 읽는 듯한 느낌을 받게 된다. 또한 공화국 시대에 아타튀르크가 머무른 101호실은 아타튀르크 박물관으로 활용되고 있다.

애거서 크리스티는 1926년부터 1932년까지 이스탄불에 오면 꼭 페라 팔라스 호텔에 머물렀다고 한다. 크리스티는 잃어버린 호텔방 열쇠와 함께 11일 간의 행적이 미스테리 속에 묻혀 있다. 믿어지지 않지만 크리스티가 잃어버린 열쇠를 무당이 찾아냈다고 한다.

열쇠를 찾아낸 이야기는 대충 이렇게 전개된다. 1978년에 페라 팔라스 호텔 사장인 하싼 쉬제르는 미국의 워너 브라더스 영화 제작사로부터 전화를 받는다. 애거서 크리스티에 관한 영화를 만들려고 하는데 그녀가 실종된 11일 간을 밝혀내기 위해 호텔을 방문하고 싶다고 전한다. 왜냐하면 타마라 란드라는 무속인이 크리스티의 혼령으로부터 그녀의 11일 간의 실종을 밝혀낼 수 있는 호텔 방의 열쇠가 호텔의 비밀 장소에 있다고 말해주었으니 이번에 그 열쇠를 찾겠다는 것이다. 호텔 사장은 물론 종업원들도 크리스티가 잃어버린 호텔 방의 열쇠에 대해선 지금까지 전혀 들은 바가 없다고 한다. 드디어 1979년 워너 브라더스측 사람들은 호텔을 방문하고 열쇠를 찾기 위해 준비한다. 쉬제르 사장과 워너 브라더스사 관계자들은 전화 앞에서 초조하게 기다린다. 그리고 미국에 있는 무속인 란드는 전화로 크리스티의 혼령을 불러내어 혼령이 말하는 대로 전한다. 문제의 방문 열쇠가 그녀의 방 앞 복도 밑에 있다는 것이다.

    복도를 파면서 미국 사람들의 생각대로 일이 조작될 가능성도 있기 때문에, 호텔측은 복도 파는 작업을 미국 사람을 시키지 않고 호텔 종업원들을 시켰다. 그런데 무속인이 말하는 대로 복도를 파보니 신기하게도 열쇠가 나왔다. 모두들 놀랄 수밖에 없었다. 호텔측은 기자 회견을 열어 열쇠를 찾은 놀라운 사실을 발표하였다. 열쇠를 찾았다는 소식을 전해들은 무속인 란드는 이제 크리스티의 실종 11일 간에 그녀가 어디 있었는지 말해달라고 다시 크리스티의 혼령에게 물어보았으나, 그녀의 혼령은 열쇠를 네 손에 쥐지 않으면 말할 수 없다고 대답한다. 미 영화사측은 쉬제르 사장에게 열쇠를 넘겨줄 것을 원했지만, 호텔측은 이를 거부했다. 영화사 관계자, 무속인 란드와 쉬제르 사장은 각각 2만 불을 투자하기로 하고 11일 간의 행적을 찾을 때까지 공동 투자금에서 경비를 지출하기로 합의하였다. 그러나 영화사 관계자와

란드가 터키를 방문하기로 할 즈음, 호텔 종업원들이 앞으로 1년간 계속될 파업을 시작했다. 파업이 끝나자마자 호텔에서 대규모 보수 작업을 시작하게 되자, 영화사는 크리스티에 관한 영화 제작을 포기하였다. 현재 이 문제의 열쇠는 호텔측에 의해 은행 금고에 보관되고 있다. 오리엔트 특급 열차, 애거서 크리스티, 이스탄불은 무언가 신비스러울 것 같은 분위기를 안겨주는 명사들이다.

페르게 유적.

지중해의 세계적 관광 도시, 안탈야

안탈야는 자연 경관이 뛰어나고 숙박 시설 및 식당, 오락 시설 등이 잘 갖추어져 있어 터키 지중해 연안의 중요한 관광 도시로 꼽힌다. 안탈야의 동서로 뻗어 있는 해안에는 100여 개에 이르는 고대 도시가 있어 유적들이 산재해 있다. 안탈야에서 25km 떨어진 카라인 동굴은 선사 시대 이전 인류가 거주했던 최초의 동굴로서, 안탈야 지역은 오랜 옛날부터 인류가 거주했던 지역이었다.

안탈야는 기원전 1세기 베르가몬 왕국의 아타루스 2세가 이 도시를 세운 데서 그의 이름을 따 아탈레이아로 불리게 되었으며, 아탈레이아는 안달리에, 아달야로 바뀌어 현재에 이르렀다. 안탈야는 많은 시대를 거쳐 이어져 온 도시로 역사와 자연이 조화를 이룬 아름다운 도시라 할 수 있다. 안탈야는 제1차 세계대전 당시 1918년 이탈리아군에 의해 점령당했으나, 1921년 아타튀르크 군에 의해 다시 찾게 되었다. 안탈야 도시에 들어서면 13세기 초 셀주크 터키인들이 세운 이블리 미나레라는 첨탑이 제일 먼저 눈에 들어온다. 이 탑은 안탈야를 방문하는 사람들에게 이정표가 되면서 안탈야의 상징이기도 하다.

안탈야는 터키 내 최고의 해양 관광지이며 휴양지이다. 터키에서 이스탄불 아타튀르크 국제공항에 이어 안탈야 공항이 두 번째로 입국자 수를 기록하고 있는 것은 안탈야가 외국인들에게 중요한 관광 대상지가 되고 있음을

안탈랴의 카라인 동굴.

말해준다. 안탈야 주변에는 볼 만한 유적지가 많다. 내륙으로 34km 떨어진 곳에 테르메소스 유적지가 있고, 동쪽 15km 지점에는 페르게, 47km 지점에는 아스펜도스, 75km 지점에는 시데가 있다. 테르메소스는 헬레니즘 시대와 로마 때 전성기를 누렸던 고대 도시이며, 페르게와 아스펜도스에는 대부분 로마 시대의 유적으로 큰 규모의 옥외 극장이 남아 있다. 아스펜도스에 있는 옥외 극장은 기원후 2세기경 건축가 제논에 의해 2만 명 수용 규모로 건축되었으며, 보존 상태가 뛰어나 이곳에서는 매년 국제적인 문화 행사가 열리고 있다. 페르게와 아스펜도스가 내륙에 위치한 반면, 시데는 항구 시설과 함께 성곽으로 둘러진 고대 도시이다. 시대는 클레오파트라와 안토니우스가 자주 들렸던 곳으로도 유명하다.

안탈야의 서쪽으로는 바닷물도 깨끗하고 해안 뒤로 펼쳐진 산의 절경으로 유명한 고급 휴양 시설이 잘 발달되어 있다. 안탈야 서쪽의 케메르, 피니케, 카시, 페티에 등은 좋은 휴양촌과 부대 시설을 갖추고 있어 내국인은 물론 외국인 관광객이 사철 붐빈다. 에게해와 지중해가 만나는 곳에 위치한 마르마리스도 훌륭한 휴양 시설을 갖춘 수준급의 휴양지이다.

흑해의 상업 도시, 트라브존

흑해의 동부 연안 도시 트라브존의 옛 이름은 트레비존드이다. 트라브존은 그루지아, 아르메니아, 아제르바이잔, 이란 등과 이웃해 있어 이들 나라들과의 인적, 물적 교류가 활발한 흑해 내 중요한 항구 도시이다. 흑해 연안의 도시는 흑해를 따라 동서로 이어진 산맥의 경사면에 형성되어 있는데, 트라브존도 그런 도시다. 내륙에서 갈 경우 산맥을 숨 가쁘게 내려가면 경사면에 도시가 나오게 된다. 그러므로 흑해 연안 도시는 도시 뒷면에 높고 깊은 울창한 산을 배경으로 하고 있고, 앞으로는 글자 그대로 까맣게 보이는 흑해를 보고 있다.

1991년 소련이 해체되고 독립국가연합CIS이 독립하면서 트라브존 인접 국가의 국민들이 물건을 팔기 위해 육로 또는 해로로 트라브존에 들어와 소위 '러시아 시장'을 형성하였다. 러시아 시장 개장 초기에는 진귀한 물건들이 많이 거래되었다고 한다. 이들은 주로 자기 집에서 가지고 있던 옛날 물건들을 싸들고 와 러시아 시장에서 팔고, 터키산 옷과 식품을 구입해서 돌아갔

깎아지른 듯한 절벽에 위치한 수멜라 수도원.

다. 조용하던 흑해 항구 도시 트라브존에 러시아 시장이 형성되자 소문을 듣고 물건을 사기 위해 트라브존으로 몰려드는 바람에 트라브존은 갑자기 골동품을 건지려는 사람으로 붐비는 도시가 되었고, 구소련 여인들이 들어오면서 여러 가지 사회 문제도 생기게 되었다. 우리 나라 사람들에게 트라브존이 알려지게 된 계기는 2002년 월드컵 후 이을용 선수가 트라브존의 명문 프로 축구팀인 트라브존스포르에 입단하여 활동한 것이었다.

트라브존은 비잔틴 시대의 도시였기 때문에 시내 가까운 곳에 13세기 때 건축된 성 소피아 성당이 있다. 이스탄불에 있는 성 소피아 성당의 축소판 같은 성당이다. 비잔틴 제국의 수도 이스탄불은 1453년에 오스만 터키군에게 정복되었지만, 트라브존은 이보다 몇 년 뒤인 1461년에 정복되었다. 오스만 터키군이 이 지역을 정복한 후 성 소피아 성당은 이슬람 사원으로 사용되다가 전쟁 때는 탄약고, 병원 등으로 사용되었다. 1957년에 이르러 박물관으로 지정되었다. 성당 안의 벽에 그려진 성화는 훼손되었지만, 구약을 묘사한 벽화가 남아 있다. 최후의 만찬과 예수가 광야에서 마귀에게 시험받은 장면 등이 대표적 성화라 할 수 있다.

또한 트라브존의 명물로는 트라브존 남쪽 46km 지점에 있는 수멜라 수도원이다. 수멜라 수도원은 마치카 지역의 알튼데레 계곡의 급사면에 위치한다. 수멜라 수도원이 어떻게 건립되었는지에 대해 역사 기록은 없지만, 구전에 따르면 비잔틴 제국의 테오도시우스 황제 시대인 386년에 세워졌다고 한다. 그리스 출신 사제 두 명이 이 산속에서 성모 마리아 성상을 발견하고는 이곳에 수도원을 지었다는 것이다. 그 후 몇 차례 파괴와 복구를 거쳐 현재의 모습은 13세기 때 건축된 모습이다. 수도원 내부는 그리스 정교회의 모습을 하고 있으며, 예수와 12사도, 천사와 성인들을 묘사한 벽화가 많이 남아 있다. 원래 벽화에 덮여진 회칠을 걷어내는 작업에도 불구하고 과거 무관심에 의한 인위적인 훼손 등으로 벽화의 일부는 부분적으로 많이 훼손되었지만 아직도 색깔이 선명하게 남아 있는 프레스코화를 보면 경건한 마음이 든다. 수멜라 수도원은 깎아지른 듯한 산 절벽에 세워져 있다. 수도원 아래쪽에서 바라보노라면 저 절벽에 어떻게 건축물을 세웠을까 도저히 상상하기 어려운 생각이 든다. 또 수도원에 올라가 절벽 아래쪽을 보노라면 아찔한 생각이 들 정도로 경사면이 거의 90도로 보인다. 수도원 주변의 자연 경관도 일품이다.

시내에 있는 국부 아타튀르크 별장도 볼 만하다. 이 별장은 러시아 크림 지역의 건축 양식으로 1903년에 지어졌다. 공화국 초기에 아타튀르크가 트라브존에 올 때 몇 차례 머물렀다는 저택이며, 당시 아타튀르크가 사용한 물건들이 그대로 전시되어 있다.

트라브존에 가까이 있는 흑해 도시로는 시노프, 삼순, 오르두, 리제가 있다. 시노프는 잎담배 산지이고, 오르두는 헤이즐넛이라는 개암 산지이다. 삼순은 흑해에서 가장 큰 항구 도시이자 국부 아타튀르크가 터키의 독립 전쟁을 주도하기 위해 처음으로 삼순 항에 발을 디뎠다는 것으로 유명하다. 리제는 터키의 중요한 차 재배지이다.

오스만 제국을 잉태한 푸른 도시 부르사

이스탄불 남쪽에 위치한 부르사는 오스만 제국의 모태(母胎)가 된 곳으로 터키 역사에서 중요한 위치를 차지하고 있다. 부르사 뒤로는 울루다 산이 길게 늘어져 있어 늘 푸른 모습을 보이고 시내에 푸른 공원이 많아 부르사는 '예실 부르사' 라는 별명을 갖고 있다. '예실' 은 '푸른green' 이라는 뜻이다. 부르사는 1326년부터 1361년까지 오스만 제국의 초기 수도가 되었다.

오스만 제국의 건국자인 오스만 가지와 그의 아들 오르한 가지가 이곳에서 오스만 토후국의 힘을 규합하여 얼마 안 가 오스만 제국을 만들었기 때문에 부르사는 오스만 제국이 태어난 곳이다. 시내에는 오스만 제국의 시조인 오스만 가지와 그의 아들이 묻혀 있는 울루 튀르베가 있다. 오스만 제국의 선조가 묻혀 있는 부르사는 터키인들이 평생에 한번 꼭 들러보기를 원하는 도시이다. 오스만 제국의 시조 외에도 부르사 시내에는 초기 군주들과 관련한 수없이 많은 사원과 분묘가 있는데, 그 수로 보면 전국에서 가장 많은 것으로 알려져 있다.

부르사는 자동차, 섬유, 식품 산업의 중심지로 자리잡았다. 예실 부르사라는 별명과 맞지 않게 이 도시는 매우 산업화되어 있어 공해 문제가 심각한 정도이다. 1960~70년대에 프랑스 르노와 이탈리아 피아트 자동차 조립 생산 공장이 들어서면서 부르사는 공업 도시로 발전하기 시작했다. 부르사는 자동차뿐만 아니라 섬유 산업의 중심지이다. 섬유 제품 중 실크가 주요 생산품이다. 부르사는 실크 로드의 서쪽 종착역이었기 때문에 실크 산업이 발전하게 되었다.

오스만 제국 당시 부르사는 이스탄불의 조정에서 사용할 각종 비단 옷이나 궁중 비단 용품을 생산하는 역할을 하였다. 조정의 황제나 관리가 입었던 소매가 긴 비단 옷이나 궁중에서 쓰는 비단 자수 용품은 모두 이곳에서 생산되었다. 이곳이 실크 로드의 거점이자 상업지임을 보여주는 '코자 한' 이 있다. '코자' 는 누에라는 뜻이고 '한' 은 집이라는 뜻이다. 누에는 비잔틴 시대인 6세기 때 이곳에 들여온 것으로 알려지고 있으며, 1491년에 건립된 정방형의 2층 석조 건물인 코자 한에서는 각종 터키산 실크 제품이 거래되고 있다. 터키 내에는 몇 개의 실크 로드가 있었던 것으로 확인되고 있다. 실크 로드를 따라 움직인 대상들이 하루 종일 걷다가 해가 지면 잘 수 있도록 대상들의 숙소가 많이 지어졌고, 숙소의 흔적들이 지금도 곳곳에 많이 남아 있다. 터키 내 실크 로드는 이들 대상 숙소의 흔적들을 연결함으로써 확인되었다. '코자 한' 도 옛날 실크 로드의 대상 숙소를 재건축한 것이다.

오스만 시조가 모셔져 있는 울루 튀르베는 공원 안에 위치한다. 언덕에 위치한 공원에서는 부르사 시내 전경을 한눈에 내려다볼 수 있다. 시내에는 이슬람 사원이 많은데, 그중 울루 자미와 예실 자미가 유명하다. 울루는 'great'라는 뜻을 갖는데, 지붕에 20개나 되는 돔이 있어 울루 자미는 글자 그대로 대사원great mosque의 모습을 보이고 있다. 울루 자미는 터키계 셀주크인들의 건축양식에 따라 1399년에 건축되었다. 오스만 제국보다 앞서 존재했던 터키계 셀주크 제국은 터키의 동부 에르주룸에서 활동했는데, 에르주룸에는 셀주크인들이 남긴 건축물이 많이 남아 있다. 예실 자미는 지붕이 녹색인데서 '예실'이라는 이름이 붙여졌고 터키인들의 고유한 건축 방식으로 1424년에 지어졌다는 특징을 갖고 있다. 이전에 터키인들은 셀주크나 페르시아의 건축 방식을 따랐으나, 이 예실 자미는 독특한 터키 건축 방식으로 지어졌다.

부르사는 풍자 인형극인 '카라 괴즈' 의 고향이다. 카라 괴즈는 검은 눈이라는 뜻이다. 카라 괴즈는 그림자 인형극으로 불빛을 통해 비친 인형의 실루엣을 보며 이들의 대화를 즐기는 인형극이다. 카라 괴즈 풍자 인형극이 생긴 유래는 몇 가지로 각색되어 내려오고 있다. 그중 대표적인 것은 이렇다. 울루 자미(사원)를 짓기 위해 일하던 곱추이자 십장인 카라 괴즈와 솔직하고 직선적인 성격의 하즈바트는 우스꽝스러운 광대 몸짓으로 사람들을 웃겼다. 주위 사람들은 일할 생각은 안하고 광대 몸짓의 우스꽝스러운 짓을 구경하느라 모두 일손을 놓고 있었다. 성스러운 사원 건립 공사장에서 이런 일이 일어나고 있다는 것을 알고 극도로 노한 황제는 이들을 처형시켰다. 그들이 죽자 사람들은 카라 괴즈와 하즈바트의 음탕하고 우스꽝스러운 말과 몸짓을 카라 괴즈라는 인형극으로 표현하게 되었다.

　코카 콜라와 펩시 콜라 공장이 있는 부르사는 이곳에서 나오는 물의 질이 좋아 '울루다' 라는 이름이나 상표를 가진 청량 음료가 많이 생산된다. 부르사는 온천이 많아 호텔 같은 숙박 시설 내에도 온천욕을 즐길 수 있는 시설이 대부분 있을 정도이다. 겨울철에는 울루다 산에서 스키를 즐길 수 있다. 또한 부르사의 유명한 케밥으로는 이스켄데르 케밥이 있고, 부르사 근처 이뇌굘이 원산지인 이네굘 쾨프테도 쫄깃한 맛 때문에 터키인은 물론 외국인들에게 많이 알려진 음식이 되었다.

2부
터키 이야기

동양인가, 서양인가

동양인가, 서양인가

터키는 아시아와 유럽에 걸쳐 국토를 가지고 있고, 국민의 대부분이 이슬람 종교를 갖고 있으며, 아타튀르크에 의해 서구화가 이루어졌기 때문에 과연 동양 국가인지 서양 국가인지, 터키인은 동양인인지 아니면 서양인인지에 대한 의문이 현재까지도 끊이지 않고 계속되고 있다.

조상은 아시아 지역에서 기원하였고 국가적 부흥은 유럽과 깊은 관계 속에서 이루어진 터키를 동양편에 놓을 것인지, 아니면 서양편에 놓을 것인지의 문제는 터키와 터키인을 거론할 때 한번쯤은 고민하게 되는 주제이다. 터키를 동양 국가로 볼 것인지, 서양 국가로 볼 것인지 의문을 만들어내는 것은 바로 터키 국민의 종교가 아랍 국가의 종교인 이슬람이기 때문이다.

먼저 지정학적인 면에서 볼 때, 터키는 국토의 97%가 아시아 대륙에 있으므로 아시아 국가라고 할 수도 있겠으나, 터키의 전신인 오스만 제국의 역사를 살펴보면 터키가 유럽 국가임을 알 수 있다. 셀주크 제국의 멸망에 뒤이어 등장한 오스만 제국은 현재의 소아시아 반도를 정복하고 그 영토를 유럽, 아프리카로 팽창해나가면서 유럽과의 접촉을 오랫동안 지속해왔다. 오스만 제국의 근대화는 한마디로 말하면 서구화였다. 헌법에 의한 정치 개혁의 신호였던 '탄지마트(개혁, 개조를 의미하는 아랍어)'가 그 시작이었다. 과거의 터키인들은 아시아인이었지만, 정복의 시간이 길어지면서 동양적인 기질과 성격을 유지하되, 외향적으로는 서양인이 되는 과정을 밟았다. 오스만 제국의 역사는 서양이 되고자 하는 오스만 지도자들의 열망으로 점철되어 있다.

그렇다면 왜 터키는 서구의 종교를 받아들이지 못하고 아직도 이슬람을 믿는 국가로 남아 있을까? 이슬람 종교는 오스만 제국의 정복과 영토 확장을 하는 과정에서 상당한 기여를 하였다. 정복지에 세워진 미나레가 딸린 이슬람 사원(모스크)은 영토 확장의 상징이었다. 터키족은 소아시아 반도에 들어오면서 이미 페르시아에서 확장된 이슬람을 쉽게 받아들였다. 영토 확장 시에도 오스만 조정은 이슬람 종파의 족장들과 늘 협력 관계에 있었다. 이슬람은 개인이나 국가 생활을 지배하게 되었고, 어느덧 터키인들에게 정신적인 체계가 되었다. 그것은 마치 우리 한국인이 생활 양식은 서양을 따르면서도 정신 세계에는 유교 사상이 남아 있는 것과 같은 이치라고 본다.

둘째, 터키족의 조상은 중국 북방의 흉노족匈奴族, 몽골 고원의 돌궐족突厥族으로 터키족은 그 기원을 동양에 두고 있으나, 터키족, 정확히 표현하면 튀르크족의 이주 역사를 보면 그들은 오래 전에 유럽 지역에 들어와 더 많은 유럽 영토를 정복하고 서양인이 되었다. 터키족이 이주한 길을 따라가보면, 알타이 산맥에서 지금의 오스트리아 비인까지 연결할 수 있는 동축動軸이 형성된다. 말하자면 터키족들은 동양에서 서양으로 계속 이동하였다는 뜻이다. 오스만 제국이 자리하고 번창한 중심지는 바로 아나톨리아 반도였다. 아나톨리아 반도는 서양의 한 부분으로 일찍이 철기를 사용하던 히타이트로부터 프리기아, 리디아 등 많은 문명이 생겼다 사라진 곳이다. 기마 유목 민족인 터키인들은 동쪽에서 서쪽으로 이동하여 아나톨리아 반도에 정착하였지만,

이에 머물지 않고 서쪽으로의 영토 확장을 계속하였다. 오스만 제국은 1453년 콘스탄티노플을 점령하여 동로마 제국을 멸망시킨 후 점차 전 아랍 이슬람 지역을 통합하였다. 또한 유럽 동남부 지역을 합병하여 16~17세기에 이르는 동안 북北으로는 오스트리아, 폴란드, 러시아와 국경을 이루어 흑해를 내해로 하였으며, 동東으로는 카스피아해, 이란 및 페르시아만과 접하였으며, 남南으로는 아라비아 반도, 이집트, 그리고 서西로는 알제리아, 모로코 및 보스니아-헤르쩨고비나까지 이르렀다. 16세기 후반까지 오스만 제국은 영토 확장을 계속하였으나, 그 이후부터는 국력이 쇠퇴해지자 영토 확장보다는 선진 기술을 도입하여 국가를 다시 일으켜보기 위한 서양과의 접촉이 시작되었다.

셋째, 오스만 제국의 황제인 역대 술탄들과 터키 공화국의 무스타파 케말의 서구화 노력의 결과로 터키의 외관은 오래 전에 동양적인 모습의 탈을 과감히 벗게 되었다. 오스만 제국 시대 중반에는 영토 확장이 더 이상 활발히 이루어지지 않자 소위 서구화를 외치며 서양의 제도와 기술을 도입하려는 개혁 정책을 단행하였다. 오스만 제국의 각종 구제도를 개혁한다는 내용이 담긴 귈하네 칙령이 1839년 11월 이스탄불의 톱카프 궁전 안에 있는 귈하네 정원에서 공포되었다. 귈하네 칙령은 오스만 제국이 서구화를 가속화시키는 분기점이 되었으며 근대 터키 공화국 탄생의 기초가 되었다. 이후 오스만 제국 내 최초로 헌법에 의한 정치가 시작된 1876년까지의 40여 년 간 '탄지마트'라 불리는 개혁 정치가 이어졌다. 터키 공화국을 세운 무스타파 케말은 1931년 4월 서구화를 위한 개혁의 틀을 말해주는 여섯 개의 기본 원칙을 발표하였다. 그것은 이른바 공화주의, 민족주의, 국민주의, 국가주의, 세속주의 및 개혁주의였다. 세속주의는 전통적으로 이슬람 전통에 묶여 있는 사회 전반을 이슬람 지배력으로부터 자유롭게 함을 의미하고, 개혁주의는 전통적인 이슬람 사회로부터 근대 국가를 건설하기 위해 취해진 급진적이고 강력한 개혁 조치를 총칭하는 의미였다.

이와 같이 오스만 제국 및 터키 공화국의 서구화 역사는 500여 년의 역사를 가짐에도 불구하고 아직도 터키가 서양인지의 의문을 갖게 하는 데는 다음과 같은 이유에 근거한다고 생각한다.

첫째, 오스만 제국은 오랫동안 유럽 제국과 대치함으로써 동쪽에서 쳐들어오는 오스만인들에 대한 유럽인들의 부정적인 시각이다. 이러한 시각을 바탕으로 유럽과 장기간 십자군 전쟁을 치름으로써 유럽인과 오스만인들과의 적대 감정은 오래 지속되게 되었다. 더구나 기원을 동양에 둔 민족이 서양을 지배한 데서 오는 서양인들의 터키인들에 대한 배타 감정이 뿌리 깊게 되었다.

둘째, 터키의 더딘 민주주의 발전이다. 터키는 공화국 수립 이후 서양화, 민주화를 추진하는 과정에서 사회 계층 간의 위화감 등으로 인하여 1960년 5월에 군사 쿠데타로 정부가 전복된 이후 1971년, 1980년에도 군부 쿠데타를 경험하게 되었다. 이 같은 사태는 유럽과의 관계에서 터키의 입지를 약화시키는 결과를 초래하였다.

셋째, 종교의 차이이다. 유럽 사회는 비교적 단일 사회의 성격으로 기독교를 믿는 반면, 터키는 그들의 조상들이 동쪽에서 서쪽으로 이동하는 과정에서 받아들인 이슬람을 믿고 있다. 기술의 발달로 혜택을 받고 있는 기독교 사회인 유럽은 선진국이고, 보수적인 이슬람 사회로 인해 개발도상국으로 남은 터키는 후진국이라는 인식의 차이가 남아 있다.

넷째, 경제력의 차이이다. 터키는 경제협력개발기구OECD에 가입한 1952년 만 해도 선진국 대열에 들었지만 현재는 OECD 회원국 23개국 중에 1인당 국민소득이 최하위권에 맴돌고 있다. 선진부국들의 클럽인 유럽연합EU에 가입하기 위해서는 터키의 경제 규모가 아직은 너무 작다는 것이다.

터키는 아시아 대륙의 끝에 자리하여 그간 수백 년 동안 서양과의 교류를 추구해왔다. 서양과의 교류를 통해 터키는 시작과 너무 다른 모습을 보이고 있다. 그들의 마음은 동양적이나 생각과 외양은 서양을 지향하고 있다. 그래서 머리는 서양에 있으면서 몸과 마음은 동양에 있는 나라가 터키이다. 동양이면서 서양 같고, 서양이면서 동양 같은 터키는 어쩌면 영원히 동양도, 서양의 나라도 될 수 없을지 모른다. 그러나 지금의 터키는 동양보다는 서양의 시각으로 볼 때, 더 안정적이고 무리가 가지 않는다. 터키인 그들은 이미 서양화되었다.

터키인의 조상, 흉노와 돌궐

터키인의 조상이 흉노匈奴와 돌궐突厥이라는 것을 아는 사람은 그리 많지 않은 것 같다. 마치 산적의 이름과도 같은 아름답지 못한 조상의 이름은 어떻게 붙여졌을까? 이름이 이렇게 붙여진 이유는 중국 사가史家들이 이들 유목민을 야만족으로 묘사하려 했기 때문이다. 한자의 뜻을 살펴보자. 흉匈이 주는 어감도 안 좋은데 노奴는 남자 종 또는 다른 사람을 천하게 부를 때 사용된 말이니 종 같은 족속이라는 뜻일 것이다. 돌궐의 돌突은 부딪칠 돌, 대머리 돌, 갑작스런 돌의 뜻이며 궐厥은 오랑캐 이름이라는 뜻으로, 돌궐은 날뛰는 오랑캐 족속이라는 뜻일 테니 제대로 붙여진 이름 같아 보이진 않는다. 그러나 이런 어감을 통해 무언가 강한 힘이 느껴진다고 하면 무리 일까?

흉노와 돌궐이 자신들의 족속 이름을 오래 전에 문자로 남겨놓았다면 조상의 이름이 이렇게 표현되지 않았을 것이다. 다행히도 돌궐이 남긴 비문이 19세기 말 러시아 고고학자에 의해 뒤늦게 발견되고, 덴마크 학자에 의해 판독된 후 돌궐이 터키족의 조상임이 확인되었다.

사실 터키 내에서도 흉노와 돌궐이 그들의 조상인지를 아는 사람이 많은 것은 아니다. 흉노나 돌궐은 다 한자식 표현이며, 터키에서는 흉은 '훈' 으로, 돌궐은 '쾩튀르크' 로 적고 있다. 흉노는 기원전 3세기경부터 중국 북방에 나타난 유목 민족이었고 돌궐은 6세기경 중국 변방에 나타난 유목 민족으로, 이들은 중국에 대항하면서 광활한 스텝 지역을 통일하고 유목 제국을 건설하였다. 특히 돌궐 제국은 그들의 근거지인 몽골의 오르혼 강 주변에 여러 개의 비문을 남겼는데, 이 비문들의 발굴로 터키에서는 최근 오르혼 비문 및 돌궐에 대한 연구도 가열되고 있다. 돌궐 비문에 나타난 쾩튀르크는 '하늘이 내려준 터키인' 즉 천자天子라는 뜻이다.

광활한 초원이나 고원 지대를 장악하기 위해서는 이동에 필요한 기마술騎馬術이 무엇보다 중요하였다. 뛰어난 이동 기술로 그들은 기마 유목 민족으로 성장하였다. 흉노와 돌궐은 중국 북방에서 늘 중국과 대적하였다. 흉노는 중국의 한漢제국에게는 위협적인 존재였으며 한과도 치열한 전쟁을 치렀고, 돌궐 역시 수隋, 당唐과도 전쟁을 치렀다. 광활한 초원을 끝없이 달리면서 중국에 대항하는 세력으로 성장하였지만, 그들은 외세라기보다는 지배층 사이의 취약한 결속력과 내부 분열로 스스로 붕괴하고 말았다. 그러나 중국 북방과 몽골의 초원을 누비던 흉노와 돌궐의 후예들이 10세기경부터 아나톨리아 반도에 들어와 역사적으로 최강국이었던 오스만 제국을 건설할 수 있었던 것도 중국이라는 대국과 겨루었던 그들 조상의 역사적 경험 때문이었는지도 모른다.

흉노, 돌궐, 오스만 제국은 모두 역사적으로 대접을 받지 못했다. 흉노는 중국에 대항하여 늘 귀찮게 구니 중국 사가들이 귀찮고 시끄러운 종놈이라고 불렀고, 돌궐도 흉노와 다를 바 없는 펄펄 날뛰는 족속이라고 불리게 되었다. 흉노와 돌궐은 그 상대가 중국 세력이었다. 변방의 오랑캐들이 천하 막강 세력의 중국을 늘 넘보고 있으니, 중국에서 볼 때 가당치도 않았을 것이다. 오스만 제국은 어떠한가? 오스만 제국은 늘 유럽을 넘보고 있으니 유럽이 이들을 곱게 볼 리가 없다. 터키인의 조상들이 너무 힘이 강하다 보니 언제나 적대 대상이 되었고, 그래서 상대편의 입장에서 기록된 역사는 자신들을 문명인으로 터키인의 조상은 야만인으로 서술하게 마련이었다. 이 때문에 흉노나 돌궐은 중국으로부터, 오스만 제국은 서구로부터 역사적 존재와 역할에 대해 제대로 평가받을 수가 없었다.

로마 제국과 오스만 제국을 본다면, 서양에서는 로마 제국의 역사는 방대하고 지루하리 만치 설명하고 있으면서도, 오스만 제국의 역사를 설명하는 데는 매우 인색한 태도를 보인다. 세계사 책에서 찢겨져나간 한쪽이 오스만 제국 역사라 할 수 있다. 그래서 그 동안 우리에게 알려지지 않았던 오스만 제국의 역사는 새로운 발견이다.

역사적으로 우리 한민족과 터키인의 조상인 흉노와 돌궐과의 관계는 참

특이하다. 기원전 한반도에 우리 나라 최초의 국가 고조선古朝鮮 시대에 바로 이웃에 흉노족이 있었다. 고조선과 흉노는 중국 최초로 통일을 완성한 국가 진秦과 진을 이은 중국의 통일 왕조 한漢에 대해 군사적 동맹 관계를 맺고 이들과 대립하였다고 한다. 흉노의 후예인 돌궐이 세운 돌궐 제국도 고조선 이후 기마 민족의 문화를 받아들여 세워진 고구려와 긴밀한 동맹 관계를 유지하고 수隋와 당唐에 대립하여 전쟁을 하였다. 수나라는 만리장성萬里長城을 축조하여 돌궐의 침입에 대비하였고, 고구려 영양왕 때 요서遼西를 침범한 고구려를 정벌하였으나 실패하였다. 또한 수는 돌궐과 협력 관계를 맺고 있던 고구려에 3차에 걸쳐 대군을 파견하였으나 성공하지 못하였다. 돌궐은 단명한 왕조 수나라에는 잘 대응해나가다가 정치·군사적으로 안정을 확보한 당에게는 패망하고 말았다.

　사기史記의 흉노전에는 한민족의 조상인 예맥濊貊의 기록이 있다고 한다. 한민족이 어디에서 기원했는지에 대해서는 정론은 없으나 한민족의 조상들은 중앙아시아에서 기원하여 구석기 시대를 전후하여 몽골과 만주 지방으로 이동한 것으로 알려지고 있다. 예맥족은 만주 몽골계, 튀르크계들을 포함하는 같은 조상에서 갈라진 종족이라 할 수 있는데 부여, 고구려, 동예, 옥저에 이어 백제를 이룩한 민족이었다. 한민족과 튀르크족은 공통의 조상을 갖고 한민족의 무리는 동쪽으로, 튀르크족의 무리는 서쪽으로 이동했던 것으로 믿어지고 있다.

　예맥족이 기원전 700년~기원전 500년에 있었던 지역은 중국의 고원 지대인 오르도스 지역인데, 이 지역은 흉노족이 거주했던 지역과 동일하여 예맥족과 흉노족이 같이 살았을 것으로 보고 있다. 언어학적 연구에 따르면 맥족이나 훈족은 곰과 연관을 갖고 있으며, 한민족의 조상인 예맥족과 터키족의 조상인 흉노족은 모두 곰을 신성시하여 수호신으로 숭배한 같은 토템 민족이었다.

터키인의 조상 돌궐이 고구려, 백제와 서로 동 서로 헤어진 지 1,300여 년이 지난 1950년대, 터키인들은 한반도에서 전쟁이 일어나자 중국과 소련을 격퇴하기 위해 한국까지 달려왔다. 이산 민족인 터키족과 한민족의 만남은 이렇게 다시 시작되었다.

터키와 튀르키예

터키Turkey라는 단어 앞의 T자를 대문자로 쓸 때와 소문자로 쓸 때 그 뜻이 완전히 달라진다. 대문자로 쓰면 국가명 터키가 되고 소문자로 쓰면 주로 성탄절에 먹는 칠면조와 볼링 때 3연속의 스트라이크를 말한다. 나라 이름으로서 터키는 서구인들에 의해 불려지게 된 것으로 보인다. '터키Turkey'는 순전히 서양식 표기이다.

터키 사람을 나타내는 '튀르크'라는 단어는 언제 발생되었을까? 터키인의 조상인 돌궐이 남긴 오르혼 비문에 새겨진 튀뤽Türük서 시작되었다고 한다. 이때 튀뤽은 '힘센'이라는 뜻이다. 일설에 따르면 '방패'라는 뜻의 투쿠에Tu-kue가 튀뤽Türük으로 변했다고 한다. 역사가 헤로도토스는 기원전 8~9세기에 중앙아시아에 살던 튀르케 족을 튀르크라고 기술하였다.

이런 연유로 터키 사람들은 아주 오래 전부터 자신들을 튀르크라고 불렀다. 우리가 우리를 부를 때 한민족이라고 하듯이 말이다. 그러나 튀르크라는 말이 민족을 나타내는 의미로 강하게 사용된 것은 아니었다. 터키인들은

10~11세기경 이슬람을 받아들인 후에는 자신들을 단지 무슬림으로만 여겼다. 이슬람을 받아들이기 전에는 자신들이 속한 종족으로 자신을 나타냈다. 예를 들면, 쾩튀르크, 우이구르, 오우즈, 셀주크 등과 같이 자신의 출신 종족으로 구분하였다.

오스만 제국 때에는 투박한 터키어를 구사하는 촌부를 튀르크라고 하였다. 따라서 오스만 제국 상류층 사람들에게 튀르크라고 하는 것은 그를 경멸하는 의미였다. 지식층들이 이슬람의 영향으로 아랍어를 구사하면서 모국어인 터키어가 제2 또는 제3 외국어 자리로 밀려나게 되었기 때문이었다.

터키인들이 튀르크라는 말을 심각하게 생각했던 때는 제1차 세계대전이 시작되기 전인 19세기 말 20세기 초경이다. 오스만 제국 말기에 '터키 민족'이라는 말이 사용되기 시작하였다. 서구에서 일어나기 시작한 민족주의 열풍으로 그들이 살고 있는 영토와 그 영토에서 살고 있는 사람들 간에 어떤 관계를 규정지을 필요가 생겼다. 러시아에는 러시아인이 살고, 독일에는 독일인이, 프랑스에는 프랑스인이 살고 있는 것처럼 그들이 살고 있는 이 땅의 주인은 튀르크인들이라고 생각하게 되었다. 이때 그들이 살고 있는 영토, 나라의 이름으로 튀르키예Türkiye가 등장하게 되었다.

오스만 제국에 이어 1923년에 탄생한 나라의 이름은 튀르키예 줌후리예티Türkiye Cumhuriyeti, 즉 '튀르키예 공화국' 이 되었다. 우리가 알고 있는 터키 공화국의 정식 명칭은 '튀르키예 줌후리예티' 이다.

요즘 터키 국내에서는 국가명으로 영어식 '터키' 보다는 터키식인 '튀르키예' 로 쓰자는 의견도 많이 대두되고 있다. 튀르크라고 할 때는 튀르크 언어를 사용하는 중앙아시아의 튀르크족들을 모두 포함하는 의미이기 때문에 터키 공화국에 살고 있는 튀르크족을 이들과 구분한다는 의미도 있다.

외국인이 터키를 정말 좋아한다고 말하고 싶을 때 "I love Turkey" 보다는 "I love Türkiye"라고 표현한다면 터키 사람의 마음을 더 움직이게 할 수 있다.

우리 한국 사람에게 터키는 한자식 표현인 토이기土耳其로 알려졌다. 한자의 의미를 따져보면 흙이라는 뜻의 토土, 귀라는 뜻의 이耳, 그것이라는 뜻의 기其이니 한자만을 본다면 아무런 뜻도 찾을 수 없다. 영어의 Turkey를 중국식 발음에 비슷하게 글자만 차용해 적어놓았기 때문일 것이다. 그래서 한국 사람들은 오랫동안 터키를 '토이기'라고 적고, 또 그렇게 불렀다. 한국의 60대 이상 세대에게 터키라고 하면 매우 낯선 단어일 수도 있기 때문에 그들에게는 토이기라고 해야 이해가 쉽다. 70대 된 분과 대화 중 터키에서 살다 왔다고 말씀드리니 터키가 어디 있는지 잘 모르시는 눈치다. 그래서 "6·25때 우리를 도와주고 용감하게 싸운 나라 있잖아요"라고 하니 그제야 "아, 토이기말야? 정말 용감히 싸웠지!" 하신다. 그분들에게 터키는 토이기다.

우리 나라에서 토이기가 터키로 바뀌게 된 계기는 1982년 터키 케난 에브렌 대통령의 방한訪韓이 아닌가 한다. 우리 언론에 토이기라는 말 대신에 터키가 등장하게 된 것이다. 따지고 보면 우리가 터키라고 부르게 된 것도 이제 25년여 정도밖에 안 되었다. 어떤 의미로 보면, 토이기를 아는 세대가 터키를 아는 세대로 교체된 것이다.

터키의 이웃 나라들

"우리 이웃 나라 중에 진짜 친구 같은 나라가 어디 있습니까?"

이 말은 많은 터키 사람들이 터키의 주변국을 이야기할 때 서두 또는 결론으로 하는 말이다. 이스탄불의 보아지치 대학교 유럽연구원 국제관계학과가 실시한 한 여론 조사에 의하면, 터키의 주변국에 우방이 있는가라는 질문에 조사 대상자의 34%가 터키의 우방국은 없다고 대답하였다.

터키는 1991년 소련이 해체되기 전까지는 소련, 이란, 이라크, 시리아, 그리스, 불가리아 등 6개국과 국경을 접하고 있었으나, 소련 해체 이후 그루지야, 아르메니아 및 아제르바이잔의 나흐츠반 자치구가 추가되어 국경을 접하고 있는 국가가 8개국이 되었다. 터키가 국경을 같이 하고 있는 나라들은 터키와 크고 작은 정치적인 문제를 가지고 있다.

터키의 외교 정책은 아타튀르크가 천명한 "국내 평화, 세계 평화"이다. 한마디로 전쟁을 예방하는 정책으로 국내외 평화를 추구하는 것이 대외 관계의 기본 목표라는 것이다. 평화를 추구하기 위해서는 국가 안보와 영토 보존이 무엇보다 중요하다고 보고 있다. 국가 안보나 영토 보존은 터키가 처한 지정학적인 위치를 고려해볼 때 매우 중요한 요소이다.

터키의 지정학적인 위치만을 생각해볼 때, 과거에는 지정학적인 가치면에서 보스포러스 해협, 다다넬스 해협, 마르마라해로 구성된 이른바 터키 해협이 가장 중요하였다. 지리적으로 터키는 아시아와 유럽을 잇는 교량적 위치에 있어 부동항을 찾아 해양으로 진출하려는 러시아의 남하정책南下政策과 이를 저지하려는 영국의 봉쇄정책封鎖政策이 충돌하는 자리였다. 러시아는 터키 해협을 해양으로 진출하는 관문이며 세력 신장을 위한 전략 기지로 여겼기 때문이다. 터키 해협이 어느 나라에 지배된다는 것은 이해 당사국의 정치, 경제적인 손해로 이해되었다. 또 역사적으로 터키 해협이 갖는 전략적 가치 때문에 주변 강대국 간 분쟁이 일어나는 원인이 되었다. 터키에서 볼 때도 터키 해협의 문제는 터키의 안보 이익과 직결되는 중요한 문제였다. 터키 해협에 대한 통제와 관할권 문제는 그간 국제 정치 상황의 변화에 따라 변화하여 터키 해협은 늘 국제 분쟁의 대상이었다. 이런 연유로 터키 해협은 터키 영토 내에 있는 내수로內水路임에도 불구하고, 흑해로부터 지중해에 이르는 중요한 해상 통로로서 역할을 함에 따라 1923년 로잔 협정으로 국제 수로國際水路의 지위를 갖게 되었다.

터키는 지정학적으로 동서, 남북을 잇는 다리 역할을 하고 있다. 터키가 마음 먹기에 따라서는 이 다리가 장벽이 될 수도 있다는 말과 같다. 다른 각도에서 보면 터키는 주변 지역에 의해 둘러싸여 있다고 볼 수 있다. 터키가 이해 관계를 갖고 있는 주변 국가는 대략 13개 국가이다. 이들 국가는 10여 개의 다른 언어를 사용하는 11개 소수 민족이 있고, 이들은 각기 다른 역사적 경험을 갖고 있다. 이런 면에서 터키는 주변 지역 국가들과 불안정한 정세, 취약한 민주주의 위험에 항상 노출되어 있다. 터키의 주변국은 이란 이라크 시리아 등 중동 국가, 그리스 불가리아 등 유럽 국가, 그루지야 아르메니아 아제르바이잔 등 독립국가연합(CIS) 이다. 터키는 이들 국가 중 민족적인 유대 관계가 강한 아제르바이잔을 제외한 다른 나라들과는 정도의 차이는 있지만 불편한 관계를 유지하고 있다.

터키는 중동 및 아랍 국가들과 종교를 중심으로 문화적인 전통을 같이 하고 있으나, 터키가 추구하고 있는 세속주의 정책과 서구 위주의 외교 노선으

터키와 국경을 맞대고 있는 주변 이웃들.

로 이들 국가와의 관계는 그리 긴밀하지 못했다. 1980년 군사 혁명 후 국가 이익을 우선하는 자주·실리 외교 정책으로 중동 및 아랍의 이슬람 국가들과 경제 통상 관계를 강화하고 있다. 터키는 이들 국가와 다방면으로 관계 발전을 위해 노력하고 있으나, 이란과는 중앙아시아 내 영향력 확대, 중앙아시아 가스 및 원유 수송로 문제, 이라크와 시리아는 터키의 유프라테스 및 티그리스 강 유역 개발 사업으로 인한 수자원 분쟁 등으로 관계 개선에 어려움을 안고 있다.

터키와 그리스 간에는 키프로스 문제와 에게해를 중심으로 한 대륙붕, 영해 문제 등으로 긴장이 고조될 수 있는 가능성은 상존하고 있다. 제1차 세계대전이 끝나고 1923년 로잔 협정에서 오늘날의 터키 공화국 국경이 결정되었다. 강대국들은 터키에게 아나톨리아 반도를 주는 대신 에게해의 대부분 섬들을 그리스의 영내에 포함시켰다. 이 때문에 터키와 그리스는 에게해에서 이익이 충돌하게 되었다. 에게해를 다니다 보면 반대편에 보이는 섬들이 그리스 섬이라고 한다. 터키 사람들은 아침에 닭 우는 소리가 들릴 정도로 가까이 있는 섬이 왜 그리스 섬이냐고 목에 힘을 주어 말한다. 지도를 펴놓고 에게해를 보면 터키 영토에 바짝 붙어 있는 섬이 대부분 그리스 영으로 되어 있다.

 터키와 그리스 간에 섬에 얽힌 재미있는 사건이 있다. 1995년 12월 터키가 '카르닥' 이라 부르고 그리스가 '이미아' 라고 부르는 에게해상 돌섬의 인근 수역에서 터키 선박이 좌초하는 사건이 발생하였다. 문제의 섬은 터키 영토로부터 7km, 그리스로부터는 18km 떨어져 있는 작은 돌섬이다. 터키 국적 선박은 터키 구조대를 보내줄 것을 요청하였는데, 양국이 서로 자국 섬이라 주장하며 구조대를 파견하였다. 터키 구조대가 이 돌섬에 터키 국기를 게양하자, 그리스 구조대가 터키 국기 대신 그리스 국기를 게양하였고, 양측이 교대로 자국기를 게양하는 일이 반복되면서 이 섬에 대한 영유권 문제가 대두되게 되었다. 1996년 1월 초에 양국이 섬 주변에 항공기와 전함을 배치하자 두 나라는 순식간에 무력 충돌 위기에 직면하게 되었다. 그러나 무력 충돌 위기는 1월 말 미국측의 중재로 다행히 양국이 병력을 철수함으로써 모면하게 되었다. 에게해에는 크고 작은 2만여 개의 섬이 있는데 단일 섬 면적이 100k㎡를 넘는 것은 24개 정도밖에 안 된다. 이 사건은 무인도의 조그만 돌섬에 대한 영유권 분쟁이 일어나게 된 계기가 되었다.

 1990년대 초 터키의 대외 관계에 영향을 끼친 것은 소련 해체 후 중앙아시아에서 터키어를 사용하는 나라가 탄생한 것이다. 이들 나라는 아제르바이잔, 카자흐스탄, 키르기스스탄, 타지키스탄, 투르크메니스탄 및 우즈베키스탄 6개국이다. 터키는 1991년 7월 아제르바이잔을 최초로 승인한 이래, EU 가입을 놓고 EU 국가들로부터 냉대를 받아오다가 중앙아시아에 튀르크계 공화국이 등장하자, 문화적 동질성을 강조하면서 이들 국가를 터키 내 영향력으로 끌어들이기 위한 노력을 아끼지 않았다. 이들 국가는 터키와 인종 언어 종교 등 문화적인 동질성을 갖고 있는 나라이다. 1991년 12월 투르크메니스탄의 니야조브 대통령이 터키를 방문하였을 때, 니야조브는 터키의 외잘 대통령에게 말 한 필을 선물로 증정하였고, 이에 대해 외잘 대통령은 은으로 장식된 사냥총으로 답례하였다. 초원을 달린 유목 기마 민족다운 선물 교환이었다.

이란계인 타지키스탄이 이란 쪽으로 기울면서 터키는 나머지 5개국과 빈번한 인사 교류를 가져왔다. 터키는 이 국가들에 대해 큰형big brother으로 부상되었으나, 이 나라들을 지원해줄 자본이나 기술 부족 등으로 곧 능력의 한계를 보이고 말았다. 터키는 튀르크어를 사용하는 아제르바이잔, 카자흐스탄, 투르크메니스탄, 우즈베키스탄, 키르기스스탄 등 소위 튀르크계 5개국을 대상으로 1992년 4월부터 유라시아 TV 방송을 시작함으로써, 중앙아 튀르크계 국가 국민들을 한 언어권으로 묶으면서 문화적인 연대 의식 및 유대 강화를 꾀하고 있다. 터키는 중앙아시아 튀르크계 공화국들과 정치 경제 문화적 협력 관계 증진에 상당한 성과를 거두었으나, 이 지역 내 영향력을 미치려는 이란과는 경합을 벌이고 있다.

터키는 중앙아시아의 에너지에 쉽게 연결될 수 있는 위치에 있다. 아제르

바이잔 및 투르크메니스탄, 카자흐스탄의 원유 및 천연 가스 개발과 이들 에너지를 수송하는 수송관을 터키로 경유하도록 하기 위한 외교 경쟁이 치열하게 진행되고 있다. 중앙아시아의 에너지 자원의 개발과 수송 문제를 놓고 터키는 물론 역내 국가 간, 미국, 러시아, 이란 등이 치열한 경쟁을 벌이고 있다. 에너지 자원이 거의 없는 터키로서는 역사 문화적으로 가까운 두 나라의 에너지 자원이 러시아가 아닌 터키 내 관통 노선으로 수송되기를 열망하고 있다.

험난한 유럽 편입의 길, EU 가입

터키는 1923년 공화국 수립 이래 유럽의 일원이 되기 위한 '유럽 편입' 정책을 지속적으로 추진해왔다. 터키의 유럽 편입 정책은 터키 공화국의 전신인 오스만 제국의 후반기부터 시작되었다. 터키 공화국이 추진하고 있는 유럽 편입 정책의 구체적 과제는 유럽연합EU 가입이다. 터키는 1960년에 EU의 전신인 유럽경제공동체EEC와 제휴 협정을 체결함으로써 준회원국으로 가입하였고, 준회원국 자격을 취득한 지 27년 만인 1987년에 EU 정회원국 가입을 신청하였다. 터키가 EU에 정회원국 가입 신청서를 제출한 이후 EU가 터키를 받아들일지 여부를 심사하여야 하는데 1990년대 후반까지 별다른 진전이 없었다. 유럽이 되기를 열망하는 터키의 EU 가입 협상이 난항을 거듭하고 있어 터키의 EU 가입이 과연 이루어질 수 있는지, 이루어진다면 그 시기는 언제쯤 될 것인지에 관심이 모아지고 있다.

터키의 EU 가입 협상에 불을 지피는 중요한 계기가 1999년에 마련되었다. 그 해 EU는 우선 터키에 대한 가입 심사를 위해서는 가입 협상을 해야 하며, 가입 협상을 위한 기준을 제시하고 이를 위해서 사회 전반에 걸친 대대적인 개혁 조치를 추진하도록 권고하였다. 이 결정이 코펜하겐에서 이루어져 코펜하겐 기준이라고 하는데, 이 기준에 따르면 정치적으로 터키는 EU 수준에 맞는 민주주의 제도를 확립하고, 경제적으로는 EU 경제와의 조화 능력을 갖춘 시장 경제 체제를 유지해야 하며, 인권 개선 등을 포함한 사회 개혁의 조치를 취하도록 하였다. 이를 위해서는 수없이 많은 법령, 제도의 개혁과 개선이 필요한 엄청난 작업이었지만, 터키는 99년 코펜하겐 기준 제시 후 정치, 경제, 사회 등 전 분야에 걸쳐 대대적인 개혁 조치를 단행하였다.

그 결과, 2004년 12월 EU 정상회의에서 EU는 터키의 개혁 진전 상황을 긍정적으로 평가하고 2005년 10월 3일부터 터키와의 가입 협상을 개시하기로 결정하였다. EU와 터키는 상품, 노동, 자본의 자유 이동, 경쟁 정책, 재정, 에너지, 조세, 금융, 통계, 교육 등 35개 항목에 걸쳐 터키의 EU 가입 협상을 추진하기로 하였다. EU가 터키와 가입 협상을 개시하기로 결정한 것은 반세기 가깝게 EU의 가족이 되기를 소망하던 터키에게는 오랜 가뭄 뒤에 오는 단비와 같았다. EU가 터키와의 가입 협상을 개시한데 대해, 터키는 1923년 공화국 수립 이래 부단하게 추진해온 유럽 편입 정책의 큰 성과라고 반갑게 맞아들였다. 이에 대해 EU는 이질 문명 간 공존 가능성을 시험할 수 있는 기회라고 평가하였다.

그런데 터키의 가입 협상에 찬물을 끼얹는 일이 2006년 말에 일어났다. EU는 키프로스 문제의 해결을 모색했으나 실현되지 않아 터키의 EU 가입 협상을 일부 동결하기로 했다고 발표한 것이었다. 터키가 EU 회원국 키프로스에 터키의 항구와 공항을 개방하지 않는다는 이유였다. EU가 터키와의 가입 협상을 일부 동결한데 대해 터키 국민은 깊은 실망과 불만을 터뜨렸다. 왜 키프로스 문제가 터키의 EU 가입 협상에 쟁점으로 떠올라 발목을 잡게 되었을까?

　키프로스 섬은 면적이 9,251㎢ 로 지중해 상에 위치하며 터키 영토에서 75㎞, 그리스 영토에서 800㎞ 떨어져 있다. 이 섬의 면적은 한반도 면적의 약 4.0%에 해당한다. 문제의 발단은 조그만 섬나라 키프로스가 터키계인 북부 키프로스와 그리스계인 남부 키프로스로 분단되어 있다는 것이다. 거기에다 국제사회에서 키프로스를 사실상 대표하는 것은 공식 국명이 '키프로스 공화국'인 남부 키프로스인데 반해, 터키계인 북부 키프로스는 친정인 터키만이 국가로 승인할 뿐 국제 사회의 인정을 못 받고 있다는 것이다. 키프로스는 기원전 3000년 경에 그리스인들이 지배한 이후 수차례에 걸쳐 이 섬의 주인이 바뀌게 되었다. 그 후 이집트, 아시리아, 페르시아가 번갈아가며 지배하였고, 그리스계 비잔틴 제국의 지배를 거쳐 1571년에 터키계 오스만 제국의 지배에 놓이게 되었다. 그러다 1878년 다시 영국의 행정 관할, 1914년에는 영국에 합병되더니 제1차 세계대전 후에는 영국의 식민지가 되었다. 1960년에 영국, 그리스, 터키 3개국이 체결한 런던협정을 통해 키프로스는 영국으로부터 독립하게 되었고 터키계, 그리스계 주민이 함께 거주하였으나 양 주민 간 종교, 문화의 차이로 반목 상태가 계속되었다.

　1974년 7월 그리스와의 병합을 주장하는 친그리스 군부에 의한 쿠데타가 발발하자, 터키는 터키계 주민의 보호를 명분으로 키프로스에 대한 군사 개입을 단행하고 북부 키프로스 지역을 점령한 이래 이곳에 현재까지 터키군을 주둔시키고 있다. 이듬해인 1975년 2월에 터키계는 이 지역에 터키계 키프로스 개별 정부 수립을 선포하였다. 양계 간 계속되는 반목과 유혈 충돌 상태에서 1983년 5월 그리스계가 키프로스 문제를 유엔총회에 상정하자, 유엔이 키프로스 섬에서의 모든 외국 군대 철수를 결의하였다. 이에 대해 북부 키프로스는 그해 11월에 일방적으로 '북부 키프로스 터키 공화국' 수립을 선포하였고, 터키 정부가 이를 즉시 독립 국가로 승인함에 따라 키프로스는 남북으로 분단된 상태가 되었다. 키프로스 섬에는 그리스계와 터키계 주민이 각각 80%, 20% 거주하고 있다.

이에 따라 키프로스는 사실상 두 개의 분리된 행정 체제 밑에 별도의 정치, 경제, 사법, 교육과 군대를 유지하게 되었다. 수도 니코시아도 남북으로 양분되어 남키프로스와 북키프로스 각각의 수도로 나뉘어지게 되었다. 남·북 키프로스를 가르는 184km의 군사분계선에는 유엔평화유지군이 주둔하고 있다. 터키계 북부 키프로스 공화국 선포 이후 키프로스 문제를 해결하기 위한 국제적 중재 노력이 계속 되었으나 실질적인 결과를 얻지는 못했다.

양 키프로스의 평화적 통일 문제를 해결하기 위해 2002년 11월 코피 아난 유엔 사무총장은 키프로스 양계의 주권과 독립을 인정하는 단일 키프로스 국가 건립을 목표로 한 중재안을 제시하였다. 유엔 사무총장 중재안에 대한 남·북 키프로스 국민 투표가 2004년 4월 실시되었다. 찬반 투표 결과 터키계 북키프로스는 찬성(찬 64.9%, 반 35.0%)한 반면, 그리스계 남키프로스는 반대(찬 24.1%, 반 75.8%)함으로써 키프로스 통일 국가 건설을 위한 유엔 사무총장 중재안은 그리스계의 반대로 무산되었고, 국제 사회에서 인정받는 남키프로스만이 5월 1일 단독으로 EU에 가입하게 되었다. 그리스계 '키프로스 공화국'은 1990년 7월에 EU 가입 신청서를 제출하였으므로 가입 신청

14년 만에 EU의 회원국이 되었다.

　1993년 11월 12개국으로 출범한 EU는 불과 15여년 만에 회원국이 27개국으로 성장하였다. 1995년 1월에 오스트리아, 핀란드, 스웨덴이 가입한 데 이어, 2004년 5월에 폴란드, 헝가리, 체코, 슬로바키아, 슬로베니아, 에스토니아, 라트비아, 키프로스, 몰타 등 10개국이 가입하였다. 가입 신청한 역사로 치면 터키는 이들 나라들과 비교할 수 없을 만큼 역사가 깊은데, 터키의 가입이 아직도 힘든 여정을 가고 있는데 대해 터키 국민의 자존심은 크게 상처를 입게 되었다. 게다가 2007년 1월에는 불가리아와 루마니아까지 EU에 가입하였으니 터키 국민들의 인내도 한계에 이른 듯하였다.

　터키의 EU 가입을 위한 노력에도 불구하고 터키의 EU 가입에 대한 유럽인들의 기본적인 반감이 있는 것도 사실로 보여진다. 이슬람을 믿는 인구 7,000만 명의 터키가 유럽의 일원이 된다면 유럽의 정체성이 상실되지 않을까 하는 우려가 큰 것 같다. 또 경제, 사회적인 격차가 큰 것도 지적되고 있다. 그러나 터키의 EU 가입 노력은 계속 진행될 것으로 보인다. 가입 협상을 진행시켜나가기 위해서는 국내 개혁을 계속적으로 추진해야 하고 경제 발전도 지속적으로 해나가야 하는데, 이런 면에서 터키 정부의 결단은 단호한 것 같다.

　터키의 EU 가입은 '이질 문명 간 연대'라는 면에서 그 중요성이 커 보인다. 코피 아난 전 유엔 사무총장은 이슬람과 서방의 서로 다른 문화에서 발생하는 편견과 오해는 상호 이해가 부족한 데서 오는데, 이를 해결하기 위한 방안으로 '문명의 동맹'을 추진하겠다는 구상을 밝혔다. 그리고 그 구상을 추진할 협력국으로 터키를 꼽은 것은 시사하는 바가 크다. 현재도 진행 중인 문명의 동맹 구상은 문명이나 종교 간 충돌이 아닌 화합과 공존을 목표로 하고 있다. 서로 다른 문명 간 평화적인 공존 가능성을 보여주기 위해서라도 터키의 EU 가입은 시급한 문제로 부각되고 있다.

터키, 이슬람을 배제하다

흑운중黑雲中의 신월국新月國

지금부터 80여 년 전인 1920년대는 터키 역사상 큰 획을 그은 시기로서 오스만 제국의 말기이자 터키 공화국이 탄생된 때이다. 제1차 세계대전이라는 큰 전쟁을 거치면서 제국帝國이 멸滅하고 새로운 국가가 세워지게 되니 그 과정에서 혼란스러움은 대단하였다.

1920년 5월 13일자 동아일보는 "黑雲中흑운중의 新月國신월국"을 큰 제목으로, "비참히 망하는 토이기 제국, 삼억만 회회교도의 큰 서름"을 소제목으로 터키 공화국의 전신인 오스만 제국의 말기 상황을 다음과 같이 전하고 있다.

"싸움에 지고 이익 본 것은 없지마는 이번 구주 전쟁(제1차 세계대전)에 패전한 나라같이 참혹한 정상을 당하기는 실로 사기에 보지 못하던 일이다. 독일에 대하여는 다시 일어날 기운이 없도록 요리조리 수족을 뭉지르고 오스트리아에는 여러 나라를 세워서 뜨더귀판을 만들어버리고 토이기에 대하여는 조약에 대하여 여러 가지 소문이 있었으나 진즉 완성치 못하였더니 지난번 '싼레모'라는 지방에서 연합국이 회의를 열고 토이기 처치할 일을 의논한 결과로 토이기 강화 위원이 연합국 편과 담판하기 위하여 불국佛國 베르

"흑운중의 신월국"이라는 제목의 1920년 5월 13일자 동아일보 기사.

사이유에 도착하였다 함은 본사의 전보로 이미 보한 바 있거니와, 여러 가지 소식을 합하여 보건대 토이기에 대한 처치는 독일과 오스트리아에 대한 처치보다도 오히려 지독하여 이전에 있던 것은 다 잃어버리고 다만 나라라는 이름 하나는 간신히 남아 있도록 참혹한 모양이다.

조선보다 이십 곱절이나 되는 영토를 가지고 백만 명의 군사를 보전하여 쇠약은 하였지만 큰 나라의 체면은 그럭저럭 유지하였으나 이번에는 아주 정상이 가긍하게 되어 나머지 땅은 조선의 곱절밖에 남지 아니하고 정부는 천하의 요충 지대라 하는 구라파의 콘스탄티노플(지금의 이스탄불)에서 쫓겨서 아시아의 한구석에 옮기게 되었다. 원래 토이기 국민은 구라파 사람과 같은 백인종이 아니라 황인종인 까닭과 그 국민이 예수교를 믿지 않고 모두 회회교回回教를 믿는 까닭으로 구라파 사람들은 황인종이오 종교가 다른 나라가 구라파의 주요한 지방을 차지하고 있는 것은 구라파의 주인이 되는 백인종의 큰 치욕이라 하여 어떻게 하든지 토이기를 차내여야 한다는 마음을 품고 있었음으로 무슨 기회가 있을 때마다 무한히 음해를 붙여서 여러 가지로 핍박을 하여오더니 이번 구주 전쟁이 일어나며 토이기가 독일에 쏠려서 연합국과 싸움을 열게 되어 영국은 우선 그의 속국인 애굽을 빼앗아가고 기타 다수 영지를 영국과 이태리와 희랍이 차지하여버리고 이번 강화 조약으로 구주에 있는 영지의 전부는 물론이오 그 외의 영지도 이리저리 다 빼앗아버렸다.

그러나 토이기 본국은 다년 싸움에 피폐하여 지금은 기력이 시진하였음으로 지금은 연합국에 대하여 아무 항거도 못하고 망국이나 다름없는 강화 조약에 굴복을 하겠지만은 원래 토이기 황제는 세계 삼억만 명의 회회교 믿는 사람을 거느리고 있는 회회교 주인인고로 이 회회교들은 연합국 면에서 자기 교주의 나라를 너무 몹시 학대하는 것을 깊이 원망하며 내심으로 불평이 많은 모양인고로 회회교도가 사는 영토를 많이 가진 영국과 같은 나라는 이에 대하여 근심도 없지 아니한 듯하더라."

구식 문어체로 작성된 이 기사는 오스만 제국이 독일 편에서 싸운 제1차 세계대전이 종결된 후, 강대국의 중요한 전후 처리 대상으로 남은 오스만 제국의 향방을 결정짓는 1920년 8월의 세브르 비밀 조약 체결 직전 상황을 묘사하고 있다. 케말파샤(무스타파 케말의 별칭)가 이끄는 터키 민족주의 세력을 주축으로 한 국민의회가 이 조약의 비준을 거부하여 이 조약은 다행히 효력을 발휘하지는 못하였다. 제1차 세계대전 발발시 러시아와 영국이 쇠약하고 병든 오스만 제국을 분할하려고 시도하는 가운데, 오스만 제국은 잠시 중립을 지키다가 전세戰勢가 독일과 오스트리아 편에 유리한 것으로 판단하고 독일 편에 가담하게 되었다. 그리하여 오스만 제국 함대는 독일 함대와 합세하여 러시아의 오데사와 시바스토폴을 포격하게 되었고, 러시아가 오스만 제국에 선전 포고를 하자 영국과 프랑스도 이에 가담하게 됨으로써, 결과적으로 오스만 제국 말기는 풍전등화風前燈火와 같은 상황을 맞게 되었다. 위 기사는 오스만 제국의 종말 상황을 설명하면서, 대국이자 이슬람 세계의 주인인 오스만 제국의 패망을 연민의 정으로 바라보고 있는 것이 잘 묘사되어 있다.

그로부터 80여 년이 지난 2001년 7월 8일 동아일보는 "13억 이슬람과의 대화"라는 연재 기사의 터키편에서 오스만 제국 왕정에서 공화국 건설 이후 서구화된 사회를 소개하며, "국민의 99%가 이슬람 신자라 당연히 이슬람 국가처럼 생각되지만 일상 생활에서 이슬람적인 요소를 거의 찾아볼 수 없는 것도 특이하다"고 전하였다. 그렇다. 터키는 오스만 제국의 후신으로 생기긴 하였지만 건국 전후를 비교하여볼 때 사회 전반에서 큰 변화를 겪었다. 특히 종교적인 면에서의 변화는 가히 충격적인 것이었다. 오스만 제국의 황제인 술탄은 이슬람 세계의 지도자인 칼리프 직을 보유하고 있었으므로 '회회교 믿는 사람을 거느리고 있는 주인'이었다. 이슬람 세계의 주인이라는 말은 오스만 제국의 황제가 전세계 이슬람 신자의 통치자라는 뜻의 칭호인 칼리프 직을 가지고 있었기 때문에 가능하였다. 그러나 오스만 제국을 이어받은 터키 공화국은 이슬람 세계의 주인이 되기를 포기하였다. 왜냐하면 터키 공화국 건립 직후인 1924년 3월에 칼리프 직위를 폐지하였기 때문이다.

80여 년 만에 이슬람 인구도 3억 명에서 13억 명으로 늘어난 셈이다. 터키는 이슬람 신자가 절대 다수이지만 이슬람 국가라고 불리지 않는다. 그 이유는 터키는 종교와 정치를 분리하여 운영한다는 소위 세속주의世俗主義를 추구하였기 때문이다. 다른 이슬람 국가에선 정치와 종교가 분리되어 있지 않지만 세속주의를 추구하는 터키에서는 국가 운영이 종교의 영향을 받지 않고 별개로 이루어지고 있다는 것을 의미한다. 정치와 종교가 분리되어 있다는 말은 한마디로 설명하면 이슬람 율법으로 정치를 하지 않는다는 것이다. 전 세계에 57개 이슬람 국가가 있지만 정치와 종교를 엄격히 구분하는 세속주의를 택한 나라는 터키밖에 없을 것으로 보인다. 다른 이슬람 국가들이 종래의 틀을 벗고 서구적인 의미의 개방 국가로 발돋움하려 할 때 모델로 터키가 제시되고 있는 것도 이 때문이다.

오늘날 터키 공화국은 대제국을 운영했던 오스만 제국이 쪼그라들어 생기게 되었다. 역사적으로 큰 나라의 쇠퇴와 멸망은 아주 비참하였다. 오스만 제국도 예외가 아니었다. '요리 조리 수족이 부러진' 오스만 제국에서 터키 공화국으로 이어지는 변화 과정은 대하 역사 소설이자 대작의 전쟁 영화와 같은 것이었다. 강대국의 끈질긴 위협 속에 생존의 기로에서 마지막 힘을 다한 오스만 제국은 완전히 멸하지 않고 터키 공화국이라는 신생아를 세상에 내놓고 사라졌다.

국부 무스타파 케말 아타튀르크.

국부國父 아타튀르크와 세속주의

아타튀르크는 누구인가? 그는 1910년대 말 오스만 제국의 힘이 급격히 약해져 서구 강대국으로부터 침략 위협을 받게 되자, 터키 민족주의를 표방하고 실지 회복失地回復 전쟁을 승리로 이끌면서 1923년 터키 공화국을 세웠다. 그래서 터키 국민들은 그를 '아타튀르크' 라 부른다. 아타튀르크는 아버지라는 뜻의 'ata' 와 터키인이라는 의미의 'tüurk' 의 합성어로 우리 나라 말로 표현하면 터키인의 아버지, 즉 국부國父라는 뜻이다.

그의 원래 이름은 무스타파 케말이었다. 터키인들은 아랍인의 관습처럼 성姓을 사용하지 않다가 1934년 국회에서 '성 사용법姓使用法' 을 통과시켰는데, 이때 국회가 무스타파 케말에게 국부라는 의미의 'Atatüurk' 를 그의 성으로 증정하였다. 이 때문에 그의 이름은 케말, 무스타파 케말, 무스타파 케말 아타튀르크 또는 단순히 아타튀르크 등 다양하게 불린다. 그는 터키 공화국이 창건된 1923년부터 타계한 1938년까지 15년 간 초대 대통령으로 일했다. 아타튀르크는 1923년 1월 신여성이라 할 수 있는 라티페 우샤키자데와 결혼하였으나, 2년 반 동안의 결혼 생활을 가진 후 1925년 8월 이혼하였다. 이로부터 사망할 때까지 그는 독신으로 지냈으며 자손을 남기지 않았다.

그의 사망 일시가 11월 10일 오전 9시 5분이었다 하여 매년 같은 날 그 시각에는 전국적으로 사이렌 소리가 울리면서 움직이던 차량과 사람들이 멈추고 아타튀르크를 기리는 묵념을 한다. 그의 초상화는 모든 관공서나 학교는 물론 심지어 동네의 조그만 구멍가게에도 걸려 있다. 거대한 그의 묘지가 앙카라의 말테페 높은 지대에 세워져 밤에도 앙카라의 서편을 환히 밝히고 있다. 터키 지폐의 앞면에는 그의 초상화가 자리하고 있으며, 대도시의 큰 거리는 대부분 그의 이름으로 불리고 있다. 사람이 많이 모이는 공원이나 관공서에는 거의 빠짐없이 그의 흉상이 세워져 있다.

아타튀르크가 타계한 지도 60여 년이 넘어섰지만 아타튀르크에 대한 터키 국민의 신망은 예나 지금이나 변함이 없는 듯하다. 공화국 초기에 아타튀르크의 지도력은 큰 힘을 발휘하였다. 아타튀르크 사후에도 그가 보여주었던 지도력과 정신은 그대로 이어지고 있어 모든 국민은 그의 그림자 속에서 산다고 해도 과언이 아닐 것 같다. 그렇다면 아타튀르크에 대한 터키 국민의 신망과 추앙은 어디에서 비롯하는 것일까?

첫째, 그의 성에서 알 수 있듯이 그는 다 쓰러져 가는 오스만 제국에서 터키 공화국을 세운 국부였기 때문이다. 오스만 제국은 서구 강대국의 침략 위협을 받고 있는 데다, 제1차 세계대전 시 독일 편에서 싸웠으나 패전하게 되어 자칫하면 현재의 앙카라 고원 지대만 남을 뻔한 위기를 맞게 되었다. 아타튀르크의 위대함은 다 쓰러지고 없어질 뻔한 나라를 구해주었다는 애국심, 조국애에서 출발한다. 조국애란 조국이 위기에 처했을 때 용광로의 불처럼 끓어오르기 때문이다.

둘째, 초대 대통령으로서 무스타파 케말은 종래의 이슬람 전통을 크게 탈피하여 정치와 종교를 분리하는 세속주의를 근간으로 한 서구식 근대화 개혁 작업을 이끌어나가면서 오랜 전쟁으로 피폐해진 국민의 긍지를 고양한 데 있다. 오스만 제국이 오랫동안 세계 강국으로 있었으나 러시아와의 계속되는 전쟁, 발칸 전쟁, 제1차 세계대전 등으로 국세는 형편없이 약화되고 국민의 긍지와 사기는 땅에 떨어지는 등 극도의 위기 속에 처하게 되었다. 분열과 좌절 속의 터키 국민에게 아타튀르크는 희망이었으며, 국민을 단합시키는 구심점이 되었다. 아타튀르크의 탄생은 이 같은 역사적 환경을 바탕으로 하였다.

그는 실로 엄청난 개혁을 단행하였다. 그의 개혁의 목표는 정체된 터키 사회를 이슬람 전통을 벗어난 서구화된 나라로 만드는 것이었다. 그는 터키 사회에서 이슬람 색채를 덜어내기 위해 이슬람 최상의 지도자를 나타내는 칼리프 제도 폐지, 이슬람력 대신 서양력 도입, 여성 참정권 부여, 라틴 숫자 도입, 도량형 도입, 모든 국민의 성姓 사용법 도입, 금요일에서 일요일로 주간 공휴일 변경 등 크고 작은 수많은 개혁을 이루었다. 이 같은 개혁 중에서 아타튀르크가 터키 국민을 위해 이룩한 가장 위대한 업적을 꼽으라면 당연히 문자 개혁이다. 터키 사람들은 말은 있되 글이 없어, 아랍 문자를 사용하여 말을 표기하였으나, 1928년 아타튀르크가 라틴 문자를 기초로 하여 터키어 발음에 맞는 문자를 만들어 공포함에 따라 그제야 자신들의 문자를 갖게 되었기 때문이다. 아타튀르크의 문자 개혁은 이후 터키의 외양을 서구화하는 데 지렛대 역할을 하였다.

국부 아타튀르크의 개혁 정치는 세속주의라는 나무 기둥에 서구화를 통한 민주주의와 경제 개발이라는 나뭇가지를 키우는 것이었다. 그러므로 서구화, 민주주의, 경제 개발의 기본 바탕은 바로 세속주의였다. 세속주의란 말하자면 이슬람의 반대 개념이기도 한데, 정치와 종교를 엄격히 분리한다는 것으로 당시로서는 오랜 이슬람 전통에 젖은 터키 사회에서는 혁명과도 같은 것이었다. 이슬람 율법으로 다스려진 셰리아트 법정이나 이슬람 최고 성직자를 모시는 셰이홀 이슬람 공직 제도, 이슬람 학교인 메드레세, 이슬람 종교 업무를 담당하는 종교 재단 등을 폐지한 것은 오스만 제국에서 갓 태어난 터키 공화국의 국민으로 남게 된 일반인들에게는 감당해내기 어려운 엄청난 문화적 충격이었다. 그러나 이슬람이라는 큰 덮개를 벗기려는 아타튀르크의 세속화 개혁 정치는 끊임없이 진행되었다.

그는 이슬람 율법 대신 민법, 형법, 상법을 도입하는 한편, 교육 제도도 개혁함으로써 서구화된 국가로 가기 위한 기반을 다졌다. 오늘날 터키의 서구화된 모습은 아타튀르크 집권 시기에 씨를 뿌린 결과이기도 하다. 그렇다고 아타튀르크가 세속화 정책을 추구하였다 해서 터키 사회에서 이슬람의 관습이나 영향이 사라졌다는 의미는 아니다. 세속주의라는 제도 안에서 이슬람의 영향은 제한되었다. 세속주의 또한 보수 이슬람으로부터 도전과 시험을 받기 때문에 이슬람의 관습과 질서는 새롭게 만들어지는 제도와 가끔 충돌하게 되었다.

터키 공화국의 모습을 오스만 제국과는 확연히 다른 모습으로 바꾼 초석이나 다름없는 세속주의는 아타튀르크가 사망한 1938년 11월까지도 강력히 추진되었고, 동료로서 그의 뒤를 이은 제2대 대통령 이스멧 이뇌뉘(1938~1950년) 시대에도 그러한 전통은 이어졌다. 세속주의는 아타튀르크 사후에도 그가 세운 단독 유일 정당인 공화인민당이 집권한 1950년까지 아타튀르크의 절친한 친구에 의해 계승되었고, 이후에는 정치가는 물론 군부의 절대적인 지지에 의해 그 전통이 이어졌다. 세속주의는 터키를 이해하는 주요한 잣대라 할 수 있다. 세속주의는 오늘날 터키를 지탱하는 커다란 대의명분이기 때문에 세속주의에 대한 이해 없이는 터키를 이해하기가 어렵다.

터키의 국부라 불리는 아타튀르크 사후에도 아타튀르크의 서구화 개혁정신은 그대로 이어지고 있다. 물론 서구화에 대한 반작용으로 이슬람으로의 복귀와 같은 정치적 움직임이 없는 것은 아니나, 서구화를 추구하는 사회의 큰 흐름에는 변함이 없다.

세속주의의 수호자 군부와 케말리즘

터키 사회와 정치 문화를 이해하기 위해서는 아타튀르크의 개혁을 총칭하는 케말리즘과 세속주의의 수호자인 군부의 역할 등에 대해서 알아둘 필요가 있다. 터키 공화국이 세워진 후 정치 경제 사회 문화 등 모든 분야에서 이루어진 아타튀르크 시대의 개혁이 터키 공화국의 큰 뼈대 역할을 하고 있기 때문이다. 또한 이슬람 왕정에서 공화정으로 가기 위해 필요한 것은 세속주의를 기반으로 한 개혁이었으며, 이 세속주의의 충실한 수호자가 바로 군부이기 때문이다.

'아타튀르크 국부 묘지'(터키어로 아느트 카비르)는 앙카라 시내 크즐라이에서 2km 서쪽 언덕 위에 있다. 1944년에 건축이 시작되어 9년 만인 1953년에 완공된 국부 묘지는 노란색 대리석으로 사각형 모양을 하고 있으며, 앙카라의 낮은 지대에서 보면 노란색의 건축물이 눈에 들어온다. 낮에는 거대한 규모와 반짝이는 대리석의 위용으로, 밤에는 밑에서 위로 비쳐진 조명으로 엄숙한 자태를 보이고 있다. 이곳이 바로 터키 공화국의 정신이 살아 있는 곳이다. 케말리즘이 살아 있는 국부 묘지는 터키인들에게 일종의 성지와 같은 곳이다. 국부 묘지 참배는 매우 조용하고 엄숙한 분위기에서 이루어진다.

이곳을 찾는 우리 나라 사람들은 터키 국민이 국부를 갖고 있고 국민들이 그를 참배하는 모습에서 감명을 받는다. 터키를 방문하는 외국 정부의 고위 인사들은 아타튀르크 국부 묘지 참배를 시작하면서 공식 일정을 시작하는

아타튀르크 국부 묘지.

데, 의장대의 안내로 입구에서부터 국부가 안치되어 있는 석관까지 약 350m 거리를 걸어가는 동안 의장대 사병의 엄숙한 걸음걸이와 주위에 늘어선 의장대의 위용으로 묘소를 참배하는 사람들은 깊은 감명을 받는다고 한다. 참배자들은 아타튀르크의 푸른 눈과 꿰뚫어보는 시선을 통해 무한한 에너지와 강철 같은 결단력을 읽는다.

무스타파 케말은 제1차 세계대전 당시 이스탄불이 적군에 함락될 위기에 처한 겔리폴리 전투를 승리로 이끌어내고, 이어 1919년 5월 영국의 지원을 받은 그리스군이 아나톨리아를 침공하자 무스타파 케말이 이끄는 군대가 이를 무찔러냈다. 케말이 이끄는 군대의 승리는 그를 순식간에 국민적 영웅으로 만드는 데 충분하였다. 그도 히틀러, 무솔리니, 스탈린과 마찬가지로 독재자였으나, 그가 이들과 달랐던 점은 인간미와 문화적인 성향을 가졌다는 것이다. 당시 그는 오스만 제국을 이어 새로 탄생할 나라의 모습으로 서구화된 문명 국가를 머리 속에 그리고 있었는데, 이를 이루기 위한 신앙이 바로 케말리즘이라 불리는 서구화 개혁이었다.

터키 사회에서 케말리즘은 거의 종교와 같은 것이다. 아타튀르크주의라고 불리는 케말리즘은 최고의 가치 덕목이다. 정치적인 색깔과 성향은 다를지라도 그들은 모두 아타튀르크주의라는 큰 우산 아래서 행동한다. 케말리즘은 공화인민당 단독 정당 시대인 1920~1930년대 터키를 강력하게 지배하는 정신이었다. 1945년 복수 정당 시대로 들어서면서 케말리즘의 힘이 다소 약해졌다가, 1960년 군사 혁명 이후 케말리즘의 힘이 군부에 의해 다시 강조되기 시작하였다. 언제부터인지 확실치 않으나 터키 사회에서는 케말리즘을 아타튀르크주의로 바꾸어 부르고 있다.

아타튀르크주의를 신봉하는 계층은 누구보다도 군부와 지식인들이라 할 수 있다. 군부와 지식인들이 아타튀르크주의자들이라 해서 다른 계층의 국민들이 이를 신봉하지 않는다는 것이 아니라, 군부와 지식인들이 아타튀르크주의를 수호하는 데 최전선에 있다는 의미이다. 군부와 지식인들이 아타튀르크주의를 따르는 데는 정치적으로 이들은 케말주의의 수혜자였기 때문이며, 국가의 기본 골격이 케말주의를 바탕으로 이루어졌기 때문이다.

터키 군부는 아타튀르크주의를 가장 충실하게 따르면서 정치적으로도 힘을 발휘할 수 있는 집단인데, 그렇다면 이러한 군부의 힘은 어디서 나오는 것일까? 그것은 헌법에서 뒷받침되고 있다. 국가의 안보를 지키기 위한 임무를 수행하는 권한을 헌법은 군軍에게 부여하고 있다. 이러한 권한은 터키군이 1960, 1971, 1980년 세 차례에 걸쳐 군사 혁명을 일으키고 정권을 장악하는 것으로 실행되었으나, 터키군은 질서 회복 후 정권을 곧 민정에 이양하였다. 좌 · 우익 간의 대립이 확산되고 정국이 혼미한 상황에 빠지면서 민간 정부의 관리 능력이 한계에 달하자 군이 이를 해결하기 위해 개입했던 것이다.

군부의 정치 개입에 대한 상반되는 비판에도 불구하고, 터키군에 대한 국민의 신망은 절대적이다. 역사적으로 볼 때 오스만 제국 당시 사회는 군대 조직으로 형성되었고, 조정의 상층에는 군사 계층 엘리트가 있었으며, 이러한 군사 계층 엘리트 전통은 터키 공화국 시대에도 이어졌다. 오늘날 터키인은 과거 정복자의 후예들로서 그들은 무사의 가치를 가장 중요한 덕목으로 중요시하였는데, 이 같은 전통은 현재까지도 내려오고 있다. 터키군을 거론할 때 간과해서는 안 될 일은 그들의 청렴성과 정직성이라는 것이다. 터키군의 청렴성과 정직성이라는 가치는 터키군의 탁월한 애국심 위에서 더욱 빛을 발하고 있는데, 이런 면에서 이의를 제기하는 국민은 없는 것으로 보인다. 제3자의 입장에서 볼 때, 터키군은 다른 욕심을 가지고 있는 것 같지 않다. 정치인들 중에 군 출신을 찾아보기란 그리 쉽지 않으며, 그간 혹 한 두 명 나왔지만 국민들로부터 환영을 받지 못했다. 터키군은 아타튀르크주의를 지키는 첨병 역할을 하면서 세속주의 원칙이 지켜지도록 파수꾼 역할을 하고 있다.

터키군이 세속주의의 파수꾼 역할을 한 최근의 예例를 들어보자. 1995년 12월 총선에서 이슬람계 복지당이 제1당으로 부상하여 1996년 7월 터키 정치사상 처음으로 이슬람계 정부가 탄생하게 되었다. 복지당 정부가 이슬람 사원 건축, 이슬람 교육 강화, 정부 부처 내 이슬람계 인사 배치 등 이슬람 성향의 정치를 시도함에 따라, 군부의 압력으로 1997년 2월 27일 대통령이 주재한 국가안보위원회 회의에서 대정부 권고안이 제시되었다. 대정부 권고안은 세속주의 일탈逸脫에 대한 경고였다. 복지당의 에르바칸 총리가 대정부 권고안의 수용을 거부하자, 터키 검찰은 5월 21일 헌법 및 정당법이 규정한 세속주의 원칙을 일탈했다는 이유로 헌법재판소에 제소하였고, 헌법재판소는 1998년 1월 헌법상 세속주의 원칙에 대한 위배 등을 이유로 복지당의 폐쇄 결정을 내렸다. 복지당의 폐쇄 결정을 놓고 터키 언론은 군부가 그간 세 번에 걸친 군사 개입 이후 네 번째로 정치에 개입한 사례라고 보도하였다. 복지당을 이어 창당된 미덕당도 반세속주의 활동의 중심이 되고 있다는 헌법재판소의 판결에 따라 2001년 6월 22일 폐쇄되었다. 이와 같이 이슬람 성향의 정치는 군부가 지키고 있는 세속주의와 조화를 이루어야 하는 어려움을 안고 있다.

아타튀르크주의에 부담을 주는 보수 이슬람계의 저항이 없는 것도 아니다. 정치에서 종교적 영향을 제거하려는 아타튀르크주의가 강조될수록 보수 이슬람의 저항도 그에 비례하여 커졌다. 보수 이슬람의 저항 형태도 다양하지만, 그간 변하지 않고 있는 것은 이슬람 여성들이 머리에 쓰는 두건 문제이다. 머리에 쓰는 두건을 차르샤프라 하는데 차르샤프는 이제 아타튀르크주의와 세속주의에 대한 무언의 저항을 표현하는 의미가 되었다. 특히 대학에서 두건을 쓰고 강의를 듣는 여학생 수가 늘어나자 정부는 대학 내 두건 사용 금지법까지 마련하고 있으나, 두건 착용 여학생을 막으려는 학교측과 두건을 착용하고 강의실에 들어가려는 학생들과의 충돌이 가끔씩 일어나고 있다. 아타튀르크의 세속주의는 보수 이슬람 세력의 저항을 받고 있지만, 이것이 정치적으로 표현될 때 군부가 나서게 되는 것이 터키의 현실이기도 하다.

국민의 신뢰를 받는 군부

터키군에게 주어진 별명은 민주주의 수호자, 아타튀르크주의의 수호자, 세속주의 수호자이다. 터키군은 세속주의를 기본으로 하는 아타튀르크주의를 따르는 집단으로 터키군이 가지고 있는 가치는 민주주의 가치이다. 아타튀르크주의는 서구화를 뜻하고 서구화는 정치적인 표현으로 민주주의를 뜻한다. 따라서 군부는 아타튀르크주의의 파수꾼으로 민주주의를 지키려는 강한 열망을 가지고 있는 집단이다.

위와 같은 설명은 터키 군부의 성격과 역할을 핵심만 정리한 것이다. 그런데 이런 수사修辭와 더불어 터키군에게는 '국민으로부터 신뢰받는 군부'라는 평가가 추가된다.

오늘날 터키군의 전신은 오스만 제국의 군대이다. 오스만 제국의 군대의 근간은 기독교계 청년 남자를 징집하여 이슬람으로 개종시키고 터키인으로 만들어 조직한 예니체리 군대이다. 예니체리 군대는 콘스탄티노플을 정복하여 오스만 제국이 동부 유럽으로 확장하는 길을 열어주었다. 예니체리 군대는 전장에서 무서운 전투력을 보여주었고 유럽이 감히 손댈 수 없는 무적의 군대였다. 영토 확장 시기에 군은 최상의 지위와 혜택을 누리게 되었다. 그러나 예니체리 군대는 갈수록 부패하기 시작하였고 오스만 제국의 조정에 대항하는 반대 세력이 되었다. 드디어 술탄 마흐무드 2세는 1826년에 예니체리 군대를 폐지함으로써 오스만 제국의 막강한 세력으로 있던 예니체리는 근대식 군대로 대체되었다.

예니체리 군대가 오스만 제국 말기에 부패됨으로써 오스만 제국 전성기까지 이루어놓았던 전설을 희석시키기는 하였지만, 제국 말기에 군이 다시 나라를 구하기 위한 최전선에 나서게 됨으로써 군의 위상은 다시 부각되게 되었다. 왕정에서 헌정憲政을 시도하던 1908년 청년 터키인들의 혁명도 군이 이끌었고 터키 공화국의 독립 전쟁이라 일컫는 1919년 전쟁도 군이 주도하였다. 이어 그간 세 차례에 걸친 군사 혁명은 군의 정치 개입이 민주주의를 저해했다는 비판에도 불구하고 터키군이 국가의 위기에서 얼마나 중요한 임무를 수행했는지를 국민 앞에 확인시켜주었다. 무엇보다도 터키 공화국 초기에 있었던 개혁 조치들은 모두 군부의 지지로 가능하였다.

이와 같이 터키의 정치사에서 터키군은 막후에서 중요한 역할을 하였다. 공화국 초기에 아타튀르크와 이뇌뉘가 이끈 그리스와의 전쟁에서 터키군이 승리한 것은 아타튀르크와 이뇌뉘에 대한 국민의 신망을 높이는 결과를 가져왔고, 동시에 구심점을 상실한 국민들 앞에서 군부의 위용과 힘을 과시하게 되었다. 군 출신인 아타튀르크와 이뇌뉘가 터키의 제 1, 2대 대통령이 됨으로써, 국민의 눈에는 이들이 대통령이라기보다 군사령관으로 인식된 것은 국민들이 군부를 보는 시각에도 긍정적으로 작용하였다. 오스만 제국 말기 희망이 안 보이는 절박한 상황에서 터키 공화국을 세우고 개혁을 주도한 아타튀르크와 그의 승계자 이뇌뉘의 업적은 대단한 것이었다.

터키군의 가장 큰 덕목은 군기이다. 터키군의 시조는 기원전 200년경 훈 제국이 조직한 군대로 알려져 있는데, 옛부터 훌륭한 지휘관이 되기 위해서는 정직·관용·용기·군사 지식 등 네 가지를 겸비하여야 했다. 이는 군기라는 덕목 속에서 수련되고 강화되었다. 터키군의 군기는 다른 어떤 군대보다도 엄중하다고 한다. 터키군의 군기는 가지$_{gazi}$라 불리는 무사를 중시하는 전통을 낳게 되었다. 터키군은 국가와 민족의 안전을 수호하는 임무를 수행하기 위한 정신적 기초로서 군기를 강조하고 있다. 이러한 터키군의 전통은 지금까지도 이어지고 있다.

그렇다면, 터키군이 국민으로부터 신망을 얻고 있는 이유는 무엇일까?

먼저, 터키군은 엘리트 집단인 동시에 군기로 단련된 조국애가 탁월하다는 것이다. 엘리트 집단으로서의 군은 오스만 제국 때 예니체리 군대였다. 예니체리 군대에 들어가기 위해서는 상당한 교육 과정을 거쳐야 가능했고, 능력이 있는 사람들은 조정의 대신은 물론 재상까지 올라갈 수 있는 기회가 있었다. 공화국 시대에 문자 개혁으로 문맹률이 문제가 되고 있을 때, 군은 문맹 퇴치의 최전선에서 활약하여 사회의 다른 어떤 조직보다도 문자 해득률이 가장 높은 집단이었다. 또한 터키는 한국전 참전으로 용맹성을 인정받아 1952년에 북대서양조약기구NATO에 가입함으로써, 대외 협상력을 키우기 위한 자구 노력을 꾸준히 해왔다. 군은 사회 내 엘리트 계층을 형성하면서, 국가와 국민을 위해 희생한다는 탁월한 조국애를 보여주고 있는 것이다. 군이 조국애를 가진다는 것은 너무 당연한 일이지만, 이것이 터키의 역사 속에서 이해될 때 더욱 명확해질 수 있다.

또한 군은 국가 위기 시에 국가가 안정을 되찾게 하고 권력에 과도한 욕심을 보이지 않는다는 것이다. 터키군은 세 번에 걸친 군사 혁명으로 이를 보여주었다. 군사 혁명 자체가 민주주의에 대한 도전이지만, 터키에서는 군사 혁명이 국민들로부터 좋은 평가를 받고 있다고 할 수 있다. 터키의 군사 혁명이 민주주의에 대한 도전이며 중단이라는 평가도 없는 것은 아니지만 결과로 볼 때 국가 안정을 위해 효과적이었다는 견해가 지배적이다. 군사 혁명 이후 민정 이양이 빠르게 이루어진 것도 평가할 만하다.

마지막으로 터키군이 건전하고 철저한 윤리 의식으로 정직하다는 것이다. 터키군의 장교급 이상은 다른 나라의 경우와는 달리 상류 또는 부유 계층보다는 평범한 가정의 출신들이 주류를 이루고 있다. 이 때문에 터키군은 보수적이기보다는 개혁적인 성향이 강하다. 공화국 수립 이래 터키군 내부에서는 전통적으로 비리가 없는 것이 특징이다. 그만큼 윤리 의식이 건전하다는 것이다. 터키 사회경제연구재단이 실시한 터키 사회의 부정 부패에 대한 여론 조사 결과에 따르면, 국민이 신임할 수 있는 기관으로 군부가 제1위를 차지하였는데, 이는 터키 국민이 군부를 가장 믿을 수 있는 기관으로 보는데 주저함이 없음을 의미한다. 이와는 반대로 정치인이 국민의 신임도가 가장 낮은 것으로 나타났다. 공무원들의 부정 부패 문제가 사회적으로 이슈화

되면, 군부는 적절한 형태로 우려를 표명한다.

　세 번에 걸친 군사 혁명에도 불구하고 터키군이 국민으로부터 신망을 받고 있는 것은 터키가 처한 독특한 정치 및 국제 환경일 수도 있으나, 터키 국민은 국가 위기 시에 군부에 의지한 경험을 갖고 있으며, 국정 혼란 시에 국민은 군부에게 기대감을 보이고 있는 것도 사실이다.

　다른 이야기이지만 터키에서는 입법부 사법부 행정부에 이어 제4부가 군부라고 이야기하는 사람들도 더러 있다. 그만큼 군부가 터키 정치에 직·간접적으로 미치는 영향이 크기 때문이다. 또 터키 군부가 정치적 영향력을 발휘할 수 있는 여력은 터키군이 터키 사회에서 가장 신뢰 받는 조직이기 때문이다. 터키군은 역사적인 경험 때문에 국가의 일체성과 안보 문제에 대해 상당히 민감한 반응을 보이고 있다. 세속주의를 지키는 첨병으로서 세속주의에 반하는 움직임과 국민의 단합 및 안보를 위협하는 움직임에 대해서는 군부가 주시하고 있다. 1996년 7월 터키 공화국 사상 처음으로 이슬람계 복지당이 집권하고 이슬람 성향의 정책을 시도하자 군부는 '세속주의 일탈逸脫'에 대한 경고를 하였고, 결국 복지당은 1998년 1월 헌법상 세속주의 원칙에 대한 위반으로 헌법 재판소의 판결을 받아 폐쇄된 것이 그 한 예다.

터키의 수도는 이스탄불?

　한국 사람들은 대개 터키의 수도가 이스탄불이라고 알고 있다. 터키에서 지내본 사람들이라면 터키의 수도가 이스탄불이 아니고 왜 앙카라인지 의아해한다. 이스탄불은 고대 콘스탄티노플이라 불리는 비잔틴의 수도였기 때문에 역사책을 통해 알 수 있는 지명이지만, 앙카라는 공화국 들어 발전된 도시이기 때문에 우리에게 생소할 수밖에 없다. 이스탄불과 앙카라를 한마디로 표현하면, 이스탄불은 경제, 사회, 문화의 중심지이며 앙카라는 행정, 외교의 중심지이다.

터키의 수도는 이스탄불이 아니라 앙카라이다. 국부 아타튀르크는 1923년 10월 앙카라를 수도로 천명하였다. 이스탄불에서 앙카라로 비행기를 타고 올 때 기내에서 아래를 내려다보면 나무도 거의 없는 구릉지에 수도가 있는 것을 확인할 수 있다. 그러면 아름다운 이스탄불을 마다하고 어째서 이런 내륙에 수도를 정했을까 하는 의구심이 더욱더 가시지 않는다. 1923년 8월 20일 우리 나라 신문도 "土國首府決定토국수부결정 앙고라"라는 제목으로 "토이기의 국민의회 의원장은 앙고라를 수부(수도)로 보유하기로 결정하였다"고 전했다.

터키 공화국이 건설되면서 앙카라가 수도가 되었지만 이스탄불은 터키 내에서 최대 도시의 자격을 계속 유지하고 있다. 이스탄불은 인구 1,000만 명을 가진 대도시이고 아름다운 보스포러스 해협과 마르마라해를 가지고 경제, 상업, 문화의 중심지 역할을 한다. 또한 터키를 찾는 외국인 관광객이 첫 번째로 찾아오는 세계적 관광지이기도 하다. 앙카라는 해발 고도 848m 분지에 들어앉은 도시로 과거에는 앙고라라고 불렸다. 앙카라에는 관공서와 외국 공관 등이 주인 역할을 하는 행정 도시이다. 1920년대 이스탄불의 인구는 79만 명인 반면 앙카라의 인구는 3만 명 정도의 먼지투성이의 조그만 촌락이었다.

골든 혼, 보스포러스 해협, 유서 깊은 궁전들을 가진 이스탄불을 제치고 앙카라가 수도가 된 이유는 크게 두 가지일 것으로 보인다.

첫 번째로는 아타튀르크가 독립 전쟁을 할 때 이스탄불 술탄 정부의 아타

앙카라 시내 모습(긴 탑은 아타쿨레로 상가가 들어 있음).

ⓒ 메호멧 헨기르멘

튀르크 제거 시도 때문이다. 무스타파 케말이 독립 전쟁을 주도한 시기에 이스탄불에서는 오스만 제국의 마지막 황제(술탄)인 메흐메드 6세(재위 1918~1926년)가 통치하고 있었다. 이스탄불의 술탄 정부는 외세의 압력으로 비록 힘은 쇠진해 있었지만, 케말의 독립 쟁취를 위한 저항 운동을 반대하고 있었다. 그러나 이스탄불 술탄 정부의 반대에도 불구하고 케말은 아나톨리아 동부 지역에서 저항 조직을 확대해나갔다. 술탄 정부가 1919년 6월 케말을 이스탄불로 소환시키려 하였으나 케말의 거역으로 이루어지지 않았다. 술탄 정부는 계속 제2차 소환 명령을 내리다가 드디어 체포령을 내렸지만 뜻을 이루지 못했다. 따라서 케말에게는 이스탄불이 위험한 지역이었다. 그는 저항 조직을 이스탄불 조정에서 멀리 떨어진 동부 지역에서 결성하기 시작하여 1923년 4월 고원 지대 앙카라에서 국민의회를 개원함으로써 저항 운동의 결실을 보게 되었다. 케말이 새로운 정치 생활을 시작하는 데는 술탄의 영향 아래 다민족으로 복잡하게 구성된 이스탄불보다는 단순한 앙카라가 좋았다.

두 번째는 군사적 방어를 고려한 것이다. 이스탄불이 갖고 있는 보스포러스 해협과 다다넬스 해협은 해협이 좁아 해상 공격에 대한 방어력은 우수하지만 지상 공격에는 매우 취약하였다. 이스탄불 지역에는 큰 산이 없기 때문에 내륙으로부터 공격이 있을 경우 방어력이 취약할 수밖에 없다. 역사적으로 볼 때 이스탄불은 19~20세기 초 이스탄불 서쪽 트라키아 반도로부터의 공격 위협을 여러 차례 경험하였다. 1828~29년, 1877~78년에 러시아의 공격으로부터 에디르네를 빼앗기고, 러시아 군이 오스만 제국의 수도 이스탄불 근접까지 진주하는 수모를 겪었다. 1912~13년 발칸 전쟁 때는 불가리아 군대가 오스만 제국의 방어선까지 들어왔다. 오스만 제국은 제1차 세계대전

때 겔리폴리(터키어로는 겔리볼루) 전쟁에서 좁은 해협의 특성을 이용해 철통 같은 방어력으로 연합군을 방어하는 데는 성공하였지만, 지상으로부터 오는 공격을 방어하는 데는 매우 취약하였다. 이런 면에서 볼 때 앙카라는 지상으로부터의 공격을 방어하는 데 지형적으로 좋은 여건을 갖고 있었다. 앙카라는 이스탄불의 보스포러스 해협으로부터 450㎞, 흑해로부터 420㎞, 불가리아 국경으로부터 700㎞ 떨어져 있기 때문에 전략적으로 이스탄불보다는 안전하다. 첨단 전자 무기가 개발된 요즘에는 이런 고려가 중요하지 않을 수도 있지만, 재래 무기로 전쟁하던 당시로서는 중요한 고려였다.

케말이 자신의 정치 생활을 위해 수도를 앙카라로 정했지만, 이스탄불은 그 자체가 고색 창연한 도시임은 물론, 주변국에게도 전략적으로 중요한 항구 도시였다. 터키는 보스포러스 해협을 터키의 심장으로 표현하지만 러시아는 터키의 해협을 집으로 들어가기 위한 열쇠, 즉 키key라고 표현했다. 러시아는 터키 땅을 자신들이 소유할 집으로 보았기 때문에 보스포러스는 이 집으로 들어가기 위한 문이었고, 그 출구는 따뜻한 바다가 있는 지중해였다. 로마 제국의 황제 콘스탄티누스가 330년 동로마 제국을 현재의 이스탄불로 정한 것도 이스탄불이 갖고 있는 지리적, 전략적 이점을 고려한 것이 아닐까? 지도를 놓고 보면 이스탄불에서는 동, 서, 남, 북으로 연결이 가능하여 이스탄불이 중심인 것처럼 보인다.

정설인지 모르지만 오스만 제국이 콘스탄티노플을 점령한 후 마을 이름을 전부 무슨 무슨 촌村으로 바꾸었다고 한다. 로마인들이 만든 도시는 촌밖에 안 된다고 보았던 것 같다. 그래서 이스탄불 지명에서 '촌'을 의미하는 '쾨이'라는 이름이 많다. 예를 들면 바크르쾨이, 카드쾨이, 예실쾨이, 아타쾨이, 오르타쾨이, 예니쾨이, 메즈디예쾨이, 바니쾨이, 첸겔쾨이, 에렌쾨이 등이다. 마치 미국에서 town이나 city라는 뜻의 연결형으로 -ville이 붙어 있는 지명이 많은 것처럼 말이다. 이스탄불은 복잡하고 큰 도시 같은 면모를 과시하고 있지만, 이에 비해 앙카라는 얼마나 작고 조용한가? 이스탄불을 여행하다 앙카라에 오면 아주 다른 느낌이 든다. 우선 앙카라는 조용하고 단정한 느낌이 든다. 도시가 작으니 복잡하지가 않다. 자동차를 타고 한 15분 정도 달리면 금방 외곽이다. 앙카라가 수도이지만 이스탄불 사람들은 앙카라를 촌이라고 한다. 이스탄불은 관광객도 많아 외국인도 많다. 그러나 앙카라에는 일부 관광객이 아나톨리아 문명 박물관과 아타튀르크 국부 묘지를 보기 위해 오긴 하지만 관광객이 거의 없는 편이다.

앙카라에는 여러 나라 대사관이 가지오스만파샤와 찬가야 지역에 집중되어 있다. 그러나 앙카라에 외국 공관들이 들어서는 데는 새로 탄생된 터키 공화국을 인정받을 때까지 기다려야 했다. 1923년 10월 13일 국회는 앙카라를 수도로 하는 법을 통과시켰다. 도로며, 물이며, 주택도 거의 없는 아나톨리아의 촌락 도시가 이제 신생 공화국의 중심 도시가 된 것이다. 그 후 16일 후인 1923년 10월 29일 터키 공화국이 정식 선포되었다. 앙카라가 수도가 되었지만 서구 열강들은 새로운 수도를 인정하지 않으려 하였다. 오스만 제국 시대에는 외국의 공관은 모두 이스탄불에 있었다. 터키 외무부는 이스탄불에 있는 공관들을 앙카라에 이전하도록 계속 촉구하였으나, 그들의 반응은 냉담하였다. 영국이 제일 강하게 반대하였고 이에 프랑스, 이탈리아 등도 동조하였다. 이들 국가들은 터키 공화국은 오래 가지 못하고 조만간 끝나게 되어 이스탄불이 다시 수도로 될 것이므로 공관을 앙카라로 이전할 필요가 없다고 생각하였다.

서구 열강들의 공관 이전 반대가 계속되는 가운데, 2년이 지난 1925년 들어 단지 소련 대사관과 아프가니스탄 대사관 두 개 공관만이 앙카라에 이전하였다. 이스탄불에 상주하는 외국 공관들이 수도인 앙카라로 이전하지 않는 문제는 바로 신생 터키 공화국의 위신과 체면과도 직결되는 문제였다. 이스탄불 주재 헨더슨 영국 대사는 수도가 다시 이스탄불이 될 것이라는 전망을 담은 아래 내용의 전문을 본국에 보냈다.

"앙카라가 수도가 된 것은 무스타파 케말의 계획적인 욕심 때문임. 터키 국민의회의 생명은 앞으로 2년 정도 될 것으로 보이며, 따라서 앙카라도 2년 정도 수도로 남아 있을 것으로 판단함. 수도로서의 이스탄불의 매력은 충분하며, 터키 정부가 수도를 보스포러스 해협으로 다시 이전하는 데는 앞으로 2년 정도 걸릴 것으로 예상함."

공화국 선포 후 6년이 지난 1929년에 이탈리아가 대사관을 앙카라로 옮기자 프랑스가 이에 따랐고, 그 이듬해인 1930년에 영국이 대사관을 앙카라로 이전하였다. 이스탄불에 있는 공관들이 앙카라로 옮기지 않자, 터키 정부는 그들의 공관이 들어설 부지를 무료로 제공하는 유인책을 내놓았다. 당시 힘꽤나 쓰던 주요 유럽 나라의 대사관이 앙카라의 가장 좋은 위치에 넓게 자리하고 있는 것은 이 때문이다. 서구 열강들은 오스만 왕정을 부정하고 새로 탄생된 터키 공화국의 존재를 쉽게 인정하지 않으려 한 면도 있지만, 아름다운 고도 이스탄불을 버리고 먼지투성이인 앙카라에 공관을 둔다는 것은 생각하기도 싫은 일이었을지도 모른다.

앙카라는 1923년 10월부터 터키 공화국의 수도이다.

대국의 후예들, 터키인의 지금

사랑의 표현이 많아 넉넉한 터키인

사람이 표현하기 위한 수단은 말과 글이다. 터키 문자는 1928년 국회에서 통과된 로마 문자이다. 터키인들은 아랍어를 1,000년 이상 차용하면서 고유한 자신들의 언어를 유지해왔다. 아타튀르크는 공화국 수립 이후 어려운 아랍어 대신에 사용할 쉬운 문자가 없을까 고심하다가 라틴 문자를 도입하기로 결정하였다.

터키 문자는 완전히 창조된 문자는 아니라 하더라도, 군주가 힘 없는 백성들을 위하여 나라 글자를 만들어냈다는 면에서 우리 나라의 세종대왕과 터키의 아타튀르크의 위대함이 발견된다. 우리의 세종대왕이 한글을 창제한 것은 우리말에 맞지도 않고 배우기도 쓰기도 어려운 한자로부터 백성을 해방시키기 위해서였는데, 터키의 아타튀르크도 배우기도 쓰기도 어려운 아랍어나 페르시아어로부터 백성을 해방시키기 위해 배우고 쓰기 쉬운 라틴 문자를 채택하였다. 한글은 발음 기관의 모양을 본떠 만든 창작품이지만, 터키 문자는 이전에 있던 로마 문자를 도입하였기 때문에 한글과 터키 문자는 창작성 면에서 큰 차이가 있다. 그러나 훈민정음이 창제된 15세기로부터 5세기가 지난 20세기 초반에 터키의 군왕이 글 모르는 불쌍한 백성을 위해 어떤 문자를 쓰게 할 것인가를 고민한 것은 늦은 감이 있지만 퍽 다행한 일이었다.

이렇게 만들어진 터키어에는 모음이 많아 표준말을 쓰는 사람이 터키어를 깨끗하게 구사할 때는 정말 듣기에 좋다. 터키어가 듣기 좋은 건 영어를 구사하는 영어권 지역의 사람들도 인정하고 있는 사실이다. 모음이 풍부하여 발음이 세지 않고 부드럽다. 터키어와 영어와 다른 점은 터키어에는 영어에 있는 엑센트가 없다는 것이다. 엑센트가 없다는 점에서는 우리말과 터키어가 같다. 터키 사람들은 음운音韻을 즐겨 사용한다. 연설이나 강연 시 음운을 잘 사용하면 말하기도 좋고 듣는 사람의 귀도 즐겁다.

터키어에는 친밀함을 표현하는 말이 많이 있다. 특히 부부나 자녀 사이에서 많이 쓰고 있다. 우선 부부 사이의 애정을 확인하는 말로는 셰케림(내 설탕), 자늠(내 생명), 카르즈음(내 아내), 발름(내 꿀) 등인데, 이를 우리말로 표현하면 어색하기 짝이 없지만 터키인들이 사용하면 너무 자연스럽게 들린다. 젊은 부부가 사용하면 두 사람만의 사랑이 뜨겁게 느껴지고, 노부부가 사용하면 서로 존경하며 완숙된 부부애를 느끼게 된다. 우리가 여보, 당신 하는 것보다는 훨씬 사랑의 감정이 깊게 담겨져 있는 것 같다. 아이들의 이름에다 '지임'을 붙이면 우리 할머니가 손자에게 '내 새끼' 하는 정도의 감정을 담는다. 아이의 이름이 닐균이라면, 단순히 '닐균'이라고 부르는 것보다는 '닐균지임'이라고 부를 때 감정이 들어가 있는 표현이 된다.

터키인 부부가 전화 통화를 하는 것을 보자. 전화를 먼저 건 사람이 상대편에게 "셰케림, 나야" 하면서 대화를 시작한다. 전화 통화를 마감하는 대화는 어떤가? 대화의 성격에 따라 마지막 말을 정리한 후 "웝툄" 하면서 수화기를 놓는다. 어린 아이식 표현으로 뽀뽀했다는 것이다. 눈으로 직접 보는 것은 아니지만, 전화상으로 뽀뽀했다고 말함으로써 상대방에 대한 사랑 감정을 표시해준다. 이런 식의 전화 통화는 단지 부부 사이에만 하는 것이 아니라, 부모와 자식 간에도 자연스럽게 이루어진다.

터키인들은 상대방과 인사할 때 서양식으로 악수하는 것만으로는 성이 차지 않는다. 악수하고 오른쪽과 왼쪽 양쪽 볼을 서로 맞대야 제대로 인사를 나눈 것이 된다. 서양식 인사 방법에 익숙한 한국인에게는 양볼을 서로 맞대는 인사는 낯설기 그지없다. 그러나 몇 차례 만났는데 양쪽 볼을 교환하지 않고 악수만 한다면, 상대방에게 마음을 다 열지 않았다는 느낌을 주게 된다. 몇 번 만나 안면도 있는데 악수만 하면 뭔가 빈 것같이 허전한 기분을 주게 된다. 처음 만나는 터키 사람에게 포옹하는 식으로 양쪽 볼을 교환해보라. 터키 사람들이 좋아하는 아르카다쉬(친구)가 금방 된다.

빨리 빨리 문화에 젖은 한국인에게 터키인들의 인사 절차가 지루하게 느껴질 때가 있다. 양쪽 볼을 맞대고 나서는 그때부터 부모님은 잘 있는지, 아이들은 잘 있는지, 사업은 잘 되는지, 건강은 어떤지 등을 서로 묻고 대답한다. 통상적으로 볼 때 이런 질문의 대답은 다 좋다고 하는 것 같은데, 터키 사람들은 이 절차를 생략하지 않는다. 바쁜데 뭐 이런 인사를 하고 있나 하는 생각이 들 때가 많다. 터키 사람들의 행동은 상당히 정중하고 예의 바르며 어법도 격식을 차리는 편이다. 그들은 경박하게 행동하지 않는다. 모든 것을 생략 생략하며 살아온 한국인들에게 주는 교훈이 있는 것 같다.

여유가 넘쳐 인간적인 터키인

대부분의 터키인들에게는 우리에겐 생소해져버린 '여유'라는 것이 느껴진다. 바쁘고 정신없이 살아온 우리 한국인에게는 선뜻 이해가 안 가지만 이들 사회에 묻혀 얼마 있다 보면 문화의 차이가 사람의 생활이나 의식을 바꿀 수 있다는 것을 알게 된다. 그들의 여유는 생활 어디에서나 쉽게 찾아볼 수 있다. 자동차 접촉이나 충돌 사고가 일어났다고 하자. 우리는 두 차의 운전자가 순식간에 차에서 내려 서로 상대방이 잘못했다고 우기거나 싸우는 게 일반적인데, 이들은 사고 자체를 쉽게 인정한다. 그들이 이럴 때 하는 말이 있다. "게치미쉬 올순". 이렇게 기분 나쁘고 불행한 일은 빨리 지나가라는 의미로 하는 말이다. 그들의 생각으로는 운이 없어 오늘 둘이 사고를 당하게 되었고, 사고 처리는 하면 되는 것이니 '게치미쉬 올순', 이런 일은 빨리 잊어버리는 것이 현명하다는 것이다.

 터키의 차량 사고 보험 처리는 인근 교통 경찰의 사고 조사 보고서가 꼭 첨부되어야 하므로 아무리 복잡한 곳이라도 사고 당사자들은 교통 경찰이 올 때까지 비상 전조등을 켜놓고 기다린다. 교통은 잠깐 사이에 복잡해지지만, 이를 불편해하는 사람들은 많지 않은 것 같다.

 여유란 인정人情이 있을 때 나오는 것인데, 터키인들의 여유는 그들의 풍부한 인정에서 나온다. 한국 사람의 눈에는 별로 가치 없게 보여질 수도 있지만 터키인들은 부모와 자식 간은 물론 대인 관계에서 인정을 나누며 인사를 나누는 따뜻한 말이 수도 없이 많다. 나는 그들이 가족끼리 늘 나누는 자늠(내 생명), 올룸(내 아들), 크즘(내 딸)이라는 말에 그들의 따뜻한 피를 느끼곤 한다. 그들은 늘 자늠, 올룸, 크즘을 부르고 사랑을 확인한다.

 터키인의 독특한 여유를 두 가지만 예로 들어보자. 터키인들이 늘 마시는 차茶와 늘 타고 다니는 일종의 합승 버스인 돌무쉬를 예로 들어도 적절할 것 같다.

　차※, 터키어로는 '차이' 이므로 우리 나라 발음과 크게 다를 게 없다. 앞에서 설명한 터키 커피가 주로 식사 후에 마시는 것이라면 차이는 시도 때도 없이 마실 수 있는 것이다. 터키인들이 커피를 알게 된 것은 오래 되었지만 차를 마시기 시작한 것은 별로 오래 되지 않은 일이다. 오스만 제국 말기인 1888~1892년 사이에 터키인들은 일본에서 차 모종을 들여와 이스탄불 근처 부르사에서 시험 재배를 하였는데 기후, 토양, 환경 조건 등이 맞지 않은 데다 재배 기술 부족으로 실패로 끝났다. 오늘날과 같은 본격적인 차 재배는 1917년 르자 에르탄이라는 교수가 코카서스 지방을 다녀온 후 그 지방에서 차 재배가 되는 것을 보고 그곳과 기후, 토양 환경 등이 비슷한 혹해 도시 리제가 차 재배에 적합하다는 보고서를 제출함으로써 시작되었다. 리제는 연간 강수량이 2,300㎜나 되는데, 터키에서 가장 강수량이 많은 지역이다. 터키 전국의 연평균 강수량의 무려 세 배나 된다. 리제 지방에서 차 재배를 하려는 시도가 몇 번 있었으나 만족스런 결과를 얻지 못하다가 1937년 이후에야 수확을 거두게 되었다. 최초의 차 공장이 1947년 리제에 세워졌다. 차 재배 농지 확보, 운영, 판매, 품질 유지 등을 감독할 감독 관청도 조직되었다.

　차는 이제 터키 국민의 제일가는 기호 식품이 되었다. 아침에 일어나 저녁에 잠들 때까지 그들은 차로 시작하여 차로 끝난다고 해도 과언이 아니다. 관공서나 일반 회사 건물 내에는 차를 끓이고 배달하는 차이즈가 있다. 차이 잔은 크기가 10㎝로 작으며, 뜨거운 공기가 빨리 식는 것을 막아주기 위해 가운데가 약간 오목하게 생겼다. 터키인들의 차이 인심은 담배 인심만큼이나 후하다. 한번 대접을 받으면 보통 한 잔으로 끝나지 않는다. 차이를 대접하는 사람을 만족시키기 위해서는 보통 두 세 잔 정도를 마셔주어야 한다.

보통 터키인이 마시는 차는 진하며 쓴맛이 나는데, 장이 약한 한국 사람이 마신다면 금방 화장실을 가야 할지도 모른다. 만약 초청을 받아 어떤 집을 방문하게 된다면 찻잔이 비자마자 주인이 금방 묻는다. "한 잔 더 하실래요?" 그러나 이는 의향을 묻는 것이 아니고 다음 잔을 채워주겠다는 뜻으로 주인은 금방 잔을 들고 나선다. 손님의 입장으로 이를 거절하기는 매우 어렵다. 꼭 차를 그만 마시고 싶을 때는 차 스푼을 찻잔 위에 살짝 올려놓으면 집주인은 이제 더 이상 권하지 않는다. 안 마시겠다는 말이 필요 없는 순간이다. 외국인이 차를 거절하기 위해 차 스푼을 찻잔 위에 놓으면 터키인 주인은 어떻게 이런 세심한 데까지 아느냐면서 깜짝 놀라는 기색을 보인다.

돌무쉬. 돌무쉬라는 말은 무엇이 찼다는 뜻이다. 돌무쉬란 손님이 다 차면 떠나는 차車, 합승 택시를 말한다. 돌무쉬가 언제 생겼는지는 정확히 알 수 없지만 제2차 세계대전 직후인 것으로 보인다. 당시 터키는 전쟁에 참가하지는 않았지만 전후 영향으로 경제가 타격을 받아 이스탄불의 대중 교통 수단인 전차의 부품 수입이 어렵게 되었다. 거기다 1950년에 터키에서 처음으로 복수 정당 제도가 도입되고 자유화 바람이 일자 농촌에서 도시로 무작정 이주하는 인구가 늘어나게 되었다. 당연히 교통 문제가 대두되었다. 이때 여러 사람의 머리 속에 지나간 생각은 비교적 큰 택시는 한 두 사람이 탈 것이 아니라 방향이 같은 여러 사람이 함께 타고 요금을 나누어 내면 될 것 아니냐는 것이었다.

돌무쉬는 이렇게 탄생되었다. 돌무쉬 역할을 담당한 차는 미제 중고차인 카딜락, 닷지, 폰티악, 데세토, 셰브롤레 등이었다. 차체가 크고 차 천장도 높고, 중고차이긴 하지만 당시로서는 조금은 화려한 분위기를 주었다. 택시형 돌무쉬가 미니 버스 돌무쉬로 바뀐 것은 1980년대였다. 도시가 확대되고 교통난이 생기자 큰 도시에서는 이제 미니 버스가 시 외곽을 운행하는 돌무쉬가 되었다.

시내에는 돌무쉬 정류장이 있다. 그러나 돌무쉬는 정류장이 아니더라도 저기가 우리 집이고 우리 회사라고 하면 시속 80~90km로 달리다가도 금방 서준다. 미니 버스에는 한 20명이 타는데 요금은 뒤에서 앞으로 계속 전달된다. 운전 기사가 직접 받고 잔돈이 생기면 다시 앞에서 뒤로 전달된다. 요금 계산 과정은 모두 운전 중에 이루어진다. 돈이 좀 모자라면 모자라는 대로 내도 운전 기사가 혼내지 않는다. 인심 넉넉한 풍경을 자주 목격할 수 있는 곳이 돌무쉬다.

얼마 전의 일이었다. 일요일에 시내를 나갈 일이 있었는데 주차 문제 때문에 돌무쉬를 타기로 했다. 아들과 같이 가기로 했는데 돌무쉬를 타자고 하니 녀석이 택시를 타면 되는데 이상한 돌무쉬는 왜 타느냐고 한다. 출발 지점으로부터 두 번째 정류장에서 타니 운전 기사 바로 뒤쪽의 자리만이 남아 있었다. 우리는 바로 그 자리에 앉았다. 차가 출발하자마자 그때부터 요금 계산 작업이 시작되었다. 뒤에서 계속 전해오는 요금을 나와 아들이 기사에게 전해주고 잔돈이 있는 건 다시 뒤로 전달하였다. 녀석은 차에서 내리자마자 이런 돌무쉬는 창피하게 왜 탔느냐는 표정을 짓고 있었다. 그런 일이 있은 지 몇 주 후 아들에게 다시 돌무쉬를 타고 시내에 나가자고 제의하자, 아예 나보고 혼자 다녀오라고 했다. 계속 돈을 전달해주는 아버지의 모습이 부끄러웠을까?

자존심이 강하고 명예를 생각하는 터키인

경제협력개발기구OECD가 각국의 사업 환경을 설명하는 최근 보고서에서 터키인들을 싸움 잘하고, 전략적 사고를 하지 않으며, 팀웍을 모르는, 설명은 잘하나 결정적 시기에 우유부단하고 분석적 사고 능력이 부족한 것으로 묘사하였다.

이 보고서가 설명한 것을 좀더 자세히 보자. 첫째, 터키인들은 협상 테이블에 타협의 자세보다는 투쟁하려는 자세로 임한다. 결정할 단계에 들어서 사안이 복잡해져 자문이나 확인할 필요성이 커갈수록 협상은 어려워진다. 팀 작업에 익숙하지 않다. 둘째, 전략적 사고의 부재가 가장 중요한 약점이다. 일반적으로 단기에 관심을 가진다. 이런 점이 기업간 합작이나 기업 경쟁력을 확보하는 데 걸림돌이다. 셋째, 내부 지향적이다. 터키에서 일어난 일 외에는 관심을 갖지 않기 때문에 중요한 세계적 흐름을 놓친다. 넷째, 분석적 사고 능력이 제한적이다. 일정한 사안에 대해 특별할 정도로 잘 안다. 그러나 분석 능력이나 행간을 읽어내는 능력, 상대방의 생각을 파악해내는 능력이 부족하여 문제 해결이 어렵다. 다섯째, 실수를 두려워한다. 갖고 있는 문제나 자신의 생각을 직접 설명하지 않고 간접적으로 설명한다. 설명을 해야 할 무엇인가를 머리 속에 남겨두고 있다.

사실 OECD의 터키인에 대한 평가는 대부분 우리 한국인에게도 해당되는 말이다.

이제 한국 사람의 시각에서 터키인을 살펴보자. 무엇보다도 터키인들의 기질이 하루 아침에 생긴 것이 아니라는 것을 알아야 한다. 대륙을 경영해 본 제국의 국민, 그 후손들이 오늘날의 터키 사람들이다. 한마디로 대륙적인 기질을 가진 사람들이다. 작은 일에 연연하지 않고 대담한 면을 보인다. 터키인들은 무슨 일을 잘못했을 때 미안하다고 잘 표현하지 않는다. 만약 한국인이 터키인과 같이 사업을 할 때 이런 경우가 벌어졌다고 가정할 경우, 한국사람으로서는 도저히 이해가 안 가고 화가 치밀어오르는 대목이다. 차라리 빨리 잘못했으니 용서해달라고 했으면 좋겠지만 터키인들의 특유한 자존심은 이를 허락하지 않는다.

터키인을 대하면 간혹 혼돈스러울 때가 있다. 그들은 동양인과 서양인이 가지고 있는 성격과 행동적인 특징을 다 가지고 있기 때문이다. 그들은 대범하게 행동하려 한다. 남자가 시시콜콜한 일에 매달리는 것은 '에르켁', 즉 남자가 아니라고 한다.

터키는 아직 남자 위주의 사회이다. 여성의 권리가 공화국 이후 신장되었다 하지만 인간 관계도 주로 남성을 중심으로 이루어진다. 남자와 남자의 관계는 '아르카다쉴륵'으로 다져지는데, 아르카다쉬는 친구라는 뜻으로 터키인에게는 매우 중요한 가치이다. 남자들 간의 아르카다쉴륵은 남녀 이성 간의 사랑보다도 우선한다. 나이 차가 많이 나지 않는다면 몇 번 만난 터키인에게 아르카다쉬라고 말해준다면 짧은 시간에 큰 신뢰를 얻을 수 있다. 아르카다쉬 관계를 넘어 속사정을 알게 될 정도라면 형제라는 뜻으로 '카르데쉬'라고 부른다. 터키인들의 아르카다쉬, 카르데쉬에 대한 이해와 감정은 우리가 쉽게 별의미 없게 이야기하는 친구나 형제보다는 훨씬 깊은 감정을 담고 있다.

터키인들은 명예와 대의명분을 중요하게 생각한다. 명예심이나 대의명분 등은 앞서 말한 높은 자존심과도 상통하는 것이다. 자신의 명예 추구를 지고의 가치로 생각하는 사람이 적지 않다. 명예는 터키어로 오누르 또는 나무스로 '오누르를 위해서' 또는 '나무스를 위해서'라고 말한다면 그 사람이 매우 심각하게 생각하고 있음을 뜻한다. 내각에서 일하는 장관이 자신이 하는 일에 대해 당 총재가 압력을 가해와 충돌할 경우 자신의 오누르를 위해 사임한다고 당당하게 발표하는 것을 볼 수 있다.

명예는 사회적 지위에 대한 것도 있지만, 특히 터키 농촌 사람들 간에는 가족에 대한 명예를 중요하게 생각한다. 만약 다른 가족이 자기 부모를 모욕하는 일을 하거나, 여동생을 겁탈했다고 한다면 그건 바로 가족에 대한 명예훼손이며 그 대가는 종종 명예를 위한 살인 사건으로 이어진다. 터키 농촌에서는 아직도 명예 살인 사건이 가끔씩 일어나고 있을 만큼 터키 사회에서 명예 살인은 뿌리 깊은 전통이 되었다. 급속한 도시화 산업화에 노출된 딸의 현대식 사고방식은 전통을 고수하려는 부모 자식 간 갈등의 요인이다. 터키의 한 인권 단체가 조사한 바에 의하면 매년 200여 명의 여성들이 명예 살인의 피해자가 되고 있다. 터키 형법은 명예 살인의 경우 형을 감할 수 있도록 여지를 제공하고 있다. 터키 형법 제51조와 462조가 그것인데, 현재는 인권 단체들의 압력으로 이 조항을 개정하려는 움직임이 일고 있다.

터키 사람들이 존중하는 명예는 애국심의 다른 표현이기도 하다. 터키인의 애국심은 아타튀르크가 독립 전쟁 시 그리스 군을 모두 바다로 밀어넣었다는 신화적인 전승을 기초로 하고 있다. 애국심은 두쉬만(적)이 터키 땅에 들어오는 것을 용인하지도 않고 나라의 분열을 꾀하는 두쉬만도 용인하지 않는다. 터키 국민의 애국심의 표현은 국부 초상화를 벽에 걸고 국부를 흠모하는 것이다. 그들은 어디에나 국기를 거는 것을 좋아한다. 도시의 가장 높은 곳에는 꼭 국기를 게양하고 관공서, 학교, 일반 빌딩 등은 국경일이 아니더라도 국기를 게양한다. 주권 및 어린이날(4월 23일), 청소년 체육의 날(5월 19일), 승전 기념일(8월 30일), 공화국 선포일(10월 29일) 등 국정 공휴일에는 전국의 대형 건물마다 커다란 천에 만든 아타튀르크의 초상이 길게 걸리게 된다.

누구도 따라갈 수 없는 터키인들의 환대

터키는 1980년대부터 관광 산업에 관심을 갖고, 외국인 관광객 유치를 위한 홍보를 대대적으로 하고 있다. 2001년도에 터키를 찾은 외국인 관광객 수가 천만 명을 넘어선데 이어 2005년도에 2,000만 명을 넘었다. 에게해 지중해 연안을 따라가면 고대 유적이 가는 데마다 있으니 터키의 유적을 보려는 관광객이 매년 늘어나고 있다. 유적뿐만 아니라 해안도 좋으니 바다는 바다대로, 내륙은 내륙대로 매력이 있다. 터키를 찾는 관광객은 주로 유럽 나라의 국민들이다. 어찌 보면 유럽인들은 자신들의 뿌리를 확인하기 위하여 터키를 방문한다.

전세계의 수많은 관광객이 터키를 찾는 이유가 단순히 터키의 자연 풍광과 인류 문화의 역사를 보기 위한 것일까? 외국인 관광객이 터키를 찾는, 숨겨진 또 다른 이유는 터키인들의 마음에서 우러나오는 환대歡待 정신 때문이다. 터키 사람들의 마음에서 우러나오는 따뜻한 환대는 지구상에서 으뜸이다. 이는 터키를 방문하고 돌아가는 외국인들의 한결 같은 평가이다.

터키인들의 환대 정신을 그들이 사용하는 다음 두 가지 말에서 알 수 있다. 터키인들은 자신의 집이나 나라를 찾아오는 손님을 모두 신이 보내준 손님이라고 생각하고 있다. 그들의 말로 '탄르 미사피르'이다. 탄르는 신을 의미하고 미사피르는 손님이라는 뜻이다. 터키에서 사는 외국인이나 터키를 방문한 외국인은 모두 신이 보낸 손님이라는 것이다. 또 하나는 내 집이 당신 집이라는 생각이다. 터키어로 '에비미즈 씨진 에비니즈'이다. 터키어로 '에브'가 집인데, 일단 손님이 내 집에 들어오면 그때부터 이 집은 손님 집이라는 생각이다.

가난한 사람은 가난한 대로, 부유한 사람은 부유한 대로 분수껏 손님을 잘 접대한다. 그들의 접대는 차 접대로부터 시작하는데, 정성을 다해 손님을 대하므로 접대받는 손님은 감동하게 마련이다. 터키에서는 언어가 그리 중요하지 않다. 손님이 터키말을 모른다 해도 터키인들은 손이나 눈 동작으로 하고자 하는 표현을 다 이끌어내는 재능을 가지고 있다. 그들은 외국인과 이야기할 때, 상대방이 무슨 언어를 구사하는지 전혀 개의치 않는 것 같다. 상대방이 알아듣던 못 알아듣던 간에 무조건 터키어로 대화를 진행한다. 상대방이 잘 모른다 싶으면 몸동작 언어로 의사 소통을 시도한다.

터키에는 몸동작 언어가 많은 편이다. 머리를 약간 쳐들면서 '쯧' 소리를 내면 무언가를 부정하는 뜻이고, 손등을 아래로 손가락을 모두 모으면 참 좋다는 뜻이다. 커피나 차대접을 요청받을 때, 가슴에다 손을 살짝 놓으면 고맙지만 사양한다는 뜻이다. 고개를 좌우로 저으면 이해하지 못하겠다는 뜻이다. 언젠가 TV에서 방영되는 어린이 퀴즈 프로그램을 시청했다. 사회자가 어느 지방의 고유 음식을 소개하면서 "이 음식을 아는 사람은 손을 들어보세요" 하니까 거의 모든 어린이들이 손을 들었다. 그러자 사회자는 손 든 아이 중 한 아이를 앞으로 불러냈다. 사회자가 앞에 나온 아이에게 묻는다. "지금

말한 음식을 잘 알아요?' 그러자 그 아이는 입을 약간 비쭉이면서 양 어깨를 위로 올린다. 모른다는 뜻이다. 사회자가 다시 묻는다. "아까 안다고 손 들었잖아요?' 그러자 이번에는 머리를 약간 처들면서 '쯧' 한다. 아니라는 뜻이다. 그 아이는 말 한 번 하지 않고 사회자와 대화를 다 마쳤다.

  도시에 사는 터키인들은 거의 다 해안 주변에 여름 집을 가지고 있다. 터키 사람들은 한여름에 한 두 달 살기 위해 에게해나 지중해 연안에 여름 집을 두고 있다. 직장에서 얻는 휴가는 보통 한 달이다. 직장 단위로도 해안에 휴양촌 시설을 다 갖고 있어 공무원이든, 직장인이든 여름이면 저렴하게 여름 집이나, 휴양촌에서 휴가를 즐길 수 있다. 여름이 다가오면서 터키인들은 여름 집 이야기를 많이 나눈다. 외국인으로서 터키 사람과 이야기하다보면, 내 집이 당신 집이니 휴가 얻으면 연락하라고 한다. 집 열쇠를 줄 테니 편하게 쉬라는 것이다. 터키 사람들은 손님을 대접할 때 당신 집처럼 생각하라는 말을 꼭 남긴다. 처음 만날 때 이런 말을 들으면 마음이 넉넉해지고 편해진다.

  터키인들에게는 동양적인 성향도 아주 많이 보인다. 예를 들면 어른들을 존경하는 태도라든가 손님을 정중하게 모시는 것, 시간에 대한 개념이 약한 것, 선물을 주고 받는 것, 조그만 일에 감사하는 것 등은 우리와 다를 바 없다. 터키인이 '잠깐만'의 뜻으로 표현하는 '비르다끼까(1분)', 또는 '베쉬다끼까(5분)'는 정말 1분이나 5분으로 생각했다가는 낭패를 보기 십상이다. 1분이 5분이 될 수 있고 5분이 한 시간이 될 수도 있기 때문이다. 터키인의 장점 또 한 가지는 손님을 극진히 모신다는 것이다. 그들은 자신들이 손님에게 환대 즉 '미사피르페르베를릭'을 잘한다고 자랑한다. 손님에게는 꼭 조그만 선물을 주는 자상함도 있다.

터키인들은 때로 너무 친절하다. 터키인 스스로가 자신들의 지나친 친절을 꼬집은 듯한 이야기 한 토막. 2001년 9월 11일 미국에서 발생한 테러 사건 이후 미국이 아프가니스탄에 공격을 감행하고 있을 때, 터키의 큰 신문사 기자가 40여 일 간 아프가니스탄 사태를 취재하고 이스탄불에 돌아왔다. 그 기자는 아프가니스탄의 탈레반에 대한 시민의 반응을 떠보기 위해 완벽한 탈레반 군의 용모와 복장으로 이스탄불 거리를 활보하였다. 그 신문은 탈레반을 가장한 사람이 파출소 앞에서 찾고자 하는 주소를 물어보니 주위에 있던 모든 사람들이 질세라 가르쳐 주더라는 기사를 사진과 함께 실었다.

길을 가다 터키인에게 길을 물으면 모른다고 대답하는 사람을 만나기는 매우 드물며, 대부분 어디로 가라고 일러주는데, 간혹 그 말을 믿고 갔는데도 엉뚱한 데가 나오는 것을 경험할 수 있다. 그들은 잘 모른다고 대답하는 것을 수치로 느끼는 것인지 모르지만, 자신이 잘 모르는 길도 아는 것처럼 잘 설명해준다. 아마도 자신이 알고 있는 희미한 기억만으로도 다 안다고 친절하게 설명해주기 때문에, 듣는 사람 쪽에서는 그대로 믿게 마련이다. 길을 물을 때는 몇 사람에게 물어가며 확인하는 것이 안전할 것이다. 길을 물어보는 사람이 잘못 찾겠다 싶으면 그들은 자기가 하던 일, 가던 길을 멈추고 길손이 찾는 곳까지 데려다준다. 터키인들의 친절함은 이제 우리는 물론 세계에도 많이 알려져 있다.

터키인의 환대는 어느 누구도 따라 할 수 없는 터키인들의 등록 상표다. 그들의 친절한 재능은 터키의 관광 수입을 늘리는 데 한몫 하고 있다. 터키를 한 번 다녀간 사람은 다음에 한 번 더 온다고 한다. 그들이 본 강산과 해안이 아름답고, 역사 유적지가 많아 볼 것도 많지만, 친절한 터키 사람들이 눈에 삼삼하기 때문이라 한다. 터키 사람들은 특히 한국 사람에게는 각별한 관심과 애정을 보이고 있기 때문에, 터키 사람들의 풋풋한 인심을 다시 보고 싶어하는 한국인들도 부쩍 늘어나고 있다.

터키인을 터키인으로 만드는 세 가지

만약 외국인이 터키인을 만나게 되면 어떤 대화가 진행될까? 이 질문에 대한 답은 한국 사람의 경우를 생각하면 쉽게 나온다. 터키 사람들은 상대방을 만나면 그가 어디서 왔는지, 어느 지역 출신인지를 먼저 묻는다. 그 다음에 그에 관한 신상을 차례로 묻고 확인한다. 터키인들은 오랫동안 여러 민족과 혼합되어 그 사람이 어디에 뿌리를 두고 있는지 궁금해한다. 예를 들어 30~40대의 세대주가 자신의 가족을 설명한다면 이런 식이 될 것이다. "나의 할아버지는 유고계이고 할머니는 러시아계 출신이다. 아버지는 터키의 서부 부르사 출신이고 어머니는 동부 디야르바크르 출신인데, 나는 이스탄불에서 태어났다".

터키인들의 대화 방식도 터키인이 가지는 특성 중의 하나라고 할 수 있다. 터키 사람들 간의 대화는 풍부하다. 그들은 차 한 잔으로도 엄청난 양의 대화를 할 수 있는 사람들이다. 남성 우위 사회에서 터키인들의 생활 모습도 다양하지만 이들이 포기할 수 없는 것이 있다면 바로 라크라는 술을 첫 번째로 꼽을 수 있고, 두 번째가 담배이며, 세 번째가 터키 커피이다. 이 세 가지는 터키 사람들이 대부분 좋아하는 것으로 터키인들의 생활 문화의 일부를 엿볼 수 있다.

라크는 터키어로는 라크이나 영어를 하는 외국인이라면 라키라고 발음하는 것도 좋게 들린다. 라크는 알콜이 강하고 아로나믹한 술이다. 우리의 소주만큼이나 대중적인 술인데, 소주보다는 알콜 도수가 2배 정도로 41도 가량 된다. 일반적으로 이슬람에 푹 빠진 사람이 아니라면 라크는 터키인들이 모두 좋아하는 술이다. 터키인들은 라크를 가리켜 '사자의 젖'이라고 하는데 자신들의 힘을 과시하기 위해 묘사하는 말이다. 정글의 왕인 사자는 힘이 세고 용감한 무적의 동물이다. 라크는 용감하고 힘센 사자인 터키인들을 키우는 우유 같은 것이라는 것이다. 술 마시기 위한 변명으로는 정말 터키인답게 만들어졌다.

터키 사람들은 라크를 보통 다른 사람들과 저녁 식사 때 마신다. 상대방과 라크를 마시면서 가족 이야기, 세상 돌아가는 이야기, 사업 이야기 등을 나눈다. 라크는 양고기 먹을 때에도 따라오지만, 생선하면 라크를 연상할 만큼 생선과 라크는 터키인들에게 궁합이 잘 맞는 음식으로 여겨진다. 라크가 있는 술상에는 치즈와 요구르트도 빠지지 않는데, 터키인들은 이들이 간 해독에 좋다고 믿고 있다. 또한 수박, 참외, 오이, 야채 등이 안주로 함께 나온다. 라크는 우리처럼 한 번에 들이켜는 것이 아니라 몇 차례 나누어 마신다. 최근에는 라크가 칵테일 파티에서 나오기도 하지만 라크는 전통적으로 집에서 마시는 술로 알려져 있다. 식당에서 마시고 싶을 땐 생선 구이 또는 육류 구이 전문 식당을 찾으면 된다. 일반 대중 식당에서는 술을 취급하지 않기 때문이다. 터키인을 진짜 친구로 삼으려면 저녁 시간에 같이 라크를 마셔보라는 말이 있다. 터키 친구를 가까이 하고 싶을 때 라크를 함께 마셔보는 맛도 풍요로울 것이다.

두 번째로 터키인의 상표라 할 수 있는 것은 담배이다. 담배를 피는 터키 사람의 대부분은 줄담배를 즐긴다. 연간 1,100억 개비의 담배가 판매되는 세계 7위의 담배 소비국이라는 사실에서 알 수 있듯이 흡연자들의 천국이라고 할 만큼 담배에 관한 한 터키인들은 매우 관대하다. 한국을 방문한 터키인들은 공항 흡연실에서 담배를 피워야 했던 고통을 줄줄이 늘어놓는다. 이해는 하면서도 뭐 그럴 필요까지 있느냐는 기분으로 설명한다. 터키에서 조금 살면서 터키인들의 생활을 가깝게 본 사람들은 "터키인들은 먹고 마시고 담배 피우는 것말고는 하는 게 없다"라는 단견을 내놓기도 한다. 그만큼 담배는 터키인들에게 아주 가깝게 있다. 공화국 초기 아타튀르크에 의한 여권女權 신장의 노력에 힘입어 여성들도 담배를 피우게 되었고, 한때는 담배를 피우는 것이 사회적 지위를 나타내는 때도 있었다는데, 이제는 여성들의 흡연은 일반화되었다. 신사도를 발휘한다면 여성이 담배를 꺼냈을 때 불을 붙여주는 것도 자연스러운 예의이다.

터키인들의 담배 사랑은 재떨이를 보면 알 수 있다. 재떨이에서 담배 꽁초를 찾아볼 수 없다. 굵게 떨어진 담뱃재와 필터만 남아 있기 때문이다. 휠터가 타기 직전까지 알뜰하게 피우기 때문에 담배가 궁할 때 꽁초를 찾기 위해 재떨이를 뒤져봐도 소용이 없다. 그러나 담배 천국인 터키에서도 요즘은 금연 캠페인이 일어나고 있다. 어떤 TV에서는 담배가 무덤을 파는 에니메이션을 보여주면서 '담배는 이제 그만'이라는 공익 광고를 내보내고 있다. 흡연이 커다란 사회 문제로 대두되고 인체 건강에 미치는 해독에 대한 사회 인식이 확산되면서 요즘은 공공 건물 등에서 흡연을 금하고 있지만, 담배는 아직도 터키인들의 중요한 기호품이다. 터키에서 엽연초 재배지로는 에게해 지역의 이즈미르 지역이 유명하다. 우리 나라는 터키산 엽연초를 수입하고 있는데, 터키산 엽연초를 일정량 섞어야 우리 애연가의 입맛에 맞는 담배가 된다고 한다.

마지막으로 터키인을 터키인으로 만들어주는 것은 터키 커피, 터키어로 '튀르크 카흐베시' 이다. 꼭 튀르크라는 말을 붙여야 한다. 이 커피는 터키의 독특한 커피라는 뜻이다. 영어로는 'Turkish coffee' 로 영어 사전에 등록되어 있는 고유 명사이다. 물론 터키인들이 마시는 차※만 가지고도 터키인의 특징을 줄줄이 설명할 수 있을 정도로 이들은 차를 즐겨 마시지만, 터키 커피는 마시는 사람들끼리 인정을 느끼게 하는 소프트웨어가 많이 발달되어 있기 때문에 터키인과 터키 커피는 잘 어울린다.

터키 커피는 우리가 마시는 커피 잔의 반 정도인 소주 잔만한 잔에 나온다. 식사 후에 마시게 되는데 향이 진하다. 터키 커피는 나올 때까지의 과정이 인스턴트 커피와는 아주 다르다. 먼저 제즈베라는 손잡이 달린 통에 커피와 물을 넣고 약한 불로 저어가며 오래 끓인다. 커피를 만드는 사람은 손님에게 꼭 한 번 묻는 과정이 있다. '어떻게 할까요', 또는 '설탕을 넣을까요' 라고 묻는다. 설탕을 원하면 커피와 물을 넣을 때 설탕도 함께 넣는다. 거품이 생길 정도로 끓게 되면 커피 잔에다 천천히 옮긴다. 아로마 향을 가진 터키 커피는 쉽게 만들어져나오는 인스턴트 커피와는 달리 이런 제작 과정이 있어 커피를 내놓는 주인 입장에서는 손님을 대접한다는 생각이 들게 마련이다. 저녁 식사 후에 마시는 터키 커피의 분위기는 사뭇 다르게 느껴진다. 그 조그만 잔을 놓고 대화를 오래 갖는다. 터키 커피는 사람과의 인정을 의미한다. 커피를 마시면서 이웃집의 소식을 나누고 가족의 이야기를 전한다.

커피를 다 마셨다고 끝난 것이 아니다. 커피를 다 마시고나면 커피 잔 안쪽에 나타난 커피 흔적을 보며 여자가 점을 보게 된다. 커피를 마시고 나면 컵 밑바닥에 커피 가루가 남게 된다. 커피 잔을 커피 받침 위에 올려놓고 바로 뒤집은 후 세 번 돌린 다음 한 5~10분 기다린다. 그러면 커피 잔 밑바닥에 있던 커피 가루가 거꾸로 위에서 아래로 내려오면서 커피 잔 안쪽에 여러 가지 모양을 만들어내는데, 상대방은 이 모양을 보고 점을 본다. 점이라고 해 봐야 상대방의 마음을 읽어가며 대부분 덕담德談을 하는 것인데, 상대방이 내 마음을 읽어주니 듣는 사람은 기분이 좋을 수밖에 없다. 조만간 사랑하는 사람으로부터 좋은 소식이 온다, 마음속의 근심이 사라진다, 오랫동안 소식 없던 친구로부터 전화가 온다, 돈이 생기게 된다, 먼 여행을 떠나게 된다… 등 들어서 괜찮은 얘기를 많이 하는데, 이때 점괘는 반드시 여자가 읽는다. 신부를 맞이할 가정이라면 예비 신부가 내놓는 커피를 보고 신부의 솜씨를 재보기도 한다. 신부 될 사람이 만든 커피를 다 마신다면 예비 신부가 마음에 든다는 것을 표현하는 것이다. 터키 커피는 커피 잔에 찰 듯 말 듯 기포가 예쁘게 앉아 있어야 하는데 정성이 들어가지 않으면 거품이 잘 만들어지지 않는다고 한다.

터키 커피는 터키인들의 생활에서 빼놓을 수 없는 특별한 자리를 차지한다.

재미있고 순진한 터키인의 성姓

우리는 다른 사람의 이름이 무슨 뜻일까 궁금해하는 습관을 가지고 있다. 요즘 신세대 신혼 부부들은 자녀의 이름을 순 한글식으로 듣기도 좋고 뜻도 좋게 짓지만, 대부분의 한국 사람들은 한자식으로 이름을 짓고 있다. 가계의 전통에 따라 이름 중 한 글자는 항렬에 따라 붙여진다.

내 아들의 이름은 기범基範이다. 할아버지의 설명에 따르면 범이 항렬이기 때문에 범은 강제로 주어진 것이고 범에 걸맞을 만한 '기'라는 이름을 첨가한 것이다. 초등학교를 앙카라에 있는 영국 학교에 보내게 되었다. 그런데 하루는 담임 선생과 면담을 하는데 기범의 발음을 한국식으로 할 경우 아이들이 놀릴 수 있으니 기비엄으로 부르려 하는데 이의가 있느냐고 물었다. 범이라는 발음이 영국에서는 다른 뜻으로 사용되고 있다는 것이다. 영어로 'Kibeom'으로 표기하니 기비엄 Ki-be-om으로 불러도 될 것 같은 생각은 금방 할 수 있었다. 영국에서 'bum'은 속어로 엉덩이라는 뜻이다. 그때 처음으로 해외에서 살 줄 알았다면 이름을 더 생각해보고 지을걸 그랬다는 생각이 들었다. 영국 학교 다니는 동안 기범이는 기비엄으로 불리게 되었다.

이런 개인적인 경험을 바탕으로 터키인의 이름을 보면 종종 재미있다는 생각도 하면서 한편으로는 이상한 생각을 가질 때가 많다. 특히 터키인들의 성姓 가운데는 토팔올루, 파르막스즈올루가 있는데 그 뜻은 절름뱅이 아들, 손가락 없는 아들이니 왜 수많은 성 중에 자신의 약점을 보일 수 있는 단어를 사용했을까, 그것이 궁금하였다.

터키인들은 성姓을 사용하도록 하는 성 사용법이 공포된 1934년 이전에는 성을 사용하지 않았다. 성이 없으니 한 동네에 이름이 같은 사람이 몇 사람씩 있을 수 있었다. 마을 입구에 사는 메흐메드, 산중턱에 사는 메흐메드, 목동으로 일하는 메흐메드는 이름은 같으나 사람이 다르니 이들을 다르게 불러야 할 필요성이 생기게 되었다. 그러다 보니 우리가 보통 별명이라고 하는 것으로 그 메흐메드를 구별하였다. 별명은 주로 신체적인 특징이나 아버지의 직업, 살고 있는 마을의 특징 등으로 붙여졌다.

성 사용법이 공포되어 그때까지 한 번도 사용해본 적이 없는 성이라는 것을 어떻게 지을 것인지에 대해 그다지 고민한 흔적이 없는 단어들이 성으로 기재되었다. 아마 현재 시점에서 성을 사용하라고 했다면 터키인들도 고민을 했을 텐데, 그때만 해도 문맹률이 높을 때여서 자신의 신체 약점이나 직업 등을 나타내는 별명을 성으로 하였으니 얼마나 대담하고 순진한 결정인가?

아버지의 하는 일에 따라 지어진 성도 있다. 출하올루, 사라치올루, 퀴륵취올루, 보야즈올루, 케밥즈올루 등 수없이 많은데 그 뜻은 순서대로 직공 아들, 가죽 제품 장사꾼 아들, 모피 장사꾼 아들, 칠쟁이 아들, 케밥 장사 아들 등이다. 한 동네에서 어떤 사람을 특징 짓기 위해서는 그 사람이 무슨 일을 하는 사람의 아들인가로 나타내는 것이 쉬운 방법이었을 것으로 보인다. 발즈, 야프즈, 사브즈, 제베지 등은 벌꿀 만드는 사람, 건설업자, 검사, 병기 만드는 사람이라는 뜻이다. 터키인이라는 의미의 '튀르크'라는 단어로 성을 만든 것을 보면 흥미롭다. 진짜 터키인이라는 뜻의 외즈튀르크가 있는가 하면, 원기 왕성한 터키인이라는 뜻의 딘치튀르크, 꺾일 줄 모르는 터키인이라는 뜻의 일마즈튀르크, 행복한 터키인이라는 뜻의 셴튀르크가 있다. 튀르크라는 단어 앞에는 진짜, 힘센 등의 형용사가 어울리는 듯하다. 외즈튀르크라는 성은 진짜 터키인은 나 같은 사람이라는 것을 과시하기 위한 것이 아니었을까 한다.

출신 지역을 따서 지은 성이 있는데, 예를 들면 이즈미를리, 부르살르 등인데 이즈미르사람, 부르사 사람이라는 뜻이다. 물론 터키인의 성이 신체적 특징, 아버지의 직업, 출신 지역 등을 나타내는 것만은 아니다. 몇 가지 성을 예로 들어보자. 키바르(잘 교육받은), 칼렘리(펜을 쥔 사람), 외즈왼데르(진짜 지도자), 크반치(영광), 빌긴(학자), 아타치(조상 대대로 살아온 집), 에브렌(우주), 쏘이살(귀족 출신), 알튼프나르(금으로 된 샘) 등 나름대로 의미를 알면 듣기 좋은 성도 많이 있다. 터키인들의 성은 이제 바꿀 수 없게 되었다. 이미 1934년에 자신의 선대에서 성을 정해놓았기 때문에 좋은 뜻이 있는 성으로 바꾸기는 어렵다.

그러나 요즘은 현대 의미에 맞고 또 새로운 터키어로 된 이름이 많이 나오고 있다. 보수적인 가정이라면 옛날에 흔히 쓰던 무스타파, 알리, 벨리, 제이넵, 파트마, 제키예 등을 많이 쓰는데 농촌 지역 가정에서는 아직도 이런 이름을 즐겨 쓰고 있다. 어느 학자가 얼마 전 학생 6,000명을 대상으로 조사한 바에 따르면, 그중 9.5%인 남녀 572명의 이름이 전통적인 이름을 사용하였고 나머지 90.5%인 5,428명은 새로운 터키어로 된 이름을 사용하였다. 전통적인 남자의 이름은 아흐멧, 메흐멧, 하싼, 무스타파, 마흐뭇, 알리, 이브라힘이며, 전통적인 여자의 이름은 아이쉐, 파트마, 에미네, 하제르, 제이넵, 하티제 등이 있는데, 이들은 모두 아랍식 이름이다.

재미있는 이야기일 수도 있는 이름과 출세에 관한 이야기를 해보자. 각 분야에서 성공한 사람의 이름을 보면 거의 대부분 네 음절로 되어 있다고 한다. 네 음절은 대중들이 머리 속에 기억하기가 좋다고 한다. 예를 들면, 유명한 가수 쎄젠 악수(쎄-젠 악-수), 아즈다 펙칸(아즈-다 펙-칸), 정치인 메숫 일마즈(메-숫 일-마즈), 영화 배우 휠야 아브샤르(휠-야 아브-샤르), 타륵 아칸(타-륵-아칸), 언론인 체틴 알탄(체-틴 알-탄) 등이다.

터키 사람을 부를 때는 성보다는 이름을 불러줘야 더 친근감을 느낀다.

성으로 부르면 딱딱한 느낌을 갖는다. 터키인들도 다른 사람과 대화할 때 부모의 이름을 직접 부르지는 않는다. 가까운 친척 즉 삼촌(암자), 고모(할라), 외삼촌(다이으), 이모(테이제), 할아버지(데데)를 부를 때도 우리의 경우와 같이 이름을 부르는 것을 불손하게 여긴다. 터키인들은 피를 함께 나눈 가까운 친척이 아니라도 자기보다 연장자를 나타내고자 할 때도 혈연 관계를 표시하는 말로 대신한다. 자기보다 어린 사람에게는 이름을 안 부르는 대신 예에님, 올룸, 크즘이라 부른다. 내 조카, 내 아들, 내 딸이라는 뜻이다. 우리는 잘 모르는 남의 아들을 특수한 상황이 아니고서는 내 아들이라고 부르지 못할 것이다. 그러나 터키인들은 이런 말을 참 잘 쓰는데, 알고 보면 참 정겨운 말이다. 여행 중에 어떤 아저씨나 아줌마에게 길을 물었을 때, 몸 동작으로 길을 가르켜주면서 끝말에 올룸, 또는 크즘이라는 말을 들어보라. 한 번도 본 적 없는 길손에게 내 아들, 내 딸이라니, 그 뜻을 알면 감동의 폭이 커진다.

터키인들은 왜 축구에 미치는가

터키인들은 터키어를 사용한다. 그러나 언어보다 더 표현력과 소통력이 강한 것이 있다면 그것은 바로 축구이다. 축구는 터키인의 공통 언어이다. 남녀노소 할 것 없이 모두 축구에 관해서는 전문가이다. 모두들 자기가 좋아하는 팀 하나는 다 가지고 있다. 축구 시즌이 되면 축구 시합에 맞추어 생활 리듬을 조정한다. 스타디움에서 관중의 열기는 과히 광적이다. 응원을 하다가 열광적인 팬들 간에 유혈 싸움이 벌어지기 때문에 시합 전에 아예 팀에 따라 입장하는 문을 달리한다. 터키에서 전 국민이 열광하는 영웅이 있다면 아마도 아타튀르크 다음으로 축구 선수를 꼽는 데는 이의가 없을 것이다.

터키에는 약 200여 개의 프로 축구팀이 있으며, 매년 프로 축구 최강팀을 선발하기 위한 리그 경기가 열린다. 축구 리그는 3부로 되어 있어 거의 매일 경기가 있기 때문에 전 국민이 축구와 함께 살고 있는 셈이다. 터키의 주요 일간지들은 마지막 두 면을 축구 뉴스로 꽉 채운다. 축구 뉴스가 없으면 신문이 팔리지 않는다고 할 정도이다. 터키 프로 축구 최강팀은 유럽축구연맹 UEFA 리그전에 참여할 수 있는 기회가 주어진다.

가족 간에도 대부분 아버지와 아들, 어머니와 딸이 좋아하는 팀이 다르다. 그렇기 때문에 축구 경기를 경기장에서 보든 TV에서 보든 흥미진진하다. 내편이 잘 하는지 상대편이 잘 하는지 응원하는 데는 양보가 없다. 유명한 팀끼리 가진 시합이 끝나고 나면 거리는 열광적인 팬들이 자동차의 경적을 울리고 팀의 깃발을 날리며 달리는 차량의 행렬로 물결을 이룬다. 물론 이 때문에 교통 정체도 일어나지만 아무도 이에 대해 불평하지 않는다. 그만큼 터키 사람들은 축구에 대해 무한한 애정을 가지고 있다. 터키인들은 체형으로 볼 때 운동을 하기에는 어려운 체형을 가지고 있다. 청년 시절에는 모르나 조금 나이가 들면 배가 나온다. 체구가 크기 때문에 거동하기도 어렵게 보이는 경우도 있다. 그렇다면 터키인들은 왜 축구에 미치는가?

터키인들은 중앙아시아에서 유래한 기마 유목 민족이었다. 넓은 광야를 말 타고 달리며 땅을 넓혀왔다. 축구는 민족의 과거 본능을 살려내기에 안성맞춤이었다. 우선 넓은 공간을 뛰고 달리니 얼마나 신나는가? 거기다 공을 뻥뻥 찰 때는 기운이 다시 솟는다. 경기 규칙도 단순하니 머리 쓸 일도 없다. 관중 입장에서 볼 때도 게임 진행이 쉽게 이해된다. 축구는 테니스나 수영과 같이 특별한 공간을 필요로 하지 않는다. 축구하고 싶을 땐 주위에 최소한의 공을 찰 공간만 마련되면 된다. 시합을 가지는 인원도 별로 제약을 받지 않는다. 세 명도 좋고 다섯 명도 좋고 형편에 따라 하면 된다. 필요한 건 공을 찰 적당한 공간만 있으면 그만이다. 그러니 축구는 터키인에게 매우 경제적인 운동이면서 야성을 살릴 수 있는 운동이다.

얼마 전 에게해 연안의 아이발륵으로 며칠 간 쉬러 갔다 온 적이 있다. 고급 휴양 시설이 아닌 데는 방마다 TV가 없다. 조그만 휴양촌 마을인데 매일 저녁 시간이면 남자들은 어디론가 한 방향으로 모두 움직인다. 마을에 있는 찻집에서 TV를 보러 가는 사람들이다. 백여 명이 하얀 색 플라스틱 의자에 촘촘히 앉아 차를 마시며 TV를 통해 경기를 보면서 흥분한다. 골이 한 번씩 날 때마다 천지가 진동한다. 집에 TV가 있는 사람도 대부분 찻집으로 나온다. 여러 사람과 함께 소리 질러가며 보는 게 더 신나기 때문이다. 찻값도 싸니 두 세 잔 쉽게 마실 수도 있다.

최초의 프로 축구팀이 갈라타사라이라는 이름으로 1905년에 탄생되었다. 이어 1907년에 페네르바흐체가 생겼고, 1909년에는 베식타쉬가 조직되었다. 터키에서 최강의 프로 축구팀은 바로 이 세 팀이며, 그 때문에 전국의 축구를 사랑하는 인구도 세 갈래로 나누어졌다 해도 그리 틀린 말이 아니다. 이들 세 팀이 시합을 가진 다음 날 신문 판매 부수는 두 배로 늘어난다고 한다. 이들 세 팀은 유니폼의 색깔로 구분하기도 하며, 상징 구호와 동물로 팀의 성격을 나타낸다. 갈라타사라이는 노랑-빨강(싸르-크르므즈)으로 불리며, 팀의 닉네임은 짐범이다. 옛날에 갈라타사라이 소속의 짐이라는 복서가 있었다고 한다. 짐이 링에 오르면 사람들은 주먹을 강타하라는 뜻으로 "범범" 이라고 소리친 데서 짐범이 축구팀의 상징어가 되었고 짐범범은 유명한 응원 구호가 되었다. 페네르바흐체는 노랑-청색(싸르-라지베르트)으로 불리며, 팀의 상징 동물은 노랑 카나리아 새이다. 베식타쉬의 경우는 흑백(씨야-베야즈)으로 불리며, 상징 동물은 독수리이다.

최강팀 선발전이 가까워올수록 팬들의 행동도 광적으로 변한다. 일부 흥분한 팬은 거리로 나가 공중에 총을 한 두 방 쏘아댄다. 그래서 아파트 베란다에 나와 흥분하는 팬들의 행렬을 구경하는 무고한 사람이 유탄에 맞아 숨진 일도 몇 번 발생하였다. 그 후 신문과 방송은 무절제한 광란의 행진은 하지 말도록 권유하고 있다. 터키의 축구 대명사인 갈라타사라이, 페네르바흐체, 베식타쉬는 팀의 고유한 특성 때문에 좋아하는 팬들의 계층이 다르다.

갈라타사라이는 오스만 제국 말기에 프랑스인들이 세운 갈라타사라이 고등학교와 관계를 갖고 있다. 그 당시 갈라타사라이 고등학교는 귀족, 부호의 자녀들이 다니는 명문이었다. 명문의 전통은 지금도 이어져 갈라타사라이 고등학교 출신들이 사회 곳곳에 많이 진출되어 있다. 이런 배경 때문에 갈라타사라이 동호인들은 주로 도시 지식인 및 사업자들이 많고 갈라타사라이 클럽의 운영을 맡고 있는 회장도 외국에서 교육받은 부유한 사업가 출신이 많다.

터키에서 가장 폭 넓은 지지층을 확보하고 있는 팀은 페네르바흐체다. 페네르바흐체의 팬은 주로 중산층 이하의 계층이며 민족주의 노선의 정치가와 군인들이 선호한다. 오스만 제국이 패망하는 시기인 제1차 세계대전 후 프랑스, 영국, 이탈리아군이 터키를 점령하자 페네르바흐체 지지자들도 이들을 물리치는 데 한몫을 했다고 한다. 페네르바흐체 클럽의 회장은 주로 평범한 건설업자 출신이 많았다. 베식타쉬 클럽은 처음에 부유층을 위한 스포츠 클럽으로 시작하다가 나중에 축구에만 전념하였다. 베식타쉬의 팬은 주로 중산층 전문직이 많다. 공무원과 경찰로부터 팬을 많이 갖고 있다.

팀 운영면에서도 세 팀은 다른 특성을 보인다. 갈라타사라이는 팀의 조직이나 코치가 중요하고 페네르바흐체는 팀의 조직력보다는 개인의 기량을 중요시한다. 베식타쉬 클럽은 외국 선수의 용병을 억제하고 해외 전지 훈련보다는 클럽 구장에서 선수를 훈련시키는 구두쇠 전략을 사용한다.

터키인에게 축구는 맹목적인 신앙과도 같은 수준에 있다. 터키인들과 이야기를 진행하다보면 어느 팀을 좋아하는지 파악하는 단계가 꼭 온다. 축구를 좋아하는 인구가 많다보니 정치인들도 관심을 안 가질 수 없다. 중앙의 이름 있는 정치인들은 축구 민심을 파악하는 데 게을리하지 않는 것 같다. 1986년 외잘 총리가 한국 방문을 마치고 돌아올 때 앙카라 공항 귀빈실에 들어서자마자 영접 나온 보좌관에게 가장 먼저 자기가 좋아하는 팀이 어떻게 되었느냐고 물었다고 한다. 며칠 간 축구 소식을 접하지 못하면 세상과 단절하고 사는 것 같은 느낌을 갖기 때문이다. 대형 팀을 제외한 소규모 지방 팀들은 지방 자치 단체의 재정 지원을 받고 있다. 일부 주민들은 그 돈으로 학교나 공원을 세우면 좋지 않느냐고 불만을 토로하기도 한다. 주민의 직접 선거로 선출되는 시장이나 군수는 소속 축구팀의 인기에 따라 다음 선거에서 당선되기도 하고 떨어지기도 한다. 터키에서 축구는 남녀노소 만인의 공통 언어이며 보이지 않는 정치 세력을 가지고 있는 운동이다.

터키 축구팀은 1954년에 월드컵 본선에 진출하여 서독팀에게는 1대 4로 패하였으나 한국팀에게는 7대 0이라는 대승을 거두었다. 터키인들은 이를 잘 기억하고 있으며, 한국 사람과 축구 이야기가 나오면 이 부분이 단골 메뉴로 등장한다. 터키팀의 2002년 월드컵 본선 진출은 48년 만의 쾌거이다. 더구나 본선 조추첨 결과 터키팀이 한국에서 경기를 갖게 되자 터키 국민들은 형제인 한국 국민들이 터키팀을 응원할 것이라는 기대를 갖고 매우 만족하였다. 2002년 월드컵 때 한국과 터키팀 간 3~4위전이 열렸던 경기장에서 우리 국민은 한국팀과 터키팀을 동시에 응원함으로써 두 나라 국민 간의 우정과 스포츠 정신이 무엇인지를 전 세계인에게 보여주었다.

세계 3대 음식 반열에 올라 있는 터키 음식

터키에서 지내는 즐거움이 있다면 풍부하게 종류가 많은 음식을 맛보는 것이다. 터키 음식의 진면목을 맛보기 위해서는 여름철 에게해나 지중해안의 휴양지 호텔에서 제공하는 저녁 뷔페 식사를 한번 해보면 된다. 수많은 야채로 시작하여 고기, 생선 음식, 치즈 그리고 과일 및 당과(糖菓) 등 디저트까지 넓게 차려진 음식은 그야말로 터키의 풍부한 자원과 넉넉한 인심을 그대로 보여주고 있다. 야채만 해도 종류가 얼마나 많은지 하나 둘 세다보면 금방 스물이 넘어버린다. 온종일 바닷가에서 여름 무더위 속에서 지치다가 저녁에 샤워를 마치고 시원한 바닷바람을 맞으며 진수성찬을 대하는 저녁은 정말 오스만 제국의 황제가 부럽지 않은 행복한 순간이다.

터키 음식은 음식의 다양성과 맛 면에서 중국, 프랑스 음식에 이어 세계에서 세 번째로 유명한 음식이라고 한다. 우리에게 중국 음식은 너무 잘 알려져 있으니 세계 제일의 음식이라고 쉽게 인정할 수 있고, 프랑스 음식은 책이나 언론 매체를 통해 잘 알고 있고 여행을 통해서도 알게 되어 익숙하지만,

쉬시 케밥과 되네르 케밥을 조리하는 요리사.

터키 음식이 세계 3대 음식의 하나로 꼽힌다는 데는 왠지 낯설고 쉽게 믿겨지지 않는다. 터키 음식은 세계 3대 음식이라고 거론될 충분한 자격을 갖추고 있는데, 그렇지 않을 거라고 생각하는 것은 우리의 단순한 선입견과 오만이다. 터키를 여행하다 보면 지방의 조그만 식당을 가더라도 규모와 서비스 질은 다르겠지만 정식 코스를 밟은 음식을 먹을 수 있다. 여행을 많이 해본 사람들도 세계적으로 알려진 프랑스나 이탈리아 등 몇 나라를 제외하고는 정식 코스 음식을 내할 수 있는 나라가 많지 않다고 한다.

터키 사람의 집에 식사 초청을 받아본다면 진수를 느낄 수 있다. 친하게 지내는 터키 사람의 초청을 받아 그들이 차려준 음식을 다 먹으려면 상당한 인내가 필요하고 먹을 양을 잘 조절해가며 먹어야 한다. 초대를 받고 집안에 들어서 응접실에 앉아 있으면 주인이나 그 집안의 자녀가 알콜이 들어 있는 향수를 손에다 뿌려주고 초콜릿을 권한다. 우리 집에 오신 것을 환영한다는 뜻이다. 이야기를 좀 나눈 후 식탁에 앉으면 터키식 전채前菜가 나온다. 치즈와 함께 찬 음식이 주가 되는데 찐 밥을 포도 잎이나 호박으로 싼 돌마, 콩을 쪄서 요리한 여러 형태의 파술예, 야채 등인데 조금만 먹어도 양이 작은 사람은 부담이 될 정도이다. 이어 빵하고 스프가 나오고, 이것이 끝나면 주식사인 고기 음식이 나온다. 양이 적지 않아 다 먹기가 힘들 수도 있다.

음식 코스가 끝나면 단것류가 나오는데 이것 또한 만만치 않다. 터키에는 단것의 종류도 엄청나게 많은데, 대개 주인이 즐겨하는 단것이 나온다. 주인이 맛있는 것이니 한번 먹어보라고 권하는 데는 안 먹을 도리가 없다. 이쯤 되면 배가 꽉 차게 되는데, 이제 마지막으로 커피 타임이다. 터키 커피나 차이茶 중 원하는 대로 주문한다. 밥 먹는 행사에 걸리는 시간은 최소 한 시간 반에서 두 시간 반 정도 걸린다.

손님에게 음식을 접대하고 갖추는 예의는 완전히 서양식이나 그들의 마음 씀씀이는 동양적으로 우리와 다를 바 없다. 터키인들의 식사 매너는 수준급이다. 아무리 많은 사람이 먹어도 음식 먹는 소리가 나지 않는다. 어린 아이들이라도 얼마나 단정한 자세로 먹는지 모른다. 큰 식당을 가더라도 시장판 같은 분위기는 찾아볼 수 없다. 터키인들에게 음식은 곧 대화를 의미한다. 식사하면서 많은 대화를 주고받는다. 초청한 사람이나 주인이 맛있게 드시라는 뜻으로 '아피옛 올순' 이라고 말한 후에 식사를 시작한다. 맛있는 음식을 먹고 난 뒤에는 음식을 준비한 사람에게 '엘리니제 싸을륵' 이라고 고맙다는 뜻을 꼭 전한다. 이렇게 맛있는 음식을 준비한 사람의 손이 계속 건강하기를 바란다는 뜻이다. 그들의 식사 예절은 우리가 배울 점이 많다.

화두話頭가 좀 다르게 진행되었지만, 그러면 터키인들의 음식은 어떻게 발달한 것일까?

오늘날 우리가 이야기하는 세계화, 국제화를 오스만 제국 당시에 접목하여본다면, 오스만 제국의 세계화, 국제화는 비잔틴 제국의 수도 콘스탄티노플을 점령하면서 시작되었다. 비잔틴 제국을 점령하면서 오스만 제국은 로마 음식과 접하게 되었고 음식의 국제화가 이루어졌다. 다른 한편으로 터키 음식이 발달하게 된 이유는 오스만 제국의 궁중 요리 역사와도 깊은 관계가 있다.

터키인들은 광활한 초원을 정복하면서 '케밥'이라는 고기 문화를 개발해 냈다. 오스만 제국의 정복 시기에 야전에서 몇 달 간 지낼 때는 구워 먹는 게 제일 간편한 식사였다. 그들은 정복 과정에서 소수 민족과 함께 살게 되면서 언어 종교 등 소수 민족의 문화를 다 유지하도록 하였는데, 당연히 그 과정에서 그들의 음식도 터키 고유 음식에 이입되었다. 터키인들이 중앙아시아 지역에 살았을 때는 넓적한 빵인 피데를 먹었지만, 아나톨리아 지방에 들어와서는 그리스인들이 먹던 두툼한 빵을 먹게 된 것이나, 로마인들이 먹던 블렉마안즈 푸딩을 닭가슴살에 우유와 설탕을 넣어 카잔디비로 만든 예가 그것이다.

터키 음식의 대표 선수는 어떤 것일까? 터키 음식 중에서 세계적으로 알려진 것을 꼽으라면 당연 쉬시케밥, 되네르 케밥, 요구르트일 것이다.

쉬시 케밥은 꼬챙이에 고기를 끼워 구운 꼬치 구이이고, 되네르 케밥은 잘게 다지고 뭉친 고기 반죽 덩어리를 쇠기둥에 끼워 불에 돌려가며 구운 후, 칼로 얇게 썬 (숯)불 회전 구이이다. 이때 고기는 쇠고기 또는 양고기일 수도 있고 쇠고기와 양고기를 섞은 것일 수도 있다. 되네르 케밥이 정말 맛있는 케밥이 되기 위해서는, 불에 굽기 위해 꼬챙이에 매달린 길다란 고기 덩어리 위에 반드시 염소 엉덩이 부분의 기름을 얹어 놓아야 한다. 이 기름이 아래로 흘러 고기 속에 스며들어야 맛있는 되네르가 된다. 터키인들은 이슬람 관습상 돼지고기를 먹지 않는다. 돼지는 유목 민족에게는 별로 도움이 되지 않는 동물이었다. 우선 이동성이 양이나 말에 비해 현저하게 떨어지고 여름철에 고기가 쉽게 상할 뿐만 아니라 가죽도 별 쓸모가 없어 고기, 젖, 가죽을 모두 활용할 수 있는 양에 비해서는 쓸모없는 동물이었다. 요즘에 양 창자는 수술시 환부를 꿰매는 의료용 실을 만드는 원료로 쓰인다.

여기에 또 빼놓을 수 없는 것이 요구르트이다. 요구르트는 고기 음식과 궁합이 너무 잘 맞는다고 한다. 요구르트는 터키인들이 만든 것인데, 소화가 잘 되고 정장 효과整腸效果가 뛰어나다고 한다. 요구르트를 즐겨 먹는 때문인지 터키인들에게는 위장병이라는 게 없고, 그래서 소화제를 먹는 사람을 본 적이 없다. 요구르트에 물과 소금을 섞으면 희석된 요구르트인 아이란이 되는데, 한 여름철에 시원한 아이란을 마시는 맛도 괜찮다. 아이란은 무더운 여름철 밤에 숙면을 가져온다고 해서 즐겨 마신다. 사무실이 집중되어 있는 지역이나 학교 주변에서 우리의 자장면 정도로 먹을 수 있는 것은 빵 가운데 썬 고기를 넣은 되네르 케밥 샌드위치이다. 아이란이나 콜라를 곁들여 마셔가며 먹으면 간단한 식사로는 그만이다.

음식의 종류도 또 얼마나 다양한지 모른다. 야채, 육류, 생선, 밀가루 음식 등 개별 분야로 들어가면 그 종류를 다 헤아릴 수도 없다. 고기를 다져 만든 쾨프테의 종류만도 60여 가지가 넘고 가지로 만든 음식만도 20여 가지가 된다고 한다. 지방마다 유명한 쾨프테가 있는데, 부르사 근처의 이네귈 쾨프테는 고기 구운 맛이 쫄깃쫄깃한 것으로 유명하다. 고기 굽는 것도 토기에 넣어 굽고, 종이에 굽고, 오븐에 굽고, 불에 굽고, 연기에 굽는 등 굽는 방법도 다양하여 고기 맛도 다양하게 연출된다.

터키 음식의 고향은 그들의 조상이 살았던 중앙아시아이나 아나톨리아 지역으로 이주하면서 이곳의 음식과 융합되었으며, 융합된 음식은 이스탄불의 궁전에서 세련되었다. 터키인들은 음식을 융합하더라도 고유의 음식 맛은 그대로 유지하려 하였다고 한다. 궁중 음식의 발달과 함께, 아나톨리아 각 지방에서도 지방 음식을 발달시켰다. 오스만 제국에는 다양한 민족들이 살고 있었기 때문에 오늘날 터키 음식의 이름에 알바니아 간(아르나붓 지에리), 타타르 고기 파이(타타르 뵈레이), 코카서스 닭고기(체르케즈 타부우) 등 지역 이름이 들어간 것도 많이 있다. 터키 음식은 아시아 음식과 지중해 지역 음식의 중간쯤 된다고 한다.

터키의 지방 음식도 독특하다. 동부 지역은 겨울이 길고 춥기 때문에 말린 고기, 버터, 요구르트, 치즈 등 저장 식품이 발달되었다. 그래서 동부의 반 지역은 치즈 종류가 많기로 유명하다. 동남부 지역의 가지안텝이나 샨르우르파 지역은 매운 음식이 많다. 이 지역 사람들은 마늘을 즐겨 먹고 고기를 잘게 썰어 양념을 한 후 야채에 싸먹는 생고기 쌈(치 쾨프테)을 먹는다. 아다나 지역 역시 고추와 같은 매운 양념을 넣어 만든 아다나 쾨프테가 유명하다. 중부 콘야 지방에서는 양고기를 찜질하여 기름을 뺀 탄드르 케밥이 유명하고 카이세리는 말린 고기인 파스트르마가 유명하다. 양 찜 고기 탄드르 케밥은 맨손으로 고기를 뜯어 먹어야 제 맛이 난다. 터키인들은 음식을 짜게 먹는 습관이 있다. 어떤 음식이든지 소금을 맘껏 쳐서 먹는다.
 터키인들은 재료만 있으면 무슨 음식이든 잘 만들어내는 재주를 가지고 있다. 터키 음식은 원래 터키인들의 음식에다 정복지 지역의 음식을 혼합하여 재창조된 것들이라 할 수 있다. 세계 3대 음식 중의 하나라는 거창한 수사가 아니더라도 우리에게 좋은 것은 터키 음식의 간과 맛이 우리 입맛에 맞는다는 것이다.

터키에는 터키탕이 없다

 "터키에 있는 매춘업소를 한국의 집이라고 부르면 한국인들은 과연 기분이 어떻겠습니까? 매춘업소나 다름없는 퇴폐 목욕탕을 왜 하필이면 터키탕이라고 불러야 합니까? 터키와 터키탕은 아무 상관이 없습니다."
 이것은 1997년 8월 퇴폐 영업의 온상으로 지목되어 물의를 빚고 있던 한국 내 터키탕에 대해 주한 터키 대사관의 여성 외교관이 각 언론사에 보낸 터키탕 명칭에 대한 유감과 이 명칭을 바꿔달라는 서한 내용의 일부이다. 터키탕은 원래 일본에서 유래하여 한국에 들어왔으나, 일본은 1980년대 중반 터키 정부의 공식 항의를 받고 퇴폐 목욕탕에 '터키탕'이라는 명칭 사용을 금지하고, 대신 소우프 랜드 soap land로 바꿨다고 하면서, 한국에 있는 터키탕은 터키에서 유래하지도 않았고 존재하지도 않았으니 터키탕의 이름을 바꿔줄 것을 요청하였다. 이 일이 있은 후 터키탕은 증기탕이라는 이름으로 바뀌게 되었다.
 옥스포드 영어 사전에는 터키탕 Turkish bath을 뜨거운 열과 증기로 땀을 내며 몸을 닦고 마사지를 받는 목욕탕이라고 되어 있다. 터키에 있는 목욕탕을 본다면 뜨거운 물이나 증기로 땀을 내고 몸을 닦는 것까지는 맞는데 마사지는 실제로 많이 있는 것 같지는 않다. 오스만 제국의 궁전에 딸린 여성만의 구역인 하렘에 있는 목욕탕에는 마사지가 있었다. 그러나 오늘날 마사지라는 것은 의료 목적의 스파 온천 목욕탕에만 있고 일반 터키탕에는 없다.

터키에는 우리 나라에 있었던 그런 터키탕은 존재하지 않는다. 이슬람의 영향으로 몸을 청결히 해야 한다는 이슬람의 가르침에 의한 목욕 관습 등으로 터키인들은 자신의 몸을 닦는 것을 중요하게 생각하고 집에는 꼭 목욕 시설을 두었다. 로마 제국의 목욕 문화를 이어 받아 터키화된 터키 목욕탕 하맘은 단순히 몸을 씻는 장소가 아니라 모든 사람들의 사교와 교제의 장소였다. 터키의 전통 목욕탕은 이용 시간을 달리하여 남녀가 사용하였다. 터키인들에게 목욕탕은 분리할 수 없는 생활의 일부였다. 결혼한 지 40일 되는 날 신부는 목욕탕에서 음식과 음악을 준비하고 소원을 빌거나, 곧 결혼할 처녀들은 탕 안에 동전을 던져 소원을 비는 의식이 있는데, 이를 신부들의 목욕탕이란 뜻으로 겔린 하맘이라고 한다. 이 전통은 일부 지역에서 현재까지도 이어지고 있다.

터키가 자리한 아나톨리아는 과거 실크로드가 지나간 길로 대상隊商들이 움직인 이동로에는 '바자르'라는 시장과 '한'이라 불리는 여관, 그리고 하맘이라 불리는 목욕탕이 함께 있었다. 터키에 목욕탕이 많은 것은 온천이 전국에 산재해 있기 때문이기도 하다. 터키에는 우리 나라와 같이 동네마다 목욕탕이 있는 것은 아니다. 목욕탕은 주로 온천을 중심으로 많이 있기 때문에 목욕탕을 간다는 뜻은 온천장을 간다는 뜻이다. 오스만 제국 때 궁전의 하렘에 있는 목욕탕은 여자들을 위한 좋은 사교 장소였다. 일상을 벗어나 수다

떨고 먹고 마시며, 댄스 파티도 구경할 수 있는 스트레스 해소 장소였다.

앙카라 근처에 있는 온천장을 가지고 터키탕을 설명해보자. 앙카라에서 80여km 서남쪽에 위치한 하이마나는 물 온도가 40도 정도로 뜨거우며 탄산수로 피부에 좋다고 하여 이곳을 찾는 사람들이 많은 편이다. 시설이야 세련된 맛은 없지만 물이 좋아 사람들이 찾고 있다. 하이마나 온천에는 남녀로 구분된 공중탕이 있고, 가족 단위로 들어갈 수 있는 가족탕이 있다. 터키의 공중 목욕탕에는 우리처럼 나신裸身으로 목욕을 하지 않고 중요한 부분을 가릴 수 있는 수영복 같은 것을 꼭 입어야 한다. 터키인들은 맨몸을 다른 사람에게 드러내지 않는다. 표를 사서 들어가면 바로 탈의장이 있다. 이곳에서 옷을 벗고 들어가면 공중탕이 나온다. 공중탕 한가운데는 뜨거운 물이 계속 나오는 탕이 있고 벽면에는 한 두 사람씩 앉아서 몸을 닦을 수 있는 수돗물이 있다. 목욕탕에 온 사람들은 서로 등을 닦아주기도 하는데, 한국 사람같이 몸에 털이 없는 사람이면 어른이라도 중·고등학생 정도로 오해받기 십상이다.

가족탕은 다섯 개 정도 있는데 한 시간 단위로 사용료를 계산한다. 최근에는 목욕과 미용을 겸한 스파 온천장도 생겨났다. 앙카라에서 260km, 이스탄불에서 455km 떨어진 아피욘에 있는 오루치올루 온천장이 그중의 하나이다. 이곳 온천수의 온도는 49℃로 탄산 가스, 염화나트륨, 불소 등이 함유되어 있다. 오루치올루 온천 리조트 호텔은 터키탕과 수영장을 운영하는 한편, 진흙 팩, 마사지 등 여성을 위한 미용 서비스도 제공하고 있다. 특히 비만형 사람들이 살을 빼기 위해 1~2주일 장기간 체류하는 휴양 시설이다.

이곳에 있는 터키탕을 가려면 호텔 방에서 팬티를 수영복으로 갈아입은 후 방에 걸려 있는 흰색 목욕 가운을 걸치고 슬리퍼를 신어야만 한다. 목욕탕 밖에 가운을 걸어놓고 들어가면 목욕 전 몸을 씻어내기 위한 샤워 시설이 나온다. 샤워를 마치고 들어가면 벽에 설치된 수도 시설이 나타난다. 수도에는 뜨거운 온천물과 찬물이 함께 나오도록 되어 있다. 재미있는 것은 수도를 중심으로 양쪽에 사람이 앉도록 되어있다. 아는 사람은 아는 사람대로, 모르는 사람은 모르는 사람대로 만나 어디서 오고 무엇을 하는지 등의 질문을 시작으로 이야기를 이어간다. 목욕탕 가운데는 세 사람 정도가 누울 수 있는 넓은 대리석의 침상이 마련되어 있다. 이 돌을 '괴벡 타시'라고 하는데 누워서 쉬고 싶으면 여기서 누우면 된다. 대리석이 따뜻하여 기분도 좋고 긴장이 풀어지는 것 같은 느낌을 받는다. 괴벡 타시가 있는 곳에서는 때를 밀어 주는 사람도 있어 요금을 내고 서비스를 받을 수 있다. 때 미는 사람들이 얼마나 힘을 주어 미는지 웬만한 한국 사람들은 참고 있기가 쉽지 않다. 이 방을 지나 마지막 방으로 가면 공중탕이 있다. 이곳에서 사람들은 자기 몸을 뜨거운 물 속에 깊이 담그고 몸을 덥게 한다. 터키에 있는 터키탕의 구조는 대부분 이런 기본 구조를 갖고 있다. 우리가 막연히 생각하는 퇴폐적인 구석은 그 어느 곳에도 없다.

    터키 전역에는 약 300여 개의 온천 시설이 있다. 터키 온천은 휴양지 역할도 하지만 요즘은 휴양을 겸한 치료 장소로 이용되고 있다. 터키 사람들은 온천을 많이 찾고 있으나, 외국인들에게는 아직 많이 알려져 있지 않고 있다. 국내 수요를 충당할 만한 그런 수준의 시설이 대부분이기 때문이다. 그러나 얄로바 온천을 비롯한 약 20여 개 온천은 온천수의 질도 좋고 규모도 커 어느 정도 알려져 있다. 터키에 있는 온천은 온천수에 포함된 광물에 따라

물고기가 피부병을 치료해주는 온천.

류마티즘, 위, 내장, 간, 신장 등 병의 증상에 효과가 있다고 한다.

터키의 온천수는 탄산수소, 리튬, 황산, 규산염, 칼슘, 마그네슘 등이 많이 포함되어 있어 사람 몸에 좋다고 한다. 터키에서 가장 유명한 온천지인 얄로바는 이스탄불에서 180여㎞ 떨어진 곳에 있는데, 여름철에는 휴양차 지내려고 오는 중동 국가 사람들로 만원이다. 이 온천은 기원전 2000년에 생긴 대지진 이후에 생겼다고 전해진다. 온천수의 온도가 66℃이고 온천수에 포함된 광물질만 해도 11개 종류나 된다. 얄로바 온천은 류머티즘, 순환기 및 비뇨기 계통, 방광염 등의 환자에 좋다고 한다. 부르사, 이즈미르, 아피욘, 얄로바, 볼루, 시바스, 차낙칼레, 에스키셰히르 등은 비교적 큰 시설의 온천이 있는 곳으로 입욕入浴은 물론 온천물을 마실 수도 있다.

온천 이야기가 나온 김에 정말 이상한 온천 하나를 소개하고자 한다. 시바스의 칸갈에는 물고기가 피부병을 치료해주는 온천이 있다. 이스탄불에서는 900여km, 앙카라에서는 450km 동북쪽에 떨어진 시바스의 조그만 도시 칸갈에는 '발륵클르 카플르자'라는 온천이 있는데, 이 온천에는 각질 피부병 환자들이 찾아온다. 다른 온천과 다른 것은 참 이상하게도 30여℃의 온천물에서 9cm 길이의 송사리 같은 물고기가 산다는 것인데, 더 신기한 것은 이 물고기가 사람의 환부를 치료한다는 것이다.

뜨거운 물이 나오는 탕 안에는 임무를 달리하는 물고기가 있다. 먼저 환부患部인가를 확인하는 물고기, 그 다음엔 환부를 계속 쪼는 물고기, 마지막으로 탕 안에 떨어진 환부 부스러기를 청소하는 물고기가 있다. 일단 사람의 몸을 물 속에 집어넣으면 물고기 떼가 까맣게 몰려온다. 강심장이 아니고서는 아무리 작은 물고기라도 떼를 지어 달려드는데 아무렇지도 않을 사람은 없다. 피부를 쪼아대던 물고기들은 환부가 없으면 그만 돌아간다. 무좀이 있는 발을 넣기라도 하면 환부를 쪼는 물고기들이 계속 입질을 한다. 정말 믿거나 말거나 하는 이야기 같지만 이곳에는 마른 버짐이나 단독丹毒 같은 고질 피부병 환자들이 끊이지 않고 찾아온다. 이제는 터키는 물론이고 유럽에도 널리 알려져 짧게는 몇 주일, 길게는 몇 달씩 물 속에서 물고기의 진단과 치료를 받아가며 피부병을 치료하는 사람들이 늘고 있다.

터키 이슬람을 이해하는 코드 수피즘과 수피의 고향 콘야

요즘은 무엇을 이해하는 데 중요한 단서를 제공해주는 것을 코드라 한다. 터키의 이슬람을 이해하는 코드는 '수피즘'이다. 터키의 수피즘을 이해하면 터키의 이슬람이 보인다는 뜻이다. 이슬람은 사도 모하메드가 610년부터 히라 동굴에서 가브리엘 천사로부터 계시를 받아 포교 활동을 시작하여 점차 아라비아 반도 전체로 전파되게 된 종교이다. 터키 아나톨리아 반도에는 정통 순니파와 함께, 이단적 요소를 가진 수피주의자들이 있었다. 수피주의자들은 정통적인 교리 학습이나 율법을 통해서 이슬람을 이해하려는 과도한 형식에 반대하고, 현실적인 방법으로 신과의 합일을 주장하는 사람들이었다. 수피주의자들의 유일한 목적은 신과의 완전한 결합이었으며, 이 같은 수피주의자들의 사조를 수피즘이라 한다. 수피주의자들은 신과의 완전한 합일을 위한 수단으로 춤과 노래로 구성된 의식을 갖고 있었다.

터키 민족이 이슬람을 접하게 된 것은 대략 8~9세기경으로 알려지고 있다. 그들이 아나톨리아 반도에 진입하였을 때 이미 이 지역에 이슬람이 전파되었기 때문에 이슬람과의 접촉은 자연스럽게 이루어졌다. 그러나 아나톨리아 반도에는 오스만 제국의 이전 셀주크 제국 때부터 수피 집단들이 대거 활동하고 있었다. 터키 민족은 이슬람을 만나 이를 받아들인 후에도 그들의 전통적인 샤머니즘적 신앙 체계를 유지하여나갔다. 따라서 아나톨리아에는 정통 순니파와 이단 수피주의자들이 각 지역에서 활동하게 되었다.

아나톨리아에서 활동하던 수피주의자들에게 아나톨리아에 유입해온 터키족은 좋은 포교 대상이었다. 수피주의 지도자를 데르비쉬 또는 쉐이흐라고 불렀는데, 터키 유목민들은 정통 순니파 지도자의 설교보다는 이단 수피 지도자의 설교에 정서적으로 더 끌렸다. 왜냐하면 이슬람의 교리를 담은 코란을 이해할 수 있는 아랍어 능력이 없었을 뿐만 아니라, 유목민의 성격상 원리적인 학습은 체질에 맞지 않았기 때문이다. 수피주의자들이 주도한 춤이나 노래 같은 의식은 터키 유목 민족을 끌어들이는 데 중요한 역할을 하였다. 정통 순니파에서 볼 때는 노래나 춤은 있을 수 없는 아주 사악한 것이었지만, 그럼에도 불구하고 이단 수피주의자들의 교세는 점차 거세게 되었다. 오스만 제국 초기에 오스만 조정이 영토를 확장하는 데 아나톨리아 내 수피 집단의 도움을 받았다는 것은 이를 증명하는 것이다.

오스만 제국의 역사에서 지방에 산재한 수피 지도자들은 중앙의 조정에 대해 정치력을 행사하였다. 수피 지도자들은 영토를 지켜주고 전투 시 병사를 제공해주는 대가로 술탄으로부터 보호를 받았다. 오스만 제국이 1453년 콘스탄티노플을 점령한 후에는 지방에 있던 수피 지도자들이 이스탄불로 입성하였다. 이때부터 이단 종파가 우후죽순처럼 생기기 시작하였다. 바이라미, 벡타쉬, 할베티, 카디리, 메블라나, 낙시벤디 등 많은 이단 종파가 생겼는데, 1840년대 오스만 제국 전역에 37개의 종파가 활동하였다.

수피주의자들에 의해 발전된 이단 이슬람 종파의 신앙과 그들의 의식은 오늘날 터키 사회와 문화에 영향을 끼쳤다고 볼 수 있다. 수피즘과 그들의 가르침은 시, 문학, 음악, 서예, 건축 등 다방면에 반영되었다. 15~16세기에 수피주의자들에 끌린 지식인들이 예술 분야에 관심을 갖게 되었는데, 오스만 제국의 서예, 시, 건축, 음악 등의 발전은 메블라나나 벡타쉬 종파의 기여를 간과할 수 없다. 수피적인 사랑을 노래한 시는 오늘날 아랍풍의 터키 노래에 가사로 사용되고 있다. 1970년대 나타난 터키와 아랍식이 혼합된 아랍풍의 터키 노래는 사랑, 운명, 고통 등이 주된 내용이다. 수피즘의 영향을 받은 아랍풍의 터키 노래는 농촌이나 소도시의 서민들로부터 사랑을 받고 있다.

세마라 불리는 메블라나 종파의 춤 의식.

수피주의자들의 의식 중 지금까지 전해 내려오고 있는 것은 메블라나 종파의 의식이다. 메블라나 종파의 의식이란 세마(하늘)라 불리는 춤을 말한다. 메블라나 춤 의식은 메블라나 종파의 창시자인 메블라나 제랄레딘 루미의 죽음을 추모하기 위해 매년 12월 터키의 중부 도시 콘야에서 열리고 있는데, 이 춤은 터키 국내에서뿐만 아니라 미국, 유럽 등 해외에서도 공연을 하고 있다. 메블라나 종파의 중심지인 콘야는 로마와 비잔틴 시대에는 이코니움이라고 불렸으며, 터키계인 셀주크 제국의 수도였던 12세기에 가장 번성하였다. 또한 이곳은 이슬람 신앙과 가르침이 가장 깊은 곳으로 알려져 있다. 메블라나는 '위대한 스승'이라는 뜻으로 터키의 위대한 이슬람 학자이며 신비주의 시인으로 그의 철학적인 사상은 현재까지도 숭상받고 있다. 춤추는 사람들은 왼쪽 발로 중심을 잡고 원을 그리면서 계속 돌기 때문에 그들을 보통 '춤추며 도는 데르비쉬'라고 부른다. 서양에서는 회전춤을 추는 수도승 whirling dervish 으로 알려져 있다. 메블라나는 1207년 현재의 아프가니스탄 발흐에서 태어나 소년이었을 때 아나톨리아로 이주하였다. 그는 죽을 때까지 인간, 우주, 존재, 사랑 등을 주제로 한 많은 시를 남겼는데, "우리가 죽을 때 이 땅에서 무덤을 찾지 말고 인간의 마음에서 찾자"라는 시구詩句도 유명하지만, '다시 오라, 다시! 다시 오라, 그대가 누구든 간에, 믿지 않는 사람이든, 불을 숭배하는 사람이든, 이교도이든, 우리의 문은 절망의 문이 아니니, 그저 있는 그대로 오라' 는 인류 사랑에 대한 그의 철학을 압축한 시도 유명하다. 메블라나 종파는 모든 사람은 다 형제이며 신으로부터 받은 인간의 영혼은 영원하므로 이 세상에 사는 사람들은 사랑 가운데 살아야 함을 강조하였다.

흰 옷에 원통형 모자를 쓰고 신을 찬미하는 시와 율동이 어우러진 가운데 빙글빙글 돌며 세마 의식으로 춤추는 데르비쉬들의 모든 동작은 의미와 상징을 갖고 있다. 그들이 입는 흰 옷은 에고$_{ego}$의 죽음을, 원통형의 모자는 자신의 묘비를, 검은 망토는 무덤을 상징한다. 팔을 양쪽으로 벌리는 것은 영적인 합일을 의미한다. 오른 팔은 하늘을 향하는데 이는 신의 은총을 받는다는 뜻이며, 왼 팔은 신의 은총을 전한다는 의미로 땅을 향하고 있다. 그들은 지축과 같은 각도로 고개를 숙이고 지구 회전과 같은 방향으로 오른 쪽에서 왼 쪽으로 계속 회전하는데, 이는 신 앞에서 하나가 되며 모든 인류와 창조물을 사랑으로 포용함을 의미한다. 우리 나라에서는 한국에 이슬람이 도래한 50주년을 기념하여 한·터키친선협회 및 한국이슬람중앙회 주관으로 2005년 9월에 서울 송파구민회관에서 '터키 신비주의 명상춤 세마 특별 공연'이 열려 세마춤이 소개되었다.

콘야에는 메블라나 사원이 있고, 이곳에는 루미의 무덤도 있다. 사원 안에 들어가면 신비로운 명상 음악으로 인간과 인류를 향한 메블라나의 철학을 느끼게 된다. 유네스코는 그의 탄생 800주년이 되는 2007년을 '세계 루미의 해'로 선포하였다.

메블라나 종파는 종교적인 면보다는 그 종파가 가지고 있는 철학적, 문화적 가치가 강조되어 현재까지도 명맥을 유지해오면서 사회로부터도 긍정적인 평가를 받고 있다. 그러나 이와는 달리 알레비 종파는 그들이 가지고 있는 종교적 특성이 강조되어 정통 순니파들에 의해 이단적인 시아라는 평가를 받고 있다. 시, 음악, 춤을 동반한 알레비들의 의식은 부도덕한 것이라고 질시받고 있다. 알레비는 이슬람 선지자의 사위인 알리를 추종하는 종파로 그들의 신앙은 불교, 조로아스터교, 기독교, 샤머니즘 등의 요소를 혼합한 것이다. 알레비 종파의 지도자를 할아버지라는 뜻의 '데데' 라고 하는데, 이들 데데는 알레비 파가 많이 살고 있는 시바스, 토캇, 툰젤리, 에르진잔, 초룸, 아마시야, 오르두 등 동부 및 흑해 지역에서 정신적인 지도자 역할을 하고 있다. 알레비 파의 세속적인 성향으로 그들은 공화국 초기에 세속주의 국가 건설을 추진하려는 아타튀르크의 정책을 지지하였다. 그러나 주로 농촌 및 소도시에서 살던 알레비들이 1970년대 이후 큰 도시로 이주하면서 이들의 종교관이 터키 사회에 다시 부각되게 되었다. 순니 무슬림으로부터 이단이라는 비난을 받고 있지만, 터키 인구의 15~20%를 점하는 것으로 보이는 이들에 대해서도 관심을 기울여야 한다는 여론도 일어나고 있다.

이슬람의 신비주의자는 이슬람의 신비적인 단면을 보여주는 것이다. 아나톨리아에서 활동한 수피주의자들은 유목 민족인 터키족들이 이슬람을 받아들이고 이해하는 데 중개 역할을 함으로써 터키 사람들이 이슬람을 받아들이는 데 큰 영향을 미쳤다. 어떻게 생각하면 터키 사람들은 수피주의자들의 영향을 받아 이슬람 원리주의자들이 될 수 없었고, 이 때문에 터키의 이슬람은 더 관용적인 면을 가지게 된 것으로 보인다.

결혼과 성性

몇 년 전 여름 터키 인권 단체들과 여권 운동 단체들은 간호사 양성 학교에 다니는 여학생들 가운데 성행위를 가진 것으로 의심되는 사람에 대해 관계 당국이 처녀성 검사를 실시하도록 학교 당국에 지시했다고 하면서 이에 강력히 항의하는 사태가 벌어졌다. 보건 학교 여학생에 대한 처녀성 검사 문제에 대해 언론도 가세하면서, 이 문제는 무산되었다. 어떤 연유로 처녀성 검사 문제가 대두되었는지 자세히 알 수 없으나, 이는 터키 사회에서 여성의 성性을 어떻게 보고 있는지를 보여주는 사례인 것 같다.

터키인들의 성 관념에 대해 우리가 알고 있는 이야기는 대충 이렇다. 터키인들은 여성의 처녀성을 매우 중요하게 생각하는데, 결혼 첫날밤 시어머니가 침대 위에 깔아놓은 하얀 천 위에 피 흔적이 없으면 신부는 그 다음날 쫓겨난다는 이야기이다. 그것도 피 흔적이 있는 하얀 천을 시어머니가 사람들이 볼 수 있는 곳에 넌다는 것이다. 극적인 이야기 같지만, 우리에게 많이 알려진 이야기이다. 정말 그럴까?

성에 관한 인식은 사회가 복잡해지면서 급변하는 것이 세계적인 추세이다. 우리 나라에서도 한국 사람들의 성에 관한 인식 변화에 대해 어쩔 수 없는 시대적인 추세라고 쉽게 받아들이는 사람이 있는가 하면, 옛 것의 가치는 지켜져야 한다며 반대하는 사람도 없지 않다. 하지만 대부분은 성에 대한 자유를 요구하고 있는 것이 일반적인 대세인 것 같다. 터키에서도 예외가 될 수 없다. 유럽과의 교류가 많아지면서 보수적인 가치관이 많이 사라지고 있다.

이스탄불, 앙카라같이 대도시의 젊은이들은 이성과의 교제에 매우 자유로워 보인다. 그들은 이제 타인의 눈을 의식하지 않고 사랑하는 감정을 자유롭게 표현한다. 극장, 공원, 거리, 캠퍼스 등에서 이들을 목격하는 것은 어렵지 않다. 터키가 이슬람 국가는 아니지만, 사회 통념이 이슬람의 가치관이 지배하고 있다는 점을 감안할 때, 실로 엄청난 변화이다. 한마디로 터키 사회가 급변하면서 성에 대한 인식과 결혼 풍습도 서구화되고 있다. 전통적인 결혼 풍습도 많이 사라지고 있다.

　터키인들의 결혼 풍습은 전통적인 결혼과 현대적인 결혼이 있는데, 이는 결혼할 당사자 가족들의 문화 수준, 살고 있는 지역 사회의 문화 수준에 따라 큰 차이를 보이고 있다. 두 가지 결혼 방식은 결혼하기까지의 절차인 배우자 물색－약혼식－결혼식의 과정을 거친다는 데는 공통점이 있다. 다만 그 절차가 전통적인지, 현대적인지의 차이라 할 수 있다. 먼저 현대적인 결혼 방식보다 흥미가 있는 전통적인 결혼 절차를 들여다보자.

　사회의 변화 속에서도 아직도 전통 혼례가 많은 편이다. 혼례를 위해 제일 먼저 하는 일은 신부감을 물색하는 일이다. 터키 사회에서는 대부분 남자 쪽에서 신부감을 고르는 것이 일반적이다. 신부감은 가족과 가문의 명예를 해치지 않을 사람이어야 한다. 건전한 가문 출신의 딸을 물색한다. 신부감이 결정이 되면 양가兩家의 여자들이 교섭 단계에 들어간다. 말하자면 실무 교섭을 하는 것이다. 이때 남자들이 나서지 않는 것은 일방이 거절할 때 당할 수 있는 불명예를 사전에 막는다는 의도이다. 실무 교섭을 위한 양가 여자들의 만남을 '괴뤼질뤽' 이라고 한다. 탐색을 위한 상견례인 셈이다. 신랑될 남자의 어머니와 어머니 친척이나 친구 한 두 명이 신부가 될 사람의 집을 방문한다. 예비 신랑 어머니는 신부감 어머니에게 청혼한다. 신부 가족이 수락할 경우, 신부 가족의 가장의 동의를 구하기 위해 신랑 쪽 가족이나 친한 친구 중에서 사람을 골라 중매자로 신부집에 보낸다. 이때 파견되는 사람을 '뒤뉘르쥐' 라 한다. 신부감 물색과 혼인에 대한 양가 합의가 끝나면 다음은 약혼 절차를 밟아야 한다.

　약혼식은 '니샨 메라시미' 라 하며, 신부집에서 치러진다. 신랑의 어머니와 어머니의 친척들이 신부에게 줄 폐물과 옷가지 등을 가지고 신부집에 도착한다. 신부의 어머니와 그 가족들은 오는 손님을 반기고 집안으로 안내한다. 손님들이 자리에 앉고나면, 신부가 나와 존경의 뜻으로 손님들의 오른손에 가벼운 입맞춤을 해준다. 인사를 마치고 신부가 들어가고 나면, 양가 여자들끼리 이야기를 시작한다. 적당한 시간에 신부가 손님들에게 차를 대접하고 나간다. 차를 마신 후, 신랑 어머니가 신부를 불러 손가락에 반지를 끼워준다. 이때 하는 말은 하이를르, 우우룰루, 메슷 올순. 동의어 반복으로 행복하라는 뜻이다. 그러면 신부는 감사와 존경, 복종의 뜻으로 신랑 어머니의 오른손에 가벼운 입맞춤을 한다. 신부의 어머니는 신랑과 신랑 부모에게 줄 자수 손수건이 든 보따리를 신랑 어머니에게 건네준다. 약혼식 때 특징은 양가의 여자들만 참석한다는 것이다. 만약 남자가 약혼을 깨면 돌려줄 것이 없지만, 여성이 약혼을 깨면 그녀가 받은 폐물을 돌려줘야 한다. 이제 마지막 결혼식 차례다.

전통 혼례의 결혼식은 종교 의식을 따르는데, 이를 '디니 니캬흐'라고 한다. 결혼식은 보통 화요일에 시작하여 목요일에 끝나거나, 금요일에 시작하여 일요일에 끝나기도 한다. 이틀은 결혼식 준비와 잔치 행사로 보내고 마지막 날이 결혼식 날이다. 결혼식 때 드는 비용은 신랑측이 부담한다. 결혼식 전날 밤 신부의 여자 친척이나 친구들이 여흥 시간을 갖는데, 이를 '크나 게제씨'라고 한다. 우리의 봉숭아 물들이기처럼 신부는 헤나라고 하는 염료로 손가락을 물들인다. 헤나는 현재 머리 염색용으로 널리 쓰이고 있다. 신부집에서는 신랑집에서 가져온 헤나를 은이나 동기에 넣어 잘게 부수는데, 잘게 부수는 일은 부모가 다 살아 있고 남편과 별거한 적이 없는 여자가 해야 한다. 빨간 리본으로 장식된 면사포가 씌워지면 신부는 방안으로 들어가야 한다. 결혼식 날 오후 신부는 부모와 친척들에게 떠나는 인사를 나눈다. 신랑 쪽은 신부를 데려오기 위해 차를 보낸다. 옛날에는 마차를 보냈다고 한다. 신랑 쪽 사람들이 신부를 맞기 위해 모두 나가 기다린다. 신랑집에 도착한 신부는 집안으로 안내된다. 신부는 신랑 부모의 오른손에 가벼운 입맞춤을 한 후 친구들과 신방에서 종교 의식이 있을 때까지 기다린다. 종교 의식으로 치르는 결혼식에는 이맘이나 호자라고 불리는 종교인과 신랑, 두 명의 증인과 신부 가족의 대표가 참석한다. 신부 가족의 대표는 아버지의 형제나 어머니의 동생, 오빠 중 한 사람이 된다. 이맘이 코란 경전을 읽은 다음, 신부측 대표에게 딸을 신랑에게 줄 것인지를 세 번 묻는다. 신부 가족 대표도 그렇다고 세 번 대답한다. 이맘이 이제는 신랑에게 신부를 받아들이겠느냐고 세 번 묻는다. 신랑이 세 번 그렇다고 대답하면 종교적으로 혼인이 성립된다. 이 말의 뜻은 법적으로는 효력이 없다는 말이다.

그렇다면 전통 혼례가 아닌 현대식의 배우자 선택과 결혼식은 어떻게 할까? 현대식 결혼 방식은 서구의 방식과 크게 다르지 않다. 터키도 마찬가지다. 배우자를 선택할 수 있는 기회가 많아졌고 영화, 잡지, 소설 등을 통해 이성에 대해 눈을 뜨게 될 수 있게 되었다. 중매 결혼도 있지만 도시에서는 연애 결혼이 성행하고 있다. 부모의 의지에 따르지 않는 배우자 선택은 부모와 자식 간에 충돌을 가져와 부모의 권위가 상실되고 가족 간의 유대도 깨지는 결과를 가져온다. 도시에서는 전통 혼례와 같은 복잡한 절차를 생략하고 시청이나 구청에서 운영하는 혼례식장에서 결혼식을 치른다. 신랑 신부가 결혼 의식을 마치는 데 걸리는 시간은 10여분 정도밖에 안 걸린다. 하객이 참석한 가운데, 결혼 담당 공무원이 증인과 함께 신랑 신부에게 각각 인생의 반려자로 받아들이겠느냐고 묻고 대답한 후, 혼인 증명서에 서명하는 것으로 끝이다. 그러나 부유한 사람들은 영화에서 보는 것과 같은 호화스런 방법으로 결혼식을 치르고 있다.

신부감을 물색하는 방법 중에는 여자를 납치하는 방법이 있다. 터키어로 '크즈 카츠르마'. 여자를 납치하는 것은 오래 된 결혼 방식인데, 영화에도 자주 등장하고 있다. 물론 사회적으로 좋은 인식을 받고 있는 것은 아니다. 터키에서 결혼은 전적으로 남자측이 부담하기 때문에 경제적으로 능력이 없는 사람은 때로 이 방법을 택하기도 한다. 이에 비해 남녀가 서로 눈이 맞아 도망가는 것은 사회적으로 최소한의 인정은 받고 있다. 이 방법은 부모의 반대를 무릅쓰고 남녀 두 사람이 사랑할 때 가능한데, 부모가 포기하는 시점은 자기 딸이 첫아이를 낳았을 때라고 한다. 옛날에는 '이치 귀베이시'라고 불리는 데릴사위도 있었으나, 남자의 명예와 체면이라는 문제 때문에 거의 행해지지 않고 있다.

전통적으로 결혼 적령기가 넘은 여자는 홀아비한테 시집을 간다. 법으로는 금지되어 있으나 일부 보수 지역에서는 아직도 남자가 네 명까지 처를 두는 경우가 있다. 이 경우 정혼定婚은 첫 번째 처가 되며, 다른 아내로부터 난 아이는 모두 첫 번째 아내의 아이로 등재된다. 핑계인지는 모르지만, 일부다처一夫多妻의 주된 원인은 여성의 불임不姙이라고 한다. 터키의 전통 결혼 관습에는 결혼 지참금이라는 것이 있다. 터키어로 '바쉬륵'인 결혼 지참금은 남자가 여자에게 주는 돈으로 말하자면 선수금인 셈이다. 터키의 전통 사회에서는 가족의 구성원이 노동력의 근원이었기 때문에 딸을 시집보내는 입장에서는 노동력의 손실이고, 며느리를 받는 입장에서는 노동력의 증가이다. 그러므로 노동력의 증가라는 혜택을 보게 된 남자측은 그만큼 여자측에 경제적 보상을 해야 한다는 생각에서 생긴 것이 결혼 지참금이다. 따지고 보면 경제적인 발상이다. 결혼 지참금의 관습은 아직도 남아 있다.

목소리 높이는 터키 여성

터키는 공화국 수립 직후에 제정된 민법을 제정 75년 만에 개정하였다. 2002년 1월부터 시행에 들어간 개정 민법은 남자 독점의 가장제家長制와 여성의 취업 시 남편의 허락을 받아야 하는 조건의 폐지, 결혼 후 취득한 재산의 남녀 동등 비율 소유권 인정, 결혼 후 여성의 성姓 사용 인정 등을 포함하고 있다. 유럽연합EU 정회원 가입 추진을 앞두고 있는 터키가 보수적인 터키 사회를 반영하여 남녀 불평등 조항이 많은 민법을 서구 기준으로 개정한 것이다. 터키의 민법 개정은 EU 가입을 위한 법개정 조치의 일환이기도 하지만 시대적인 요구를 반영한 것이다.

터키 민법의 개정이 구체화되고 있을 무렵, 정부 기관과 학교 등에서 근무하는 여성 공무원들이 직장에서 바지를 입을 수 있도록 해달라고 시위를 벌였다. 그 결과 여성 공무원들은 터키 정부의 국가 공무원법 개정으로 양장, 바지, 스커트, 격에 맞는 신발이나 부츠 등을 입거나 신을 수 있게 되었다. 그러나 어떤 형태이든 여성 공무원들은 두건을 쓸 수 없으며, 소매 없는 블라우스, 과도하게 노출된 셔츠, 꽉 조이는 바지, 청바지 등은 직장에서 입을 수 없다. 이렇게 정부가 여성 공무원들에 대하여 바지를 입고 근무할 수 있도록 허용하자, 이번에는 교육계에서 여학생들에게도 바지를 입을 수 있도록 허용해야 한다는 주장이 제기되었다. 여학생들의 건강을 위하여 최소한 겨울철에는 바지를 입도록 허용해야 한다는 여론이 일고 있는데, 어떤 결과가 나올지 주목된다.

터키 여성의 지위는 도시와 농촌 간에 큰 격차를 보이고 있다. 도시의 여성들은 남성들과 동등한 권리와 지위를 누리는 것으로 보인다. 서구화된 능력 있는 여성들은 남자 몇 사람의 몫을 해내고 있다. 정부 부처에서 일하는 여성들이 우리보다는 훨씬 많아 보인다. 과장이나 국장 자리에서 결재하고 있는 여성은 참 당당해 보인다. 일반적으로 도시의 여성은 사회로부터 대접을 받는 편이다. 우리 식으로 표현할 때 기피 직종은 전부 남자의 몫이다. 여성은 서비스 성격의 일을 하지 않는다. 공공 건물에서 차를 끓이고 배달하는 사람은 전부 남자. 식당의 종업원은 전부 남자다. 시외 버스의 안내원은 전부 남자다. 일부 청소 일을 제외하고는 여성은 사무적인 일에 종사한다. 은행을 가보면 여성 직원이 남자 직원보다 많은 경우가 대부분이다.

1993년 6월 터키 정치사상 처음으로 여성 총리가 탄생한 것은 여성의 지위 지평이 어디까지 갈 수 있는지를 보여주었다. 1993년 4월 외잘 대통령의 사망으로 실시된 의회의 대통령 선거에서 총리이자 정도당의 쉴레이만 데미렐 총재가 대통령으로 당선됨에 따라, 정도당이 탄수 칠레르를 당총재로 선출함으로써 터키 최초의 여성 총리가 등장하게 되었다. 칠레르는 미모와 학식을 겸비한 여성으로 강인한 모습을 보여줌으로써 일반 여성들의 흠모의 대상이 되기도 하였다.

터키에서는 여성의 사회적 지위가 도시와 농촌에서 크게 다르게 나타나고 있다. 도시의 여성은 행동이 자유롭고 생활도 독립적인 서구적인 형태의 생활을 해나가는 반면, 작은 도시나 농촌의 여성은 모든 행동거지가 남성과 사회의 테두리 안에서 통제받는 생활을 하고 있다. 여성의 사회적인 지위는 그 사회의 문화 정치 경제 상황과 밀접한 관계를 갖는다고 한다. 터키 전통 사회는 농업과 목축에 의존하였기 때문에 모든 가족 구성원은 농경지에서 생산 활동에 참가하여야 했다. 여성도 예외일 수 없었고 남녀노소 할것없이 가족을 위한 경제 활동에 참가해야 한다.

가족의 식탁을 준비해야 하고 농촌의 생산 활동에도 종사해야 하는 전통 사회 여성의 하루는 고달프다. 아침 동이 트기 전에 일어나 식탁을 준비하고, 양이나 소젖을 짜며, 땔감 거두고 마구간 챙기는 일 등을 하면 어느덧 저녁이 된다. 농촌에서는 남녀가 해야 할 일들이 구분되어 있지 않다. 농촌에서는 남자 선호 사상이 지배적이라 남자아이를 낳지 못한 며느리는 구박의 눈길을 벗어나기가 어렵다. 농촌 가정은 가장의 권위가 절대적이며, 가족 구성원은 가장의 권위를 존중한다. 터키 속담 중에는 "여자가 아는 게 많으면 집안이 망한다"는 말이 있는 데서 알 수 있듯이, 여성에게 공부할 기회를 주지 않는 것은 당연한 일로 받아들여졌다. 터키 여성의 문자 해독률이 얼마인지에 대해 정부가 계속 관심을 갖는 것은 이 때문이기도 하다.

터키도 우리와 같이 남성 우월주의가 보편화되어 있는 사회이다. 과거에 터키 여성들은 주로 가정에 제한된 생활을 영위하였다. 도시 여성이 가정의 울타리를 넘어 사회로 진출하는 것은 거의 불가능하였다. 남녀가 해야 할 일이 구분되어 있다는 의미이다. 이에 반해 농촌의 여성들은 남녀 구분 없이 농업 생산 활동에 종사하였다. 도시 여성들은 교육의 기회를 통해 서서히 사회에 참여하기 시작하였으나, 농촌 여성들의 상황은 크게 변한 것 같지 않다.

터키 여성의 사회적 지위 향상에 기여한 인물은 국부 무스타파 케말이다. 그는 스위스 민법을 모방하여 1926년 2월 법령 제743호 터키 민법으로 근대적인 의미에서 터키 여성에게 남성과의 평등권을 보장하였고, 1934년에는 여성의 참정권을 부여하였다. 도시 여성의 사회 진출은 공화국 초기부터 시작되어 과거와 같은 여성들에 대한 활동 제한은 없어지게 되었다. 터키 농촌도 변화하고 있다. 터키 농촌의 변화와 함께 여성의 생활 양상과 지위도 변하고 있다.

터키의 전통 사회 모습을 이해할 수 있는 커피 하우스를 묘사해보고자 한다. 터키의 중소 도시나 농촌에는 커피 하우스가 많다. 커피 하우스는 남자들만이 가는 곳으로 여론 형성의 중요한 장場으로 여기 모인 남자들은 정치 경제 문화 체육 등 다양한 소재를 가지고 토론하며 의견을 나눈다. 커피 하우스를 찾는 사람들이 아주 전형적인 터키인이라고 말할 수 있다. 그들을 오스만 시민이라고 부른다. 오스만 시민은 일반적으로 줄담배를 즐기며 남성 권위적인 사람으로 가정에서는 절대적인 권한을 가진다. 커피 하우스의 오스만 시민들은 서로 셀라무알레이쿰(신의 평화가 있기를), 알레이쿰셀람(당신에게도)이라고 아랍어로 인사를 나눈 후, 터키의 EU 가입 문제를 이야기한다. 그리고나서 양곱창과 치즈를 어떻게 하면 맛있게 먹을 수 있는지 이야기를 나눈다.

커피 하우스는 금녀禁女 지역이다. 커피 하우스에 여자가 못 가도록 하는 법령이나 규정은 그 어느 데도 없다. 그러나 남성만의 구역으로 여성이 가지 못하는 것이 현실이다. 커피 하우스에는 여성이 없다. 커피 하우스의 오스만 시민이 여성을 받아들일 때 터키 사회의 남성 우월주의도 크게 변할 것이다.

콜레즈에서 대학까지

아침 7시가 조금 넘은 시각, 시내 주택가 골목에는 '오쿨 타스트'라 쓴 학생 수송 차량인 미니 버스가 골목을 돌아다니며 학생들을 태우고 있다. 집 앞마다 미니 버스가 올 시간이면 학생들이 나와 기다리고 있다. 학교가 멀리 있는 경우도 있지만, 걸어서 갈 수 있는데도 도시의 학생들은 학생 수송 버스를 이용한다. 도시의 이야기지만 터키의 학생들은 학교는 전세 버스를 이용해 다니는 것으로 알고 있다. 우리 같으면 대중 버스나 전철을 이용하여 학교에 가는데 터키 학생들은 그들이 예약한 버스를 타고 학교에 간다. 학교 공부가 끝나고 집에 돌아올 때도 마찬가지다. 학교 앞 등하교 시간에는 늘 미니 버스로 붐빈다.

학생 수송 버스는 외관이나 번호판으로 쉽게 구분된다. 버스 뒤편에는 '오쿨 타스트'라고 크게 써놓았고, 앙카라의 경우 번호판의 한가운데 'C' 표시를 함으로써, 다른 일반 버스와 구분하고 있다. 학생 수송 버스는 학생 수송 외에 다른 것을 할 수 없도록 하였다. 미니 버스 회사는 개학 시기가 되면 학교측과 계약을 하기 위해 치열한 경쟁을 벌인다. 지난 학기에는 지방의 어느 도시에서 한 미니 버스 기사가 자기 손님을 빼앗아갔다며 다른 미니 버스 기사와 다투다 살해하는 사건까지 벌어졌다.

대학생을 제외한 도시의 학생들은 기사가 태워주는 차를 타고 학교에 갔다가 끝나면 다시 그 버스를 타고 집에 돌아오게 된다. 모두 다 귀족 같은 느낌이다. 캠퍼스가 도심에서 멀리 떨어져 있는 대학생들은 대학에서 운영하는 버스를 정해진 시간과 장소에서 이용한다. 그러므로 아침 시간에 일반 대중 버스에서는 학생들이 잘 보이지 않는다.

내가 살고 있는 앙카라의 찬카야 구역에 있는 한 초등학교는 아침이면 등교시키는 미니 버스 대열로 붐비고, 12시가 조금 넘은 시간에는 오전반이 끝나고 하교시키는 버스로 붐비다가, 다시 4시쯤이면 오후반 하교시키는 버스로 시끌벅적하다. 어느 학교든지 학교 앞 등하교 시간에는 미니 버스와 버스에서 오르내리는 학생들로 북새통을 이룬다. 학생 수에 비해 학교가 많이 부족한 상태이기 때문이다. 학교수가 매년 늘어나고 있긴 하지만, 이슬람 사원의 증가 수에 비해 학교의 증가 수는 훨씬 뒤지고 있다. 지방 유지들이 지역 공동체를 위해 사원을 건립하여 이를 기증하는 일은 허다하여 이슬람 사원인 모스크는 늘 늘어나고 있다. 에브렌 이나 데미렐 전 대통령은 사원 대신 학교를 건립하는 것도 덕(德)이 되는 일이므로 돈이 있는 사람들이 앞장서서 학교를 지어달라고 호소하기도 하였다.

터키는 1998년 3월 교육법 개정으로 의무 교육이 5년에서 8년으로 늘어났다. 우리 학제로는 초등학교가 6년제이지만, 터키는 5년제였다. 의무 교육 기간 연장으로 터키의 기본 학제는 의무 교육 기간 8년, 중등 교육 기간(우리의 고등학교 과정) 3년, 고등 교육 기간(우리의 대학 과정) 4년으로 15년이 되었다. 우리보다 1년이 짧은 셈이다. 의무 교육 기간을 연장하게 된 배경은 늘어나고 있는 이맘 하팁이라는 종교 학교에서 교육받고 있는 학생들을 흡수하여 소위 세속화된 교육을 받도록 하자는 데 있는 것으로 보인다. 이맘 하팁 학교란 이슬람계 종교 학교로 초등학교를 졸업한 11~14세의 학생들을 대상으로 이슬람 교육을 하고 있다. 이슬람 학교의 증가는 세속주의를 견지하는 정부에 부담이 된다. 이슬람 이맘 하팁 고등학교는 의무 교육 8년제 시행 이후 대폭 줄었다.

터키에 있는 대부분 학교는 공립이지만, 사립 학교도 꽤 많은 편이다. 사립 학교는 콜레즈라고 하며 초등학교 과정부터 고교 과정까지 있는데 학비가 비싸다. 콜레즈는 영어로 수업을 한다. 터키의 부유층들은 자녀들을 공립 학교에 보내기보다는 영어로 수업을 하는 비싼 콜레즈에 보내고 있다. 학비가 무척 비싼 편인데 고등학교 과정의 경우 연간 수업료가 4,500~5,000불 수준이다. 콜레즈는 각 학교 나름대로 사회적인 클럽을 형성하고 있다. 터키의 젊은층 가운데에는 영어를 모국어처럼 구사하는 사람들이 많은데, 이들 대부분이 콜레즈에 다니며 어렸을 때부터 영어를 생활화하며 배웠기 때문이다. 콜레즈 출신들은 자기네들끼리 말할 때에도 영어를 자연스럽게 사용하고 있다. 영어를 구사할 때 보면 터키인인지 미국인인지 간혹 혼돈이 생길 경우도 있다. 그들은 터키 사회에서 그들만의 독특한 문화를 형성해나가고 있다.

앙카라에서 20여km 떨어진 외곽에 있는 아이칸 콜레즈의 졸업식에 참석한 적이 있다. 고등학교 과정 졸업자들로 곧 대학에 진학할 학생들이었다. 이 콜레즈는 초등학교 과정부터 고등학교 3학년까지의 과정을 교육하는 학교였다. 도심에서 뚝 떨어져 인가도 없는 한적한 곳에 자리하고 있는데, 학생들은 학교에서 운행하는 버스로 통학을 한다. 졸업자는 약 20여 명으로 대부분 이 콜레즈에서 초등학교 때부터 다니던 학생들이었다. 졸업식 축사에서 교장 선생님은 우리는 아타튀르크주의 교육을 해왔으며, 아타튀르크를 따르는 젊은이를 배출하게 된 것을 영광으로 생각한다는 말도 잊지 않았다.

한 학교 관계자는 이번 졸업식이 미국 명문 학교의 졸업식을 그대로 따른 것이라며 자랑스럽게 설명해주었다.

대학에 진학하기 위해서는 우리의 수능 시험과 같은 학생 선발 시험을 거쳐야 한다. 대학 지원자는 원하는 대학 및 학과를 열 개까지 신청할 수 있다. 자기가 원하는 과 아니면 안 되겠다고 하는 사람은 지원 학과를 한 개만 써도 된다. 대학 및 학과 배정은 전산 처리되어 결정된다. 학생 선발 시험은 6월에 있고 7월 말경 결과를 발표한다. 일반적으로 고등학교를 졸업하여 대학에 진학하기를 희망하는 사람 열 명 중에 대학에 진학할 수 있는 사람은 세 명 정도 밖에 안 되는 것으로 나타나고 있다.

터키 내에는 현재 국립 53개, 사립 23개 등 총 76개의 대학이 운영되고 있다. 그러나 대학의 수용 능력은 제한되어 있어 우리와 같은 재수생이 매년 양산되고 있다. 도시마다 데르스하네, 즉 학원이 성업 중이다. 학원에서 쏟아져 나오는 학생들을 보면 정규 학교 학생보다도 많아 보인다. 학원들은 학원 벽에 주요 대학의 주요 학과에 합격한 그 학원 출신 학생들의 이름을 크게 선전하고 있다. 학원의 모습도 우리와 다를 바 없다. 경제적으로 여유가 있는 학생들은 학원 수업이 끝난 후, 별도로 과목별 개인 지도를 받기도 한다.

터키의 대학은 대부분 국립이지만, 최근에는 사립 대학도 늘어나고 있는 추세에 있다. 국립 대학은 수업료가 저렴하나 사립 대학은 학비가 비싼 편이다. 앙카라에 있는 사립 대학인 빌켄트 대학의 수업료는 1년에 6,000불 정도 된다고 한다. 부유 계층이 아니면 이 정도의 수업료는 큰 부담이 가는 수준이다.

약 20년 전만 해도 터키의 중앙 부처 공무원은 대부분 앙카라 정치 대학 출신이었다. 이 대학은 프랑스 과학 행정 학교를 모델로 하여 국가 공무원을 배출하기 위해 오스만 제국 말기에 세워진 공무원 양성 학교였다. 앙카라 정치 대학 출신이 아니면 고급 공무원이 될 수 없는 것이 사회 분위기였다. 그러나 이제 이 같은 답습이 깨지고 있다. 다른 대학 출신들도 중앙 부처 공무원으로 진출하기 시작하였다. 이런 경향은 터키 외무부도 예외가 아니다. 터키 외무부는 전통적으로 앙카라 정치 대학 출신이 많았는데, 최근에 입부하는 젊은 공무원들의 출신 대학은 다양한 편이다.

터키의 대학은 대학별로 특성화되어 있다. 대학과 학과에 따라 지원자의 수능 점수가 대충 서열화되어 있기는 하나, 각 대학은 대학의 특성을 부각하기 위해 노력하고 있다. 예를 들어 문과 대학은 이스탄불 대학, 사범 계통은 가지 대학, 의과 계통은 하제테페 대학, 상과 계통은 보아지치 대학, 공과 계통은 중동공과 대학 등이 정통하다고 말할 수 있다.

터키의 진짜 국민소득

아시아와 유럽에 걸쳐 한반도 면적의 3.5배나 되는 광활한 나라, 640여 년 동안 계속된 오스만 제국의 영화를 누렸던 무수한 유적과 유물의 나라, 국부國父 아타튀르크가 1923년에 공화정을 선포하여 근대 국가로 탄생한 나라, 한국 전쟁 시 터키군을 파병하여 터키군의 용맹성으로 신화를 남긴 나라, 공화국 수립 이후 1980년까지 세 차례 군부가 정치에 개입하고 여전히 군부가 간접적인 영향력을 행사하고 있는 나라, 중앙아시아에 터키어를 사용하는 형제 국가 소위 터키어계 공화국을 갖고 있는 나라, 지진이 많아 수차례 수만 명의 인명 피해가 있었던 나라, 이것이 대강의 터키 이력서다.

터키를 찾는 사람은 대략 이 정도는 알고 터키가 괜찮은 나라라고 인정하다가, 국민소득을 알게 되면 '아직 멀었군' 하면서 그때부터 터키를 무시하려는 경향을 보이는 경우가 있다. 우리 나라 사람들의 경우 터키와 멀리 떨어져 있기 때문에 터키를 엉뚱하게 이해하고 있는 경우도 있다. 얼마 전의 일이었다. 서울에서 어떤 30대 후반의 남자와 대화를 나누던 중 터키 이야기가 나오자, 터키가 캔터키에 있느냐는 질문을 해서 어이가 없었던 일이 있었다. 캔터키 치킨은 많이 들어본 것이고 캔터키에서 캔만 빼면 터키가 되니 비슷한 사촌 동네일 것이라는 생각을 한 것일까? 또 한번 혼자 눈물이 날 정도로 웃었던 적이 있다. 2000년 7월 모 인터넷 일간지는 여름 휴가철 관광지로 터키를 소개하면서 터키는 무스타파, 케말, 아타튀르크 세 부족 국가가 연합해 생긴 나라라고 했다. 고구려, 백제, 신라 3국이 통일한 것과 같이 착각한 것일까?

본론으로 들어가보자. 2005년도에 터키의 1인당 국민소득은 5,008불이다. 수치로만 보자면 우리 나라 1990년 국민소득이 5,659불이므로 대충 1990년 수준과 비교해볼 때 15년 정도 뒤진 셈이다. 우리 나라는 그 이후 급속히 발전하여 국민소득이 1만 불을 넘어 2만 불에 육박하고 있고 2010년에 3만 불을 목표로 하고 있다는 이야기도 들린다. 그러니 국민소득 5,000불 정도의 나라가 한국 사람의 눈에 괜찮게 보일 리가 없다. 하지만 한국 전쟁 이후 터키의 국민소득은 우리를 언제나 앞질렀었다. 1970년에 터키가 523불, 한국이 252불이었는데 1980년에 두 나라의 국민소득이 같은 수준에 이르렀다. 그 해에 우리 나라가 1,592불, 터키가 1,556불을 기록하였는데, 이때부터 우리 나라는 터키의 국민소득 수준을 앞지르기 시작하였다. 터키 경제는 불안

한 국내 정세로 20여 년 간 크게 발전하지 못했다. 그렇다면 터키 경제는 어떻게 꾸려져 나가고 있는 것일까?

터키 경제는 수치로 기록되는 경제 이외에도 보통 지하 경제라 부르는 '미등록 경제'가 존재하기 때문에 여러 가지 난관에도 불구하고 경제가 꾸려져나가고 있다. 미등록 경제는 터키의 높은 인플레, 실업률, 비효율적인 납세 행정 등 터키의 구조적인 문제로 생긴 것인데, 세원으로 확보되지 않는 지하 경제 규모가 국민총생산액의 30~50%로 추정되고 있다. 터키의 미등록 경제 규모는 미국, 스위스, 일본 등 선진국의 8~9%보다는 상당히 높은 편이고, 결코 바람직한 현상은 아니지만 터키 경제를 지탱해나가고 있는 하나의 축임은 부정할 수 없는 현실이다.

터키 사람들도 우리처럼 배고픔을 경험했다면 터키의 모습은 지금과는 전혀 다를지 모른다. 그들은 정말 천혜天惠의 땅에서 살고 있다. 삼 면이 바다로 에워싸인 넓은 국토에 사계절에 걸쳐 곡식, 야채, 과일 등이 나오니 배고픔이 무엇인지 모른다. 게다가 기후는 어떤가? 봄, 여름, 가을, 겨울 사 계절을 갖고 인간이 살기에 가장 좋은 기후를 갖고 있으니 터키인들이야말로 축복받은 국민들이다. 그들에게 우리가 허리를 졸라매며 밤낮없이, 그것도 휴가를 반납해가며 일하여 경제 성장을 이루었다고 흥분하여 말해보아야 별다른 감동을 주지 못한다. 그들은 그럴 필요를 느껴보지 못하고 살기 때문이다. 그래서 그런지 터키인들에게는 우리의 한恨 같은 감정이 보이지 않는다.

터키는 중산층이 약하고 빈부 격차가 심한 면도 있지만 일반적으로 그들이 갖고 있는 삶에 대한 인식이나 생활의 질, 행복 지수는 우리보다 훨씬 높아 보인다. 늘 바쁘게 일 중심으로만 살아온 한국 사람에게는 바쁘게 생각하고 행동하지 않는 터키인들이 때로 이상하게 보일지 모르지만, 그것은 터키인들이 살아가는 철학이 우리와는 사뭇 다르기 때문이다. 종교적인 영향일 수도 있고, 신으로부터 받은 혜택일 수도 있고, 역사적으로 남으로부터 지배받지 않고 통치만 하고 살아온 대국 국민의 자존심일 수도 있다. 내부에 감춰진 생활 양식이나 의식은 국민소득 수치에 나타나지 않는다.

엄청난 인플레와 화폐 개혁

터키는 2005년 1월 1일부터 화폐 개혁을 단행하고 통화 단위를 100만 분의 1로 변경했다. 이에 따라 100만 터키리라는 1터키리라로 바뀌었다. 새로운 화폐의 기본 단위는 예니터키리라이다. 원래의 화폐 단위인 터키리라 앞에 '새로운'이라는 뜻의 예니를 첨가했으나, 국민들이 화폐 단위를 그저 리라라고 부르고 있어 별다른 의미는 없다. 구화폐는 2005년 말까지 신화폐와 병행 사용되었다. 보조 단위로 쿠루쉬가 사용되는데, 1예니터키리라는 100쿠루쉬가 된다. 터키의 통화 단위가 엄청나게 커졌던 이유는 1970년대 이후 두 자릿수 이상으로 지속되어온 만성적인 인플레 때문이었다. 화폐 개혁으로 터키 통화의 신뢰가 회복되었고 국민들의 심리적인 인플레도 진정되었다.

화폐 개혁 이전에 터키를 처음 방문하였던 사람들은 먼저 엄청난 환율에 기겁을 했다. 터키리라화의 대미화 환율이 보통 백만 리라를 훨씬 넘고 있었기 때문이다. 사실 대미화 환율이 3만, 5만 정도라 해도 놀랄 텐데 백만 단위를 넘다니, 이해가 쉽지 않은 일이다. 우리 나라에서는 돈 있는 부자를 백만

장자라고 하던 때도 있지 않았던가? 좀 괜찮은 식당에서 서너 사람이 식사를 하면 계산서가 1억 리라가 넘게 나온다. 그 수가 2억, 3억 정도 되면 우리의 아파트 값이 떠오른다. 돈을 물 쓰듯이 써볼 수 있는 기회였다.

단위가 커지면 계산기에 입력할 자리가 없다. 일반 상점에서는 가격을 아예 '0' 세 개를 빼고 적어놓았다. 15만 리라라면 '150,' 이런 식이다. 만 리라 미만의 계산은 해도 되고 안 해도 된다. 택시 요금을 계산할 때 천 리라 또는 만 리라 미만의 잔돈을 받겠다고 기다리는 건 시간 낭비이다. 그런 숫자는 거액의 단위 앞에서 왜소해지기 때문이다. 환전을 하고 싶어도 환율이 맞는 건지 의심이 가는 바람에 환전을 주저하는 사람도 많았다.

이 나라가 정말 이래도 되는 거야, 나라가 온전한가, 터키 사람들은 어떻게 살지, 택시를 타게 되면 도대체 얼마를 내야 하지… 환전소 앞에서 전광판에 비친 환율을 보며 순식간에 머리에 스치는 질문들이었다.

터키 환율의 역사는 한참 뒤로 거슬러 올라가며, 환율 상승은 인플레 상승과도 관계가 있다. 터키에서 인플레 문제가 국민들의 경제 생활에서 심각하게 대두되기 시작한 때는 1970년대 말이었다. 1980년 이후 소비자 물가 상승률, 즉 인플레율이 세 자릿수를 기록한 적이 두 번 있었다. 1980년에 115.6%, 1994년에 125.5%를 기록하였다. 1970년대 말부터 상승세를 보인 인플레는 오르락내리락하면서 20여 년 간 연평균 50%대를 넘고 있다.

정부는 매년 인플레를 잡겠다고 국민에게 장담하지만, 뚜렷한 결과는 얻지 못하였다. 인플레가 만성적으로 되어버린 것이다. 이렇게 인플레가 만성적으로 된 데는 여러 가지 이유가 있으나, 가장 큰 요인은 재정 적자를 보전하기 위한 통화 팽창에 있는 것으로 분석되고 있다. 정부가 부족한 재정을 메꾸기 위하여 화폐를 많이 발행해낸다는 것이다. 터키 리라화의 대미화 환율도 만성적으로 돌아가는 인플레와 맞물려 상승세를 유지하였다. 만성적인 인플레를 억제하기 위해 고정 환율제, 변동 환율제 등을 시행해봤으나 이것도 별다른 효과를 거두지 못했다. 결국 인플레를 잡기 위한 터키 정부의 구체적인 노력이 2002년 말부터 다시 시작되어, 그 결과 2004년 말 인플레가 수십 년 만에 한 자릿수를 기록하는 성과를 기록하였다.

1927년의 1리라는 1.92불과 맞먹었다. 그 해 가장 큰 단위 지폐는 1,000(천) 리라짜리였다. 고액 화폐 1,000리라짜리는 1986년까지 통용되었다. 인플레에 견디지 못한 고액 화폐는 1995년에 1,000,000(백만) 리라짜리로 바뀌더니 1997년에 5,000,000(오백만) 리라짜리가, 1999년에 10,000,000(천만) 리라짜리에 이르렀고, 2001년에는 20,000,000(이천만) 리라짜리 지폐가 발행되었다. 이는 1980년대 말부터는 인플레가 급속도로 상승했음을 말해준다. 동전은 1982년에 1리라짜리가 발행되었고, 그 이후 해를 거듭하여 5, 10, 20, 25, 50, 100, 500, 1000, 2500, 5000, 10000 리라짜리 동전이 주조 통행되었으나, 이들 동전은 모두 현재 사용되지 않는다. 새롭게 유통되고 있는 동전은 1, 5, 10, 25, 50 쿠루쉬 및 1예니터키리라이다.

터키는 2001년 2월 금융 위기를 맞았다. 터키의 금융 위기는 그간에도 몇 차례 있었으나 2001년도가 가장 심각했다. 터키는 국제통화기금IMF의 긴급 구제 금융으로 긴급한 상황을 모면하였다. 터키 정부는 2001년 5월 IMF측이 승인한 터키 정부의 신 경제 운영 계획을 시행하면서 부실 은행의 통폐합, 경제 개혁 조치를 위한 각종 법령의 제 · 개정, 국영 기업의 민영화 가속화 등 인플레를 억제하고 경제를 회생시키기 위한 조치를 단행하였다.

그렇다면 터키의 경제가 중증重症에서 언제 벗어나게 되는가? 터키 경제의 어려움은 구조적인 데에 있다. 이를 설명하는 데는 상당한 지면이 필요하기 때문에 생략하는 대신 터키 경제의 문제점과 해결 방안을 가장 단순화하여 생각해보자. 터키 경제에 가장 걸림돌이 되는 것은 위에서 언급한 재정 적자인데, 이 재정 적자는 정부의 세출은 매년 큰 폭으로 확대되는 반면, 세입이 이를 따라가지 못하고 있기 때문에 발생하고 있다. 이를 해결하기 위해서 정부의 과감한 재정 분야 개혁이 진행되고 있다. 재정 분야의 개혁은 정치권은 물론 사회 전반의 이해와 의지가 요구되고 있다. 터키 정부나 국민들도 경제 문제의 심각성을 어느 때보다도 잘 인식하고 있고, 정부의 의지도 어느 때보다 강한 것으로 인식되고 있다. 터키 경제가 악화되는 것을 미국이나 유럽 국가들도 바라지 않고 있다. 터키의 경제 상황이 이들 국가의 정치, 경제적 이익과도 바로 직결되기 때문이다. 경제가 회복되는 데는 시간이 걸리겠지만 선진국들은 터키의 경제력 및 성장 잠재력에 주목하고 있다.

터키는 일인당 국민소득이 5,000불대에 있는 나라이다. 그런데 거리에 나가보면 세계에서 내로라하는 고급 승용차들이 넘쳐나고 있다. 대형 백화점에 가면 고급 수입품들이 얼마든지 있다. 자동차, 전자 등의 분야에서는 여러 나라와의 합작 투자 생산이 이루어지고 있다. 외관상 가난해 보이지 않는 나라이다. 넓은 국토에서 곡류, 야채류, 과일류가 충분히 재배 수확되고 있으므로 먹는 데 궁핍하지도 않은 나라이다. 2001년 경제 위기 와중에도 어느 외국인 업체는 자동차, 전자 분야에서 터키 업체와 합작 생산을 하기로 결정하였다. 이는 터키가 구매력이 있음을 뒷받침하고 있는 것이다.

터키에는 우리 나라의 업체들도 합작 투자로 사업을 하고 있다. 현대자동차가 자동차 합작 공장을, LG전자가 에어컨 합작 공장을, 삼성전자가 컬러 TV를 생산하고 있다. 현대자동차가 현지 생산하는 액센트 승용차는 한국산 제품 중에서도 홍보가 가장 잘 이루어졌다. 터키 내에는 우리 나라 외에도 여러 산업 분야에서 외국인 합작 투자가 많은데, 이는 터키의 구매력이 실제 수치로 나타난 것보다 많다는 것을 반증하는 것이다. 실물 경제 못지않게 소위 지하 경제 규모도 크기 때문이다. 터키의 구매력에 이의를 다는 사람은 없는 것으로 보인다.

터키의 어려운 경제 여건에도 불구하고 미국, 영국 등 선진국은 오래 전에 터키를 떠오르는 10대 시장의 하나로 선정한 바 있고 우리 나라도 시장성, 경제 협력 가능성 등을 고려해 터키를 20대 신흥 수출 유망 시장의 하나로 보고 있다. 터키의 표면적인 경제 지표는 부정적인 요인이 있기는 하나, 민간 부문에서는 국민총생산액의 절반에 달하는 지하 경제가 터키 경제를 이끌어가고 있고, 서구적인 시장 경제를 운용하고 있기 때문에 장기적으로 큰 문제가 없다고 평가하고 있다. 터키가 북쪽으로는 러시아 및 중앙아시아와, 동남쪽으로는 중동 국가와, 서쪽으로는 발칸 국가와 인접해 있어 유럽, 아시아 및 중동을 잇는 징검다리 역할을 하는 전략적인 위치를 차지하는 것도 터키 시장을 긍정적으로 보게 하는 요인이기도 하다.

터키 기업인의 성공 시대

'부라쓰 튀르키예', 이 말은 '여기는 터키' 라는 뜻이다. 터키인들이 흔히 하는 말이다. 한마디로 터키에서는 모든 것이 다 가능할 수도 있다는 말을 함축하는 것이다. 어떤 일이 불확실한 상황에 있을 때 '부라쓰 튀르키예' 한다면, 그 일이 될 수도 있다는 말이다. 또 어떤 일의 원인을 찾을 때 '부라쓰 튀르키예' 한다면, 그 일이 그렇게 되기가 어려운데 터키이니까 가능했다는 말이다. 이와는 다른 상황의 '부라쓰 튀르키예'도 있다. 미국의 〈월스트리트 저널〉 기자가 이스탄불의 술탄 아흐메드 사원을 그룹에 끼여 관람하면서 만난 이맘에 관한 이야기인데, 점잖은 콧수염을 기른 그 이맘은 색깔 있는 넥타이에 정장까지 한 사람인데 미국에서조차 이런 현대적인 이맘을 보지 못했다고 하면서 기사를 이렇게 마무리지었다. "일행 중에 독일 여자가 이맘을 향해 우리와 같이 사진 좀 찍을 수 있느냐고 묻자, 이맘이 웃으면서 대답했다. '물론이지요, 부라쓰 튀르키예.'"

그러나 터키의 기업사에서 신화를 이룬 사람들의 성공 이야기에는 앞의 두 가지 경우에 해당하는 부라쓰 튀르키예라는 말은 찾아볼 수 없다. 그들에게 부라쓰 튀르키예라는 말은 다분히 터키 사회를 풍자하는 말에 불과할지도 모른다.

터키인들에게도 우리의 현대와 삼성 그룹의 회장 같은 사람들이 있다. 터키의 사반즈 그룹의 사큽 사반즈 회장을 현대의 정주영 회장에 비유할 수 있다면, 코취 그룹의 베흐비 코취는 삼성의 이병철 회장에 비유할 수 있다. 이들 네 사람의 성장 배경과 기업 경영 방식 등이 비슷한 점이 많기 때문이다. 사반즈와 코취 회장은 터키에서 성공한 기업인으로 터키 사람들로부터 존경을 받고 있는 사람이며, 젊은이들에게는 보기 드물게 꿈과 희망을 제시한 덕망 있는 기업인이다. 많은 기업인과 경영인들이 제2의 사반즈와 코취가 되기 위해 터키인의 성공 시대를 달리고 있다.

오스만 제국 때에는 아르메니아인 유대인 그리스인 등 소수 민족들이 상업에 종사하였다. 우리와 같이 엄격한 사농공상士農工商 체제가 있었던 것은 아니지만, 터키의 역사에서도 이와 같은 의식은 존재하였다. 관리가 제일 대접을 받았고 그 다음이 농부이며, 그 다음이 쟁이들이고 그 다음이 장사꾼이었다. 원래 터키인들은 관리직에 종사하고 상업은 주로 이민족들에게 맡겨졌다. 터키에서 요즘 우리가 말하는 기업인이 생기게 된 것은 1950년대부터 시작되었다. 터키에서 복수 정당 정치 시대를 연 민주당 집권 시 민간 기업의 활동이 적극 장려되고 실제로 정부의 지원을 받아 많은 기업인들이 탄생되었다. 그 전까지만 해도 터키 사회의 경제적인 중추는 농민이었으나, 자본을 동원한 민간 기업인의 등장으로 터키 경제는 서서히 상공업 국가로 진입하기 위한 발돋음을 시작하였다.

터키 사회는 일세대 기업인이 서서히 저물어가고 있는 시점에 있다. 사반즈나 코취 회장은 소상인에서 대기업을 일구어낸, 터키 기업사에서 신화적인 인물들이다. 코취 회장은 몇 년 전 사망하여 2세가 경영을 시작하였다. 양대 회장의 성공 비결은 아주 대조적이다. 사반즈 회장은 성공 비결을 묻는 사람들에게 비결을 설명하기보다는 "다른 사람, 특히 정치인을 믿지 말라, 사업에는 정치가 끼면 안 되고, 정치에는 인정이 끼면 안 된다"고 말하곤 한다. 고故 코취 회장은 유언으로 "내 국가가 있어야 내가 있고 내 국가가 없다면 나도 없다"라는 말을 남겼다. 성공 비결로는 새로운 사업에 투자하려면 그 분야에 대해 철저히 알아야 하고 그 일을 잘 아는 사람을 등용하는 것이라고 하였는데, 그러나 한 번 회사를 떠난 사람은 절대 다시 받아들이지 말라고 충고하였다.

과거 이슬람의 가치가 지배하는 사회에서 성공은 의미가 별로 없다. 알라가 준 환경과 여건 속에서 편히 살면 그것이 행복이다. 인간의 성공이란 알라 앞에서 한갓 허상에 불과하다. 오스만 제국의 영토 확장 시대에는 군의 가치가 중요하였고, 이슬람을 받아들인 후에는 이슬람적 생활 방식으로 사는 것이 가치 있는 일이었다. 일 시작 전에 인샬라, 시작할 때는 비스밀라, 중도에 포기할 때는 에이발라, 일이 성공하면 마샬랴, 실패하면 하이 알라 하면 된다는 식으로 실패와 성공은 모두 알라에 기초하였다. 그러나 현대의 터키 사회는 경쟁의 원리가 지배하고 있다. 자유 시장 경제와 경쟁의 원리가 도입된 지도 오래되었다. 터키 기업가들은 이슬람식 정신에 서구적인 경쟁 요소를 혼합하여 독특한 터키식 경영 스타일을 만들어나가고 있다. 터키는 그 동안 많은 기업 엘리트를 배출하였다. 큰 기업의 최고 경영자들은 우리의 전경련과 같은 모임을 통해 국가 비전에 대한 경영자들의 견해를 내놓기도 한다.

오늘날 터키 최고 경영자들의 산실은 중부 내륙 도시인 카이세리이다. 카이세리는 옛날부터 전통적인 상공업 도시였다. 카이세리에서 상업을 터득한 후 도시로 진출한 기업인이 많다. 또한 일세대라 할 수 있는 최고 경영자는 아르메니아인이나 유대인계 터키인도 다수 있다. 터키 경영자의 일세대는 기업을 가꾸어 세계 규모의 기업으로 성장시켜놓았다. 터키의 기업 형태도 다양해지고 있다. 큰 기업의 대부분은 섬유 분야에 종사하고 있고, 이어 자동차 전자 분야가 주종이다. 터키 기업들은 지리적으로 가까이 있는 유럽의 기업들과 여러 형태로 협력 관계에 있다. 금융, 컴퓨터 등 새로운 분야에서 진출을 시도하는 기업도 늘어나고 있다.

돈을 생각하는 인간적인 욕심에는 터키인도 다를 수 없다. 젊은 남자라면 프로 축구 선수가 되어 한 번에 큰돈을 만져보고 싶을 것이고, 여자라면 유명

모델이 되어 짧은 시간에 큰돈을 벌고 싶을 것이다. 돈을 벌고 싶어하는 사회의 풍조를 반영하듯 민간 TV 방송사들이 큰 상금을 건 퀴즈 프로그램을 다투어 방영하고 있다. 엄청난 금액의 현금, 자동차, 아파트 등이 상품으로 나온다. 운이 있다면 아파트도 얻을 수 있다. 거기다 복권이 다양해 거리마다 복권을 파는 사람이 많다. 연말에 나오는 복권의 상금은 상상할 수 없을 만큼 큰 금액이다. 많은 터키인들도 우리처럼 한 가닥 운수에 희망을 걸고 복권을 사고 있다. 기업도 이런 면에서 마찬가지 아닐까 하는 생각이 든다. 1980년대 이후 터키 기업의 성장 모델로 등장한 것은 기업이 언론과 은행을 소유하는 형태이다. 민간 TV나 신문은 대부분 터키 내 유수 기업이 소유하고 있고 그 기업은 또한 은행을 소유하고 있다. 기업의 입장에서 보면 은행을 통해 자금을 돌리고 언론을 통해 자사를 홍보하게 되므로 아주 편리한 삼각 관계이다.

    터키 사회는 최근 젊은 기업인을 많이 배출해내고 있다. 능력 있는 젊은 기업인들은 앞서 성공한 사람들의 경영 철학을 배우려 한다. 터키 사람들이 성공 일세대 기업인인 사반즈와 코취를 기억하고 있는 이유는 이들이 평범하게 상업을 시작하여 투철한 경영 철학을 바탕으로 큰 기업을 세웠음은 물론, 한편으로는 국가의 경제 발전에 기여하면서 다른 한편으로는 자라나는 다음 세대에 늘 희망을 제시하기 때문이다. 사반즈나 코취는 성공에는 왕도가 없다고 강조한다. 성공하거나 돈을 벌기 위한 처방은 있을 수 없다고 말이다. 이들이야말로 터키 사회를 변화시킨 사람들이다.

출세의 욕망과 달동네 마을 게제콘두

메흐메드 씨는 50대 중반으로 낙후된 지역인 동부 에르진잔에서 출생하여 지금은 앙카라 주변 달동네에서 살고 있다. 그는 부친이 짝지어준 아내와 결혼하여 딸 둘, 아들 하나를 두었다. 시골에서 중학교 과정을 마치고 군복무를 이스탄불 근처에서 하게 되었는데, 군복무 기간에 도시와 도시인들을 접하게 되었다. 그 기간에 그는 뭔지 모르지만 도시에 대한 환상을 갖게 되었다. 군복무를 마치고 고향에 내려가 결혼을 했다. 농사일을 그만두고 도시에 나가 무엇이든 하고 싶었다. 늙으신 부모의 반대를 무릅쓰고 그는 아내를 데리고 무작정 이스탄불로 떠났다. 낯선 도시에서 그들을 반겨줄 데는 아무데도 없었다. 소문으로 듣던 달동네를 찾아갔다. 거기에는 처지가 비슷한 사람이 많아 도움을 얻을 수 있을 것으로 생각했다. 산등성이 달동네에 도착하여 고향 사람이 있는지 수소문하였다. 한두 군데 물어보니 고향 사람은 쉽게 찾을 수 있었다. 사촌 아저씨뻘 되는 쿠드렛 씨 집에서 며칠 머무는 동안 그는 집 한 채를 며칠 밤 사이에 뚝딱 만들어냈다. 내 집이 생겼다. 그는 시내로 나가 자동차 정비공부터 시작하여 허드렛일을 안 해본 것이 없을 정도로 일을 했다. 큰 딸은 가족을 돕겠다며 고등학교 과정만 마쳤으나 둘째 딸은 이스탄불 대학의 경영학과에서 공부하고 있고, 하나 있는 아들은 곧 대학 입시를 목전에 두고 있다. 메흐메드 씨는 자식들의 미래를 머리 속에 그리면서 자신의 고생을 잊곤 한다.

이 이야기는 픽션이 아니다. 도시의 주변에 있는 모든 달동네 사람들의 이야기일 수 있다. 터키의 달동네를 '게제콘두'라고 부른다. 게제는 밤이라는 뜻이고 콘두는 무엇을 지었다라는 뜻으로, 게제콘두는 밤에 지은 집을 말

산등성이에 꽉 차 있는 집들이 게제콘두이다. 게제콘두는 밤에 지은 집을 의미한다.

하는 것이다. 왜 집을 밤에 지을까? 터키는 1950년대 중반부터 농촌인들이 무작정 도시로 이주하는 현상이 일어나기 시작하였다. 산촌 벽촌 농촌에서 무작정 도시로 올라온 사람들이 도시 이주 초기에 국가나 시 소유 토지에 흙 벽돌을 구해 경찰 관헌의 눈을 피하기 위해 밤에 집을 지었다. 일단 흙벽돌을 쌓아 집의 모습이 나타나도록 하는 것이 중요하였다. 아무리 허가 없이 지은 집이라도 사람이 살기 위해 만든 집을 허물기 위해서는 법원의 판결을 기다려야 한다. 이슬람의 정서에 따라 사람이 잘 잠자리를 만드는데 이를 방해하는 것은 인간의 도리가 아니다. 낮에 짓는다면 경찰 관헌이 와서 저지하겠지만 근무 시간이 끝난 밤에 짓는 데는 뭐라 할 도리가 없다.

무작정 도시 이주자가 늘어나면서 조그맣게 시작한 게제콘두는 한 마을을 형성할 정도로 급격하게 늘어났다. 게제콘두 마을과 게제콘두 사람이라는 사회적 개념이 생겨나게 되었다. 대도시로 이주하는 사람들 사이에 "이스탄불의 돌과 흙은 모두 금이다"라는 말이 유행하였다. 무허가 주택이지만, 주택수가 많아지면 시당국은 수도와 전기를 공급해준다. 모두 이슬람의 자비 정서 때문이다. 게제콘두에 오는 사람들은 우선 이곳에 살다가 형편이 되면 시내로 나가려는 생각을 했지만, 게제콘두는 임시 주택이 아닌 영구 주택 상황으로 변화하였다.

달동네는 각 도시 주변에 생겨 가난한 도시의 모습을 보여주고 있다. 터키의 달동네는 많은 문제를 안고 있다. 수도 전기 시설이 충분하지 않은 것 외에도 학교와 의료 시설 등이 턱없이 부족하다. 또한 달동네 사람들의 정신적 문화적 충격도 문제이다. 그들은 전통적 가치관 아래서 살던 사람들이다. 달동네로 이주하면서 접한 새로운 환경은 전과는 판이하게 다르다. 도시 생활에 적응해나가기 위한 각고의 노력이 필요하다. 그들에게는 취업도 문제다. 그들은 사무직이나 전문직을 가질 수 없는 배경을 가지고 있다. 도시에서 그들이 할 수 있는 일은 주로 식당이나 유흥업소의 종업원이다. 종업원으로 바로 취직하는 것만도 행운이다. 두 번째로 얻을 수 있는 직업은 공장의 직공이다. 세 번째는 소품을 거리에서 파는 행상인데, 이들은 취업과 실업의 한계선을 넘나드는 사람들이다.

도시에 진입하지 못한 채 멀리 도시 주변 산등성이에서 사는 달동네 사람들의 한 가지 특징은 미래에 대한 꿈을 가지고 산다는 것이다. 이들은 오늘의 삶보다는 내일의 삶이 나아지기를 기대하고 있고, 자식들이 부모보다 잘되고 사회에서 인정받는 사람이 되기를 기대하면서 사는 사람들이다. 겉으로는 가난해 보이지만 속으로는 꿈이 많아 행복한 사람들이다. 그들의 꿈은 달동네를 벗어나 도시의 소형 아파트로 이사 가는 것이며, 자녀들에게 충분한 교육을 시키는 것이다.

터키의 정치인들에게 게제콘두는 중요한 표밭이다. 정치인들은 한편으로는 이미 세워진 게제콘두를 합법화시켜주면서, 다른 한편으로는 게제콘두가 세워지는 것을 알면서도 이를 묵인하는 경향이 있다. 이 때문에 총선이나 지방 선거전에 게제콘두 건축이 갑자기 늘어난다고 한다. 이스탄불이나 앙카라, 이즈미르 등 대도시에는 시내에 사는 사람보다 주변에 사는 게제콘두 인구가 더 많다고 한다. 대도시에서 보수 이슬람계 정당 출신이 시장으로 선출되는 것도 도심 인구보다 게제콘두 인구가 더 많기 때문이다. 대도시 행정은 한 도시에서 생활 격차가 심하게 드러나는 도시 아파트 시민과 달동네 시민들을 한정된 재원으로 어떻게 만족시켜나가는지에 성공 여부가 달려 있다.

게제콘두의 지붕은 한결같이 빨간색 벽돌 비슷한 것으로 만들어졌다. 조금 높은 곳에서 내려다보면 빨간 지붕만 보인다. 게제콘두 사이사이로 미루나무 같은 것이 서 있어 농촌 풍경 같은 이미지를 풍긴다. 한적한 농촌 같다. 겉에서 볼 때는 벽들도 반듯하지 못하고 삐뚤하여 볼품없어 보이지만, 안에 들어가면 밖과는 전혀 다르다. 방들이 깨끗하게 정돈되어 있고 TV, 냉장고, 세탁기 등 백색 제품은 거의 다 구비되어 있다. 외벽만 번듯하다면 훌륭한 집이 될 수 있을 정도이다. 1989년부터 1993년까지 대통령을 지낸 외잘은 자기가 속한 조국당의 업적을 과시하기 위하여 "게제콘두를 한번 가보라, 없는 것이 없다"고 자랑스레 말하곤 하였다.

터키의 달동네 게제콘두에는 꿈이 있어 보인다. 달동네 소년 소녀들은 내일의 꿈을 갖고 살고 있다. 그들은 그들 부모의 욕망이 있었던 것처럼 미래에 대한 꿈과 기대도 남달리 크다. 터키의 미래가 이들의 성공 여부에 달려 있는지도 모른다. 다음 세대에 게제콘두 사람들이 터키 사회의 중산층을 이루게 될지도 모르며, 학자, 전문 경영인, 국회의원, 장관이 나오게 될지도 모른다. 한밤중 시내 외곽을 차로 달리면서 멀리서 아른거리는 불빛 아래 공부하고 있을 게제콘두의 차세대에 기대를 걸어본다.

토종과 이방인

터키 사회도 급변하고 있다. 그렇기 때문에 과거의 가치가 현대의 가치와 충돌하면서 괴리 현상도 크게 나타나고 있다. 1950년대 어느 미국인 학자가 터키에서 몇 년 간 살면서 터키 사람들에 대해 쓴 책을 보면, 50여 년 전 터키와 지금의 터키 사회가 얼마나 변했는지를 알 수 있다. 이 책은 터키인의 남

전통 의상을 입은 여성.

녀부동석男女不同席 현상을 하렘과 셀람으로 설명하였다. 터키인의 전통 집은 여자들이 들어가는 하렘과 남자들이 들어가는 셀람이라는 별도의 방을 가지고 있으며 철저한 남녀부동석을 지킨다고 했다. 또한 길거리에서 부부라 하더라도 남녀가 같이 걸어갈 수 없을 만큼 남자와 여자를 구별하는 사회적 현상은 골이 깊다고 했다. 1958년 터키 멘데레스 총리의 한국 방문을 준비하기 위해 귀국한 한국의 초대 터키 대사인 정일권 대사는 1958년 4월 27일자 한국일보와의 인터뷰에서 토이기의 풍속에 대한 질문에 이렇게 답했다.

"회회교回回敎 종주국임을 자랑하는 토이기국에서는 아직도 남자 제일주의가 권위를 떨치고 있습니다. 여자는 모두 대단히 예쁜 편인데 만약 모르는 남녀가 거리에서 서로 마주 처다보다간 그 결과는 죽음이란 끔찍한 것이 온답니다."

이제 터키는 엄청나게 많이 변했다. 보수적인 시골에서는 아직도 남녀부

동석을 고집할 수도 있지만 적어도 도시 생활은 50여 년 전과는 확연히 다른 모습을 보이고 있다. 대도시의 여성들은 자신의 아름다움을 마음껏 자랑할 수 있는 시대를 맞이하고 있다.

터키는 동양과 서양 문화, 옛 것과 현대가 공존하고 있는 재미있는 사회 구조를 갖고 있다. 한편에서는 배꼽티를 입고 있는 현대식 여성이 있는가 하면 이슬람을 상징하는 두건을 둘러쓴 여성들이 함께 거리를 활보한다. 터키를 이루고 있는 인종도 가지가지다. 아타튀르크가 1923년 공화국을 세울 때 여러 종족으로 구성된 터키 사람을 어떻게 정의할 것인지 고민에 빠졌었다. 그는 결국 터키 땅에서 터키어를 구사하는 사람은 모두 터키인이라고 정의하였다.

많은 종족으로 섞인 터키 땅에서 동양과 서양의 문화가 교차하고 융화되는 변화 속에서 사는 터키인들은 누가 토종인지 이방인인지를 구분하기 어렵게 되었다. 과거의 토착 문화는 날이 갈수록 사라지거나 퇴색되어가고 새로운 이방 문화가 계속 들어오고 있기 때문에 이 과정에서 생기는 혼돈 상태도 없지 않은 듯 보인다.

터키인들이 서로에게 이방인임을 느끼고 있는 한 사례를 들어보자. 이 사례는 터키인 학자가 쓴 "터키인들은 누구인가"라는 글의 서두에 있는 부분인데, 내용이 재미있고 생각해볼 점이 있어 소개하고자 한다. 현대 복장을 한 여성과 두건을 쓴 여성이 이스탄불의 성 소피아 사원 입장표를 사기 위해 줄을 서 있다. 현대 복장의 여성이 두건 쓴 여성에게 이 줄이 입장표를 사는 줄인지 아닌지를 먼저 묻는다. 그들의 대화 내용은 이렇다.

두건 여성 : (놀라며) 아니 터키말을 아세요?

양장 여성 : (당황한 듯) 예에, 터키 사람이에요.

두건 여성 : 아, 전혀 터키 사람 같지 않네요. 외국인인 줄 알았어요.

양장 여성 : 당신도 전혀 터키 사람 같지 않아요. 아랍 사람인 줄 알았어요.

두건 여성 : 엠함둘라(신에 감사하다는 뜻), 우리는 다 무슬림이고 터키 사람이죠 뭐.

양장 여성 : 맞아요.

위 대화는 누가 토종이고 누가 이방인인지 구분 안 가는 자신들의 모습을 잘 대변해주는 대화 대목이다. 서로 다른 두 문화의 사람이 만나 터키인임을 확인하는 것인데 문화의 차이로 인해 서로를 이방인으로 보려는 사례는 생활 속에서 많이 발견할 수 있다.

이스탄불의 베이올루 지역은 터키에서 사람과 문화가 얼마나 뒤섞여 있고, 뒤섞인 사람과 문화가 어떤 양식으로 표현되고 있는지를 잘 보여주는 도시다. 터키 전국에서, 더 넓게는 세계 각지에서 온 각양각색의 사람들이 베이올루 거리를 메우고 있다. 그래서 보헤미안 분위기가 물씬 풍기는 곳이다. 거리 양쪽은 식당, 술집 바, 옷가게, 환전소, 영사관 등으로 가득 차 있다. 베이올루는 비잔틴 시대 때 그리스어로 다른 쪽, 먼 곳이라는 뜻으로 페라라고 불렸다. 비잔틴 조정에서 볼 때 베이올루는 골든 혼을 지나야 갈 수 있는 곳이라 그렇게 불렸다고 한다. 오스만 제국 때에도 페라는 이스탄불의 유럽이었고 19세기에 이르러서는 금융, 여흥의 중심이 된 도시인 연유로 지금도 좁은 거리에 다양한 사람들이 북적대고 있어 터키 사회와 도시의 변화를 한눈에 볼 수 있는 곳이기도 하다.

　터키는 1950년대부터 농촌 인구가 도시로 급격하게 이주하기 시작하였다. 이스탄불, 이즈미르, 앙카라 등의 대도시가 시골에서 이주한 사람들의 공격을 받게 되었다. 특히 이스탄불은 아나톨리아 전국에서 온 이주민들로 북새통을 이루었다. 1453년에 파티흐 술탄 메흐메드가 이스탄불을 정복했다면, 그로부터 500년 후 이스탄불은 아나톨리아 각 지방에서 이주한 사람들로부터 정복당했다고 할 수 있다. 과거 이스탄불은 문화의 도시였지만, 이제 이스탄불은 집 한 채 장만하기 위해 돈을 모으려는 소시민들로 꽉 차 있다. 이스탄불 토종 사람들은 이스탄불이 라마준 먹는 사람들의 도시가 되었다고 볼멘소리로 혹평한다. 라마준이란 경제 개발이 덜 된 동남부 지역의 사람들이 즐겨 먹는 아랍식 피자 같은 것을 말한다. 라마준은 이스탄불에 이주해온 시골 사람들 사이에서 폭발적인 인기가 있었던 음식이다. 이 때문에 중산층 이상의 이스탄불 토종 사람들은 라마준을 하찮게 생각하는 경향도 있지만, 이스탄불에는 이제 라마준만 전문으로 하는 식당도 몇 개 생겼다.

　어떻게 보면 토종이 금방 이방인이 될 수 있고 이방인이 곧 토종이 될 수 있는 곳이 터키이기도 하다. 터키에서 사는 한국 사람은 토종인가, 이방인인가? 터키인들은 서양과의 교류가 많아 골격도 좋고 눈도 크다. 우리 한국인과 터키인의 큰 차이는 눈에 있다. 터키인은 눈이 크지만 우리 한국인은 대체로 눈이 작다. 그러나 눈이 작다고 해서 토종이 될 수 있는 자격이 박탈되는 것은 아니다. 터키인들은 외국인을 만나면, 정확히 표현해 외국인이 터키인을 만나게 되면 터키인은 무조건 터키말을 사용한다. 상대방이 외국인이라는 것에 관심이 없는 것처럼 보인다. 만약 이 경우 터키말을 몇 마디 구사하면 바로 터키인이냐고 묻는다. 이때 터키인과 가장 가까운 친족 관계에 있고, 또 우리 한국 사람과 비슷한 얼굴 모양을 가진 '타타르' 라고 하면 상대방은 일말의 의심도 하지 않는다.

터키에서는 토종과 이방인의 경계가 매우 모호할 때가 많다. 어느 때는 한없이 이방인임을 절감하면서도 이런 느낌을 갖는 순간보다는 몇 십 배, 몇 백 배 되는 시간을 토종이라 생각하며 지낼 수 있는 곳이 터키이다.

우리와는 달라 낯선 것들

우리와 터키는 언어가 같은 알타이어족에 속하기 때문인지 사고 방식도 비슷한 점이 있다. 누구의 글인지 기억은 안 나는데, 터키어와 한국어의 유사성을 들면서 두 나라 언어가 이산 언어라는 내용을 읽은 적이 있다. 실제 그런지 판단하는 것은 전문 학자의 몫이지만, 여하튼 그럴 말이 나올 만큼 두 나라 언어가 친근성이 있다는 말일 것이다. TV의 드라마나 영화의 줄거리 진행을 쉽게 예견할 수 있는 것도 이 때문이다. 사고 방식이 같다는 건 사람을 사귀고 생활하는 데 여간 도움이 되는 것이 아니다. 한국인과 터키인이 만나서 알고 지내는 단계가 조금 지나면 상대방이 무엇을 원하며 생각하고 있는지 쉽게 알게 된다.

그러나 터키에서 생활하다 보면 우리가 생각하는 것과는 다른 것들도 있는데, 알면 편리하거나 마음이 편해질 수 있는데 모르면 불편하고 마음이 상하는 일이 있다. 그런 사례를 몇 가지 들어보자.

한국인 김씨는 사업을 위해 가족과 함께 이스탄불에 와서 2년째 살고 있다. 5층짜리 아파트에서 사는 그들은 아침 저녁 두 차례 바구니를 든 수염 긴 남자가 현관 벨을 울린다. 처음에는 이 사람이 뭐하는 사람인지를 몰라 당황하였다. 수염 달린 이 사람이 빵이나 우유를 주문받아 배달하는 사람이라는 것은 며칠 지난 후에 눈치로 알게 되었다. 터키 사람은 저녁에 자기 전에 문 밖에다 빵 몇 개, 우유 몇 개, 무슨 신문 등 이렇게 적어놓은 쪽지를 비닐 봉지에 넣어 걸어둔다. 아침에 부시시 눈을 뜨고 일어나 문을 열면 원하는 빵과 우유, 신문이 배달되어 있다. 아파트에 사는 사람들이 받는 서비스 중 이건 가장 기본적인 것이다. 하루에 두 세 번 정해진 시간에 필요한 것이 또 있는지 각 세대마다 방문하여 주문을 받는다. 다른 사람에게 시킨다거나 하지 않고 자기 것은 자기가 해결하는 생활에 익숙한 한국인에게는 아침의 빵 배달은 몰라도 낮시간에 벨을 눌러 "뭐 원하는 것 있습니까?"라고 묻는 것에는 익숙해지기 쉽지 않다. 대부분 한국 주부들은 낮에는 아예 오지 말고 원할 때만 도와달라고 사정하는 경우가 많다. 그러다 보면 이 사람이 아예 들르지 않게 되는데, 그러면 외국인이라고 관심도 안 갖는다고 본의 아니게 불만을 갖게 되기도 한다.

아파트에서 심부름을 해주는 이 사람은 누구일까? 터키의 아파트에는 지하층에 카프즈라 불리는 관리인이 살고 있다. 카프는 문이라는 뜻으로 카프즈는 문을 지키는 사람이라는 뜻이다. 카프즈는 주로 낙후된 지역에서 온 사람들로 게제콘두에 살다가 선발되어 카프즈로 취직하는 행운을 얻기도 한다. 아파트에는 두 명의 관리인이 있다. 다른 한 명은 1년 임기로 아파트의 난방, 보수, 환경, 카프즈 관리 등의 문제를 다루는데, 이 관리인은 아파트 내 세대주 중 집주인들이 교대로 한다. 카프즈라는 관리인은 사실상 심부름꾼으로 아파트에 사는 사람들이 내는 관리비 중에서 일부를 월급으로 받는다.

카프즈는 각 세대 상황을 잘 꿰고 있으며, 자기 소속 아파트뿐만 아니라 자기 영역 밖의 아파트 세대 상황도 잘 알고 있다. 아직 아파트 사람들이 일어나기 전인 아침 6시쯤에는 각 아파트에서 나온 카프즈들이 바구니 하나씩을 들고 동네에 있는 '바칼'이라 불리는 구멍가게로 움직인다.

카프즈가 만나도 인사를 안 한다고 한참 열을 올리며 흥분하는 한국 사람들도 있다. 터키 사람들은 일반적으로 신분이 위에 있는 사람이 낮은 사람에게 먼저 인사를 한다. 카프즈에게 먼저 '메르하바'라고 인사를 건네보라. 그러면 저쪽에서 메르하바라고 인사를 하게 된다. 알면 간단하지만 모르고 지나면 한국 사람의 경우 화가 나는 대목이다.

언젠가 유학 시절 때 터키말에 익숙하지 않아 실수를 한 적이 있다. 강의 끝 무렵에 교수가 내일 강의는 없다고 말한 것 같은데 확실하지 않아 친구한테 전화를 했다. "내일 학교 안 가도 되지?" 친구 대답은 간단하게 하이르이다. 하이르는 영어의 'No'이니까 간다는 뜻으로 알고 학교를 갔더니 강의실에는 아무도 오지 않았다. 내일 근무할 걸로 생각하며 "내일 근무 안 하지요?"라고 물을 때 대답이 하이르이면 근무 안 한다는 것이다. 부정 의문문에 대한 영어식 답변인데, 영어도 아닌 터키어가 이러니 한국 사람에게는 혼동하기 쉽다. 아니라고 하는데, 사실은 정 반대이니 말이다.

아파트 주변에는 택시 회사들이 곳곳에 있다. 그 회사에 소속된 택시들이 집합해 있는 곳인데 손님이 부르면 그곳으로 간다. 집 앞에는 벨이 달린 나지막한 기둥이 있다. 아파트를 나와 택시를 타고 싶다면 택시 벨을 누른다. 그러면 2~3분 만에 택시가 도착한다. 그렇다고 요금을 더 받는 것도 아니다. 동네 택시를 이용하게 되니까, 외국인이라도 다른 걱정을 안 해도 된다. 동네 택시 회사의 전화 번호를 안다면 전화로 요청해도 택시는 도착한다. 거리에 나가 지나가는 택시를 보며 손을 하늘에 저어대는 그런 동작은 안 해도 된다. 언젠가 택시 기사한테 물어본 적이 있다. 장난 벨이나 전화가 많으냐고 물었는데, 대답은 하나도 없다는 것이다. 택시 벨이 동네마다 있어 지나가는 아이들이 한번 누르고 지나갈 것이라고 생각한 건 한국식 생각이었다.

외국인 입장에서 혼자 주소를 찾아간다는 것은 때로 힘들 수도 있다. 어느 나라 마찬가지지만 택시 기사들은 어느 주소지든 잘 찾는다. 그러나 터키는 비교적 주소가 잘 정리되어 있다. 큰 대로는 불바르라고 하는데, 이 불바르는 도심에 있다. 불바르 중에는 아타튀르크 불바르가 많고 승리라는 뜻의 자페르 불바르가 많다. 불바르보다 작은 거리는 잣데이고 이보다 작은 거리는 골목 같은 소칵이다. 불바르, 잣데, 소칵의 양변에 있는 건물이나 주택의 주소는 어떻게 설정되어 있을까? 예를 들어 38번 주소를 찾으려고 하는 사람이 길을 가다가 3번 주소를 보게 되었다 하자. 이 경우 대부분 사람은 이 길을 따라가면 곧 나오겠지 하며 가다가 38번을 못 찾고는 왔던 길을 다시 올라갔다 내려갔다 하는 시행착오를 하게 된다. 터키의 주소 체제는 한쪽 길은 짝수, 다른 한쪽 길은 홀수 번호로 되어 있다. 그런데 37번이 38번 바로 맞은편 길에 있는 것은 아니다. 한참 아래쪽 또는 한참 위쪽에 있는 경우가 많다.

터키 사람들은 차 운전을 거칠게 한다고 알려져 있다. 주행하다보면 추월하기 위해 왼쪽 차선에 진입한 차를 추월하려고 하는 차, 방향 지시등을 켜지 않고 갑자기 방향을 바꾸는 차, 앞서 주행하는 차의 오른쪽에서 추월을 시도하는 차, 중앙선으로 주행하여 다른 차의 주행을 방해하는 차, 불필요하게 앞차에 대해 깜빡깜빡 불빛을 보내는 차 등을 목격할 수 있다. 이런 경우가 어찌 터키에만 있겠는가? 국토가 넓고 유럽이 가까운 탓인지 터키 사람들의 차 문화는 우리보다 훨씬 앞서 있다. 이미 오래 전에 터키 사람들은 차와 친하게 지냈다. 앙카라에서 이스탄불을 가려 해도 무려 420여㎞를 가야하고 이스탄불에서 이즈미르로 간다 해도 610여㎞를 달려야 한다. 거리가 먼 것도 터키 사람들이 속도를 내는 이유 중의 하나이다.

터키 사람들의 도로 주행은 무질서한 것 같으면서도 실은 질서가 보인다. 큰 도시를 제외하면 도로 중앙선이 없지만, 그렇다고 교통 흐름이 엉망이 되는 적은 없다. 시내에 있는 교통 신호등의 빨간 불 앞에서 기다리고 있다가 노란 불이 들어오는 순간 뒤에 있는 차가 "빵" 한다. 이런 경우를 당하면 우리는 십중팔구 "아 그 사람, 알아서 갈 텐데, 급하기는…" 하면서 차내 거울로 뒤를 보며 페달을 밟는다. 정말 터키 사람들이 급해서 그랬을까? 그럴 수도 있지만, 사실은 차 신호등 앞에 있으면 신호등 불이 바뀌는 것이 잘 안 보이므로 초록 불이 켜졌다는 것을 알려준다는 친절의 표시이다. 앞차를 빨리 밀어내기 위해 "빵" 했다면 기분 나쁘지만 가도 된다는 것을 알려주기 위해서 그랬다고 생각하면 기분 나쁘지 않다.

마지막으로 팁 이야기를 하자. 터키는 팁이 생활화된 사회이다. 외국인 입장에서는 아무래도 식당을 많이 이용하게 된다. 우리는 식당에서 팁을 주지 않지만 터키에서는 팁을 반드시 줘야 한다. 한국 사람이나 터키 사람이 팁을 주는 형태는 비슷한 면도 있다. 한국 사람은 술집에서 팁을 과도하게 주지만, 터키 사람들은 식당에서 주는 팁에 인색하지 않다. 언젠가 식당에서 일하는 웨이터한테 들은 적이 있는데, 그 식당 웨이터들은 한국인 손님들이 주는 팁이 너무 적어 한국인 손님을 반가워하지 않는다는 이야기였다. 어떤 사람으로부터 도움을 받아 돈으로 사례를 하려고 할 경우 상대방 터키인이 거절하는데도 계속 받기를 강요하면 상대방은 상당한 모욕감을 느끼게 된다. 상대방이 받기를 사양하면 세 번까지는 시도할 수 있는데, 사양함에도 불구하고 억지로 받으라고 한다면 터키 사람은 자기의 선의나 아르카다쉴륵(친구로서 해주는 것)을 돈으로 계산한다고 하여 몹시 기분 나빠한다. 여하튼 터키에서는 팁을 받아 생활하는 사람이 많아 팁 문화가 일반화되어 있다.

천혜天惠의 오점, 지진

신은 터키에게 모든 것을 다 주지 않았다. 터키를 두고 우리는 복 받은 나라, 신이 준 나라라고 말하는 데 주저하지 않는다. 그만큼 터키의 자연 환경이 좋다는 말이다. 지도를 펴놓고 사람이 편하게 살 수 있는 지역을 찾아보면 생각만큼 많지 않다. 터키는 살기 좋은 나라다. 하지만 하늘이 내려준 천혜天惠의 땅, 터키에 한 가지 오점汚點이 있다. 바로 지진이다. 지진은 자연의 파괴력을 인간에게 보여주는 것이다.

미국의 AP 통신이 전 세계 36개국의 고객사를 대상으로 설문 조사를 벌여 1999년도 세계 10대 사건을 선정했는데, 1만 8,000여 명이 사망한 터키 지진이 세 번째로 선정되었다. 그 해 수만여 명의 인명 피해를 낸 터키의 대지진은 이스탄불 근처 이즈밋에서 리히터 규모 7.8의 강진이 8월에 일어났고, 11월에는 뒤즈제에서 또 7.2의 강진이 발생하여 전 세계 사람들의 마음을 아프게 했다. 지진 피해가 심한 곳은 대부분 서민들이 사는 지역이었는데, 부실하게 지은 집들이 쌓아놓은 성냥갑이 무너지듯 좌우로 와르르 넘어졌고, 파괴된 가옥 밑에 깔린 사람들이 애타게 구조대의 손길을 기다리고 있다는 보도는 보는 사람들의 마음을 안타깝게 하였다.

터키의 대지진은 이것이 처음은 아니었다. 터키가 자리한 아나톨리아 반도는 옛부터 지진이 많이 일어나는 지역인데, 20세기 들어서도 지진은 계속 일어난 것으로 기록되고 있다. 1939년 동부 지역 에르진잔에서 일어난 지진으로 3만여 명이 사망하였는데, 에르진잔 지진은 20세기 터키에서 일어난 지진 중 가장 인명 피해를 많이 낸 지진으로 기록되었다. 1900년 이후 2000년까지 천 명 이상의 인명 피해를 낸 지진은 12차례나 있었다. 대충 100년마다 대지진이 찾아온 것이다. 천 명 이하의 인명 피해를 낸 지진이 그 사이에도 간간이 일어났다.

터키에서는 왜 지진이 많이 일어날까? 지구의 표면은 여러 개의 조각 난 판板으로 이루어져 있는데, 지진은 바로 이 판들이 충돌하거나 벌어지는 경계에서 일어난다고 한다. 터키는 알프스 산맥과 히말라야 산맥을 연결하는 알프스·히말라야 지진대에 속한다. 터키의 지진대는 북부 지진대와 동부 지진대 등 두 개로 나타나고 있다. 1999년 터키의 대규모 지진 원인을 분석한 미국의 매사추세츠 공과 대학의 조사에 따르면, 터키 북부는 유라시아판의 남쪽 끝에 자리하고 남쪽에서 뻗은 아라비아판과 남서쪽으로 뻗은 아프리카판에 밀려 올려지고 있다. 이들 세 판의 이동률 차이 때문에 판 사이의 경계에는 층 밀리기인 단층이 생긴다고 한다. 터키의 지진은 이러한 판 구조 변동이 단층을 발달시켜 생긴다는 것이다.

1999년 터키 대지진의 참상은 참혹하였다. 집과 보금자리를 순식간에 잃은 이재민들은 임시로 설치된 천막에서 오래 기거해야만 했다. 99년 대지진은 터키 사회에 주택이나 일반 건물을 지을 때 지진에 견딜 수 있는 공법을 사용하는 것이 얼마나 필요한가를 인식시켜주는 계기가 되었다. 그 동안 말로만 하던 내진耐震 공법을 이제는 실현할 때가 왔다는 주장이 힘을 얻었다. 내진 설계 없이 값싸게 지은 주택들이 너무 허망하게 주저 앉은 데 대해 많은 사람들이 분개하였다. 일본에서는 강진이 와도 인명 피해가 거의 없는데, 우리는 왜 이렇게 수만 명의 사상자가 발생하는지 모르겠다며, 사회 각계 각층에서 지진에 대비한 다각적인 대책을 마련하라고 정부에 주문하였다.

2002년 2월 초 터키의 동서부에 위치한 아피욘 근방에서 리히터 규모 6.0의 강진이 발생하였으나, 다행히 40여 명의 사망자가 발생하는 것으로 그쳤다. 전세계는 이 지진으로 99년에 발생한 터키의 대지진을 다시 상기하게 되었다. 지진 발생 지역이 인구가 밀집되어 있는 곳이 아니라 인명 피해가 최소화되었으나, 주택 건물이 옆으로 누워 있는 모습은 2년여 전의 지진 참사 모습과 다를 바 없었다.

터키 정부는 99년 대지진 이후 모든 건물은 내진 공법을 사용하도록 하였다. 각 학교에서는 지진이 발생하였을 때의 행동 요령에 대해 학생들에게 가르치고 있다. 지진 대처 요령에 대한 많은 홍보 책자들이 보급되었다. 국영 TV나 민영 TV들도 지진 대처 요령을 방영하고 있다. 언제 어떻게 찾아올지 모를 지진에 대해 면역력을 키워나가고 있는 것이다. 지진을 연구하는 일부 학자들은 다가올 지진을 예상하기도 한다. 터키에서 가장 활동적인 단층 지역은 아나톨리아 북부 단층으로 마르마라해에서 터키 동부 지역으로 이어지고 있는데, 이 지역 단층대의 활동을 감안해본다면, 이 단층대에서 지진이 일어날 가능성이 많은 것으로 알려지고 있다. 지진을 연구하는 학자나 단체들이 대도시 이스탄불에서 지진이 일어날 가능성을 예견하면서, 특히 보스포러스 대교가 지진에 취약하다는 것을 지적하자 지진에 대한 국민적 관심이 다시 모아지게 되었다.

　99년 터키의 대지진은 세계인의 이목을 집중시켰고, 또 그만큼 세계인들이 터키인을 돕기 위한 대열에 참여하게 되었다. 그들은 터키인들의 아픔을 내 가족의 아픔으로 받아들였다. 우리 나라에서도 터키의 지진 참상이 알려지면서 터키인을 돕자는 민간의 모임인 '터키의 아픔을 함께 하는 모임' 이 조직되었다. 이들은 우리가 어려울 때 피를 흘리며 도와준 형제의 나라인 터키가 입은 재앙에 대한 우리 정부와 국민의 인식이 지나치게 미흡하다면서 자발적인 터키 돕기 운동을 확산시켜 나갔다. 우리 대통령도 언론을 통한 대국민 메시지를 통해 터키는 우리에게 은혜의 나라이니 모두 나서 도와주기를 호소하였다. 터키인들의 아픔을 같이 하는 많은 국민들이 터키 돕기에 참여하여 적지 않은 의연금과 물품 등이 터키에 전달되었다.

육지의 끝 바다

　터키인들은 바다를 육지의 끝 정도로 생각하였다. 중앙아시아에서 출발하여 내륙으로 정복 생활을 거듭해온 터키 민족에게 바다라는 것은 멀리 있을 수밖에 없었다. 눈앞에 펼쳐지는 것은 넓은 대륙이니, 바다란 그들이 차지하게 될 이 대륙의 마지막 끝이라고 믿었다. 이리하여 터키 사람들은 바다와는 인연이 없는 것처럼 살게 되었다. 터키의 해안 연장선이 8,300여㎞가 되지만 어업이나 수산 분야가 발달하지 않은 것도 이런 배경을 안고 있다.

　터키인들이 즐겨 먹는 것은 육류이다. 양고기를 많이 먹고 그외 쇠고기와 닭고기를 먹는다. 생선을 먹기 시작한 것은 최근의 일이다. 터키인들이 즐겨 먹는 생선은 레브렉이라 불리는 농어, 추푸라라 불리는 도미, 바르분야라 불리는 적도미, 라고스라 불리는 대구, 칼칸이라 불리는 광어 등이다. 레브렉이나 추푸라는 터키에서 대표적인 양식 어류이다. 생산지에서는 값이 싸지만 일단 시내 생선 가게나 식당으로 오면 값은 몇 배로 올라간다. 터키인들은 생선 하면 터키 술 라크를 연상할 정도로 생선과 술은 같이 따라다닌다.

터키인들의 가장 대중적인 생선은 함씨라 불리는 멸치이다. 흑해에서 잡히는 터키의 대표 어족인데, 대량으로 포획되어 값도 싸기 때문에 서민들도 부담없이 먹을 수 있다. 터키 사람들은 함씨를 기름에 튀겨 소금을 쳐서 먹는다. 멸치라 하지만 우리 것보다는 큰 편이다. 터키 사람들은 한국 사람의 식탁에 올라온 잔멸치 볶음을 보고 놀란다. 이렇게 어린 물고기를 어떻게 잡아먹느냐고 묻는다. 터키 사람들은 바다에서 잡히는 것 중에 다리가 많이 있는 게나 오징어는 질색한다. 지중해 연안에는 조금만 들어가도 그물에 게들이 걸려드는데, 어부들은 게가 그물을 망친다고 그물에서 잡아 뜯어내 다 버려버린다. 터키 사람들이 먹지 않으니 그들에게는 그물에 걸려드는 게는 정말 쓸모없는 존재일 뿐이다. 게를 좋아하는 한국 사람들은 어부가 버리는 게를 그냥 주워오거나, 아주 싼 값에 살 수도 있다.

터키 사람들은 우리가 먹는 김을 요순이라고 한다. 요순이란 바다에 있는 이끼라는 뜻인데 김도 이끼같이 보이니 그렇게 부르고 있다. 한국 사람 집에 초대받은 터키 사람들은 김과 만나게 될 기회를 갖게 되는데, 처음에는 참 이상하다는 표정을 짓는다. 한국 사람이 왜 젊게 보이는지 아느냐고 하면서, 그 이유는 바로 김 때문이라고 설명하면 터키 사람들은 최소한 한 두 번 김을 먹는 용기를 낸다. 김의 맛을 알게 되는 터키 사람들은 요순을 먹는 한국 사람들을 예찬하기도 한다. 바다에 있는 이끼를 이렇게 먹기 좋게 만드는 한국 사람들의 솜씨가 대단하다는 것이다. 아직은 요순 냄새가 싫다고 김을 싫어하는 터키 사람들이 많지만, 한국 사람들의 생활을 접하게 되는 터키 사람들이 늘어나면서 한국의 요순인 김과 김밥도 서서히 알려지고 있다. 한국 사람들은 요순도 먹고 또 거기다 생선을 날것으로 먹는다고 참 이상하게 생각하는 터키 사람들이 많은 편이다.

시내에 생선 가게는 많지 않은 편이다. 냉동 차량이나 수송 체계가 발달되어 있지 않아 생선이 잡히는 에게해나 지중해로부터 멀리 떨어져 내륙에 있는 도시는 생선의 공급이 원활하지 않기 때문이다. 어업에 관심을 두지 않아서 전문적인 어부도 많지 않다. 국토의 3면이 큰 바다로 둘러싸여 있어 어족도 풍부하지만, 해양 자원을 개발할 기술이나 자본을 축적하지 못하고 있다. 터키에는 우리와 같은 해양 수산부가 없고 농업 농촌부에서 어업과 수산 업무를 관장하고 있다. 대학이나 연구 기관에서 수산 자원이나 어업에 관해 연구를 시작한 것도 최근의 일이다. 바다를 아는 전문 인력이 없다는 말과 같다. 에게해나 지중해의 좋은 자리에는 관광 휴양촌, 숙박 시설로 꽉 차 있다. 하지만 어부가 고기 잡으려고 나가는 모습은 보기 힘들 정도이다.

터키는 북쪽으로 흑해, 서쪽으로는 마르마라해와 에게해, 남쪽으로는 지중해를 가지고 있는 나라이다. 흑해에는 풍부한 유기·무기 물질이 많아 과거에는 어족이 풍부했으나 최근에는 바닷물의 오염과 남획 등으로 어족이 크게 줄었다. 에게해의 수온은 연중 따뜻한 편으로 대륙붕이나 하천수가 유입되는 곳에 어류가 많이 몰려 어족이 풍부하며 섬 주변에도 해산물이 풍부하다. 지중해 연안은 대륙붕이 좁아 일반적으로 갑자기 수심이 깊어지나 에게해와 더불어 중요한 수산 자원을 갖고 있는 바다이다. 터키 어획량의 80% 정도를 흑해가 차지하고 10%가 마르마라해, 나머지 10%가 에게해와 지중해가 차지한다. 흑해의 어획 비율이 큰 것은 흑해에서만 대량으로 잡히는 함씨 때문이다.

이스탄불은 아름다운 보스포러스 해협을 가지고 있는 도시이다. 해안을 따라 이스탄불 시민들이 낚시하는 모습이 눈에 많이 띈다. 칸딜리, 칸르자, 오르타쾨이, 싸르예르, 이스틴예 등지에서 낚시를 즐기는 사람들이 많다. 골든 혼의 갈라타 다리에는 고기를 낚는 사람들을 언제나 볼 수 있다. 모두 다 고기 잡는 재미를 보려는 사람들이다. 갈라타 다리에서 낚시하는 사람들의 수를 보고 그 해의 실업률을 점칠 수 있다는 농담도 들린다. 이스탄불 해안 주변에서 낚시를 하게 된 것도 30~40년 전으로 거슬러올라간다고 한다.

이때 잡은 고기는 전갱이류인 뤼페르였다. 뤼페르는 해협의 술탄이라는 이름으로 이스탄불의 전설에도 나오는 고기이다. 이 고기는 봄에 에게해에서 출발하여 마르마라해를 거쳐 한여름에는 시원한 흑해에서 지낸다. 흑해에서 지내는 동안 살도 찌게 된 뤼페르는 9월이 오면 다시 에게해로 여행을 시작하는데, 가는 길에 이스탄불 해협에 잠시 들려 11월 중순까지 있다고 한다. 이때 사람들이 낚시로 잡는다. 이스탄불 사람들이 생선과 친하게 된 것은 뤼페르로부터 시작하였다. 이들은 고기를 잡아 파는 것이 아니라 잡은 고기를 동네 사람들과 나누어 먹었으니 자연히 저녁상에는 뤼페르가 오르게 되었다. 해협을 끼고 사는 이스탄불 사람들에게는 뤼페르 낚시가 그 당시의 생활 문화였다고 한다. 따라서 이스탄불 사람들에게 뤼페르는 특별한 의미가 있다. 지금도 가을이 되면 뤼페르를 낚으려는 이스탄불 시민들이 해안으로 몰리고 있다.

민족의 대이동 바이람

조상을 섬기고 일가친척을 만나 덕담을 나누기 위한 민족 대이동 현상은 터키에도 매년 두 차례씩 일어난다. 터키의 민족 대이동이 일어나고 있는 명절은 바이람이다. 바이람은 전통적인 이슬람의 명절로 농촌 사람이든 도시 사람이든, 진보적이든 보수적이든, 배운 사람이든 못 배운 사람이든 간에 터키인 모두는 바이람 명절을 꼭 지킨다. 바이람 명절에는 관공서, 학교가 모두 문을 닫고, 터키인들은 고향을 찾아 가족 친지를 찾아 움직인다. 아무리 서구화된 사람이라도 바이람 명절에 해야 하는 통과 의례를 지나칠 수 없는 것이 사회 분위기이며 전통이다.

터키의 바이람은 어떤 명절일까? 터키의 바이람은 두 번 있다. 첫 번째 바이람은 '셰케르 바이람'으로 단 것을 나누어 먹는다는 뜻에서 설탕 바이람이라고 하며, 두 번째 것은 '쿠르반 바이람'으로 양을 잡아 나누어 먹는다는 뜻에서 희생 바이람이라고 한다. 터키의 바이람은 금식 기간인 라마단으로부터 시작한다.

라마단이란 아랍어로 이슬람력曆에서 9월을 의미한다. 이슬람력의 1년은 354일 또는 355일로 태양력에 비해 10일 이상이 짧다. 그러므로 이슬람력의 각 월月은 계절과는 다르게 나타난다. 라마단이 한여름에 올 수도 있고, 반대로 한겨울에 오기도 한다. 2007년도 라마단, 즉 이슬람력에 의한 9월은 9월 13일부터 10월 11일까지이나, 2008년도 라마단은 이보다 12일이 빠른 9월 1일부터 9월 29일까지이다. 이슬람력에 따르면, 그 해 날짜와 같은 라마단은

30년 후에 오도록 되어 있다.

　터키인뿐만 아니라 다른 무슬림들은 라마단 한 달 동안 해가 떠서 해가 질 때까지 식음을 전폐한다. 보수적인 사람들은 일출에서 일몰까지 물 한 모금도 마시지 않는다. 어린이나 노약자 등은 라마단 기간에 금식을 하지 않아도 된다. 한여름에 오는 라마단은 일출과 일몰 간 시간이 길어 금식하는 데 상당한 인내가 필요한데, 겨울철의 라마단은 일출과 일몰 간 시간이 짧아 여름철보다는 금식하기가 편하다. 터키 사람에게 왜 단식을 하느냐고 물어보면, 단식을 함으로써 배고픈 사람의 처지를 이해하게 되고, 피로해진 오장육부의 신체 기관을 잠시 쉬게 하여 각종 병이 생기는 것을 막기 위해서라고 설명한다. 라마단 기간에 먹는 빵은 보통 때와는 다르다. 우리가 설날에 꼭 떡국을 먹듯이 라마단 기간 중 터키인들은 동그랗고 두툼한 라마단 에크멕(빵)을 먹는다. 재미있는 이야기이지만, 해가 지면 금식을 깨고 음식을 먹을 수 있는데 많은 사람들이 이때 오히려 평소보다도 더 먹는다고 한다.

　금식을 하기 위한 라마단 월이 끝나면 바로 3일 간의 셰케르 바이람이 시작된다. 셰케르 바이람에는 한 달 간의 금식을 지킨 후 고행을 잘 마쳤다는 의미로 단 것을 나누어 서로 축하하며, 오랜 금식 후 친척들을 방문하여 서로의 안부를 확인한다.

　셰케르 바이람이 끝나고 두 달 후에 쿠르반 바이람이 오는데, 이때는 양을 잡아 양고기를 나누어 먹는다. 아브라함이 그의 아들 이삭 대신에 양을 제물로 바쳐 신의 자비를 구했다는 데서 쿠르반 바이람 기간 중에는 양들을 잡는다. 쿠르반 바이람은 4일 계속되는데, 양을 산 채로 선물하기도 하며, 집 앞에서 목을 따 양을 잡는다. 양을 희생하여 제를 지내는 것은 터키에서 매우 흔한 일이다. 경사가 있을 때 양의 목을 따 피를 흘리게 한다. 1988년 역도 선수 나임 쉴레이만올루가 서울 올림픽에서 금메달을 따고 귀국하였을 때, 앙카라 공항에서 시내까지 이르는 도로변에서는 수십 마리의 양이 희생되었다고 한다. 거리나 골목에서 양을 잡는 것은 위생상 좋지 않고 어린이들의 정서 및 교육에도 바람직하지 않다는 지적이 많아 최근에는 사람이 다니는 길에서 양을 잡으면 환경법에 따라 벌금이 부과되고 있다.

바이람 기간에는 거리가 한산해진다. 많은 사람들이 조상의 묘를 참배하고, 부모 친척들을 찾아 이동하기 때문이다. 아이들은 바이람 때 부모로부터 새 옷을 얻어 입는다. 바이람은 성스러운 명절이기 때문에 다른 사람과 다투지 않고, 가능한 한 경건한 마음으로 지내려 한다. 버스는 앞쪽 윗부분 양쪽에 작은 터키 국기를 달고 달린다. 최대 명절 바이람이 왔음을 알리는 것이다. 바이람 때 가장 바쁜 사람들은 아무래도 교통 경찰이다. 터키는 국토가 넓어 한 도시에서 다른 도시로 간다 해도 몇 백 km의 이동은 보통이라 시간을 단축하기 위해 고속 운전을 하게 마련이다. 바이람이 끝나고 나면 이번 바이람에는 몇 명이 교통 사고로 희생되었다는 통계가 나오고, 방송이나 신문은 이를 경쟁하듯 보도한다.

터키의 바이람은 우리의 추석 명절과 같다고 생각하면 틀림없다. 터키의 바이람이 이슬람 전통에 의해 이어지고 있지만, 터키인들에게 바이람은 어떤 종교적인 계시가 아니라 그들 생활에 깊숙이 자리하고 있는 생활 양식이다. 이것은 마치 유교의 전통을 이어 받았지만 유교의 전통이라는 것을 염두에 두지 않고 큰 흐름 속에 이동하는 우리의 추석 때의 모습과 같은 것이다.

라마단과는 별도로 터키인들은 이슬람력에 의한 종교 축일이 다섯 번 있다. 이날을 칸딜이라고 부른다. 우선 이슬람 시조 모하메드의 탄생일인 3월 12일과 승천일인 7월 27일을 기리기 위해 축일을 지킨다. 또 7월 첫째 금요일은 알라에게 기도를 드리는 축일이며, 알라의 은혜와 자비로 사면받는 사죄일 8월 15일, 알라로부터 기도의 응답인 계시를 받는 계시일 9월 27일이 칸딜 축일이다. 이날 터키인들은 묘를 찾아 고인의 명복을 빌고 가까운 친척들을 방문하거나 서로 초대하며 친분을 나눈다.

터키석과 미신迷信

터키에 터키석이 없다면 이상하지 않을까? 터키에는 터키석 산지가 없고 거래만 될 뿐이다. 돌 이름에 터키라는 나라 이름만 붙였을 뿐이다. 터키석의 원이름은 프랑스어 투르꽈즈로 '터키의 구슬'이라는 뜻이라 한다. 터키석은 터키에 인접한 이란이나 시나이 반도 등이 주요 산지인데, 터키를 거쳐 유럽에 전해졌기 때문에 유럽 사람들이 터키에서 온 돌이라 하여 터키석이라고 불렀다.

불투명한 청색의 터키석은 12월의 탄생석으로 행운과 성공을 상징한다. 터키석은 다른 보석 장식품에 비해 가장 오래 된 것으로 고대 이집트나 중국의 발굴품에서도 터키석의 세공품이 나왔다고 한다. 이 때문에 터키석은 다른 보석에 비해 전설이나 미신에 얽힌 이야기가 많다. 터키석을 몸에 지니고 다니면 행운 성공 사랑 용기 우정 등을 얻게 된다는 속설이 있다. 티벳인들은 터키석이 행운과 건강은 물론 전염병과 악마의 눈으로부터 보호해준다고 믿는다. 옛날 실크로드를 다니던 대상들은 그들의 교통 수단인 말이나 낙타에 터키석을 매달고 다녔다고 한다. 그들은 터키석을 달고 다니면 상업이 더욱 번창할 거라고 믿었다. 보석이라기보다는 미신의 대상이었다.

터키석은 맑은 가을 하늘을 연상하게 하는 시원한 감각이 나는 군청색群靑色, 녹청색綠靑色의 깨끗한 보석이다. 터키석은 돌의 질이 연하여 상하기 쉽고 때를 잘 타며, 열에도 변색이 잘 되는 단점이 있다. 땀이나 다른 액체가 묻으면 깊이 스며들어 잘 없어지지 않는다. 열이나 습도에 약하기 때문에 직사광선을 피해야 하며, 땀이 묻으면 이를 깨끗이 닦아내는 것이 좋다.

터키에서 나오지도 않으면서 터키석이란 이름을 가진 이 보석은 터키를 찾는 관광객들에게는 꼭 사가야 하는 품목 리스트에 포함되어 있다. 가넷, 자수정, 아쿠아마린, 다이아몬드, 에메랄드, 진주, 루비, 페리도트, 사파이어, 오팔, 토파즈 등의 보석에 비해 가격도 훨씬 싸기 때문이다. 천연 터키석의 단점을 보완하기 위해 만든 합성 터키석도 많이 있는데, 합성 터키석은 천연산보다 값이 저렴하다.

터키인들은 우리 한국 사람들이 갖고 다니는 부적符籍은 없지만 행운을 가져온다는 믿음으로 터키석과 같은 장식물을 집이나 건물, 차에 걸어놓는다. 파란색 바탕에 눈 하나를 그려넣은 장식물인데, 터키 사람들은 이것을 걸고 싶은 어느 곳에나 걸어놓는다. 이것이 나자르 본죽이다. 악마처럼 악의에 차 바라보는 눈을 몰아내는 구슬이라는 뜻이다. 전통적으로 터키인은 파란색을 행운의 색으로 받아들이고 있다. 장식물 가운데 있는 눈은 악마의 눈이다. 나쁜 것을 가져올 악마의 눈을 행운의 색깔인 파란색이 막는다고 믿고 있다. 터키 국적 항공기인 터키 항공의 탑승을 위해 기내 입구에 들어가면 정면에 보이는 것이 바로 이 장식물이다. 비행하는 동안 아무 일 없기를 바라는 것이다. 사무실이나 집의 내외부 벽에도 걸려 있다. 자동차의 안이나 뒤쪽에도 걸려 있다. 모두 행운을 비는 마음을 이 장식물이 대변하고 있다. 갓 태어난 어린아이 등 뒤에는 파란 색깔의 구슬을 옷에 걸어준다. 등 뒤로 오는 어떤 악마도 파란 구슬이 막아주기를 기원하는 것이다. 만약 교통 사고가 있었는데 다행히 큰 사고가 아니었다고 말한다면, 상대편은 손가락 등으로 책상 같은 것을 두 세 번 치며 "나자르 데메씬"이라고 한다. 악마 같은 게 얼씬도 하지 말라는 뜻이다.

터키인들에게는 우리의 부적처럼 사용되는 차륵이라는 신발이 있다. 차륵은 농부들이 진흙에서 일할 때 흙이 달라붙지 않도록 소, 염소, 양의 가죽으로 만든 신발이다. 찰흙에서 신는 신발이 차륵이니, 단어의 의미와 발음상 묘한 일치인 것 같다. 농촌 지역의 사람들이 많이 신었던 차륵은 트렉터가 농지에 도입되자, 으스파르타, 부르두르 등 극히 일부 지역의 농부들만 신게 되었다. 농촌 사람들은 악을 쫓아달라는 믿음으로 차륵을 집의 기둥에 매달아놓았다. 아들이 결혼을 원하면 자기의 속마음을 아버지에게 알리기 위해 차륵을 문지방에 걸어놓았다고 한다. 신발 신고 나가 다른 집에서 살고 싶다는 뜻을 전하려는 게 아니었을까?

차륵을 만드는 장인이 사라져 이제 이 신발을 신는 사람은 드물지만, 악을 쫓아내는 신발 차륵은 중부 내륙 도시 콘야에서 작은 크기로 만들어져 관광객이 많이 몰리는 지중해 도시 안탈야에서 팔리고 있다. 미니 신발 차륵은 승용차 트럭 버스 안에서 악을 몰아내기 위해 오늘도 매일 좌우로 흔들리고 있다. 차 내 거울에 매달려 있는 차륵이 악이 오는 걸 막아주고 있는 것이다. 신발을 걸어놓는 이유는 "친구는 머리를 보지만 적은 발을 본다"는 속담 때문이다.

벨리 댄스를 추는 여인.

터키인들에게도 재수財數라는 것이 있다. 차륵을 만드는 신발쟁이는 반드시 오른쪽 신발을 먼저 만들어야 하고 자신의 신발도 오른쪽 신발부터 먼저 신어야 한다. 잘못하여 실수로 왼쪽 것을 만지게 된다면 그날 재수는 옴 붙었다고 생각한다. 집에 들어갈 때 오른발을 먼저 들여놓아야 한다고 믿는 사람도 있다. 의미가 좀 다르긴 하지만, 신생아의 첫 울음소리가 사탄이 아기를 건드린 것으로 생각하고 오른 쪽 귀에다 대고 "알라는 위대하다"라고 기도한다. 상인들은 그날 첫 손님을 보고 그날의 재수를 점친다. 여자가 오면 재수 없다고 생각하며, 남자 손님이 흥정하지 않고 주는 돈은 이마에 한 번 대고 주머니에 넣는다.

악마를 몰아내는 나자르 본죽은 우리가 갖고 다니는 부적과 같다. 파란색의 작은 장식물 나자르 본죽과 미니 신발 차륵은 하루도 쉬지 않고 오늘도 터키 사람들에게 행운을 빌어주고 있다.

밤의 여흥 벨리 댄스

터키를 찾는 한국인 관광객이라면 터키에서 벨리 댄스는 꼭 봐야 한다고 생각하는 것 같다. 터키의 관광 홍보 책자에는 벨리 댄스를 추는 여인의 사진이 빠지지 않는다. 엷은 옷을 몸에 걸치고 몸통과 허리, 젖가슴을 흔들어대며 추는 벨리 댄스는 관광객들의 마음을 매혹시키기에 충분하다. 벨리 댄스는 이스탄불이나 관광객이 많은 도시의 관광 호텔과 대형 유흥 식당에서 관광 프로그램의 하나로 내놓는 여흥 중 하나이다.

벨리 댄스는 이슬람 문화권 여성들이 추는 배꼽춤으로, 벨리 댄스란 이름은 1890년대 시카고에서 열린 컬럼비아 박람회를 통해 미국에 알려지게 되었다. 박람회 주관사가 관람객의 호기심을 유도하기 위하여 벨리 댄싱이라는 말로 선전하였다. 벨리 댄스는 보통 오리엔탈 댄스 또는 중동 댄스라고 불리지만, 프랑스인들이 이 춤을 배춤이라는 뜻의 'dans du ventre'로 부른 것이 벨리 댄스belly dance로 굳어지게 되었다고 한다.

머리, 가슴, 엉덩이에 반짝거리는 장식품을 달고 배꼽을 내놓은 채 허리를 흔들며 추는 벨리 댄스는 어디서 기원한 것일까? 브라질의 삼바, 스페인의 플라멩코가 있다면 터키와 다른 일부 중동 지역에는 벨리 댄스라는 것이 있다고 할 수 있다. 각 민족이 독특한 춤 풍습을 갖고 있듯이, 터키인들도 벨리 댄스라는 풍습을 갖고 있다. 복부 근육과 가슴의 움직임이 강조되는 이 춤은 오락이나 여흥에 등장하는 것이지만 터키에만 있는 것은 아니다. 중동이나 아프리카 북쪽에도 허리를 재빠르게 돌리는 춤이 있다고 한다. 벨리 댄스는 섹시한 춤으로 기본 행위의 의미는 사랑을 부르는 것이다.

가슴을 드러내고 선정적으로 추는 벨리 댄스를 놓고 터키 내에서는 찬반 논쟁이 없는 것도 아니다. 최근 한 무용수가 춘 벨리 댄스에 대해 종교계가 몸을 드러내면서 추는 선정적인 춤은 이슬람 교리에 맞지 않는다는 의견을 내놓으면서 벨리 댄스의 예술성과 선정성에 대한 논쟁이 계속되었다. 그러나 벨리 댄스는 터키를 찾는 관광객을 위해서는 꼭 필요한 여흥이고, 관광 수입을 올리는 효자 상품이라며 옹호하는 주장도 만만치 않다. 오스만 제국의 쉴레이만 황제는 프랑스 대사로부터 프랑스에서 남녀가 같이 대중 앞에서 춤을 춘다는 소식을 전해 듣고 1596년 10월에 당장 이런 춤을 금지시키라는 내용의 편지를 프랑스 왕에게 보냈다고 한다.

그렇다고 오스만 제국 때 춤이 전혀 없던 것은 아니었다. 오스만 제국 시대에는 세 군데 유흥장이 있었다. 무슬림 여인들은 춤과 노래가 금지되었기 때문에 유대인, 아르메니아 출신 비무슬림 여자들만이 노래를 부르거나 춤을 추었다. 공화국 시대에 들어 무슬림 여성들도 다양한 예술 활동에 참여할 수 있게 되었고, 벨리 댄스도 그런 예술 활동의 하나였으나 수준 있는 예술로는 대접받지 못했다. 벨리 댄스는 몸매가 아름다운 여성이 춘다. 하지만 꼭 남자들을 위해서 추는 춤은 아니다. 여성들만의 모임에서도 벨리 댄스는 등장한다.

오스만 제국 시대에는 남자 춤꾼이 있었다. 남자 춤꾼을 락카스라고 하는데, 이는 춤이라는 아랍어 락스에서 유래한다. 오스만 제국 때에는 락카스가 큰 인기를 얻었지만, 지금은 거의 없어지고 소수만 남아 있다. 여자 춤꾼을 락카세라고 불렀다.

이슬람은 여성이 섹시한 옷이나 부정한 관계를 갖지 못하도록 금지하고 있다. 터키에서 가장 보수적인 도시 콘야에는 남자만 참석하는 오투락 알레미가 있다. 남자들만 앉아 라크를 마시며 무대에서 춤추는 여자를 구경한다. 이슬람의 영향으로 여자가 춤을 추거나 노래를 할 수 없었기 때문에 오스만 사람들은 남자들이 추는 춤을 보면서 여성의 신비를 상상하며 즐겼다. 모자나 두건 없이 여성의 옷을 입고 여성처럼 보이는 춤꾼을 쾨첵이라 했고, 작은 모자를 쓰고 바지를 입고 추는 춤꾼을 타브샨 올란이라 했다. 이들 춤꾼은 주로 라마단 기간에 춤을 추었다.

여성이 없는 남자들만의 여흥은 재미가 없었고, 남자들의 세계는 여성이 벨리 댄스를 추게 만들었다. 벨리 댄스는 여흥의 분위기를 고조시킨다. 송년 파티나 큰 행사의 여흥에는 벨리 댄스 프로그램이 포함된다. 미모의 젊은 여

전통 군악대 메흐테르.

인이 하얀 살을 내놓고 배꼽을 퉁기며 선정적인 몸 동작으로 격렬하게 추는 벨리 댄스는 터키의 여흥에서 빼놓을 수 없는 부분이다. 우리 나라에서도 여성의 다이어트와 건강을 위한 벨리 댄스 전문 학원이 최근에 부쩍 늘었다.

군악대 메흐테르와 모차르트의 터키 행진곡

오스만 제국의 영토를 확장해나가는 데 기여한 것들 중에 메흐테르라 불리는 군악대가 있었다. 메흐테르 군대는 오스만 제국의 초기 시대부터 황제인 술탄의 궁중 의식을 위해 조직되었다. 그러나 메흐테르의 가장 중요한 임무는 술탄이 출정할 때 술탄과 군사들을 위해 우렁차게 연주하는 것이었다. 메흐테르 군악대는 궁중 의식을 위한 연주로 술탄의 권위를 고양하는 한편, 평시에는 병사들의 사기를 북돋아주었고 전시에는 적에게 오스만 군대가 가까이 있음을 알리는 공포의 신호였다. 메흐테르는 무적의 오스만 군대의 존재를 알리는 첨병이었다. 오스만 제국 군대의 근간을 이룬 예니체리 군대가 1826년에 폐지되자 메흐테르도 폐지되었고, 그 대신 왕립 음악대가 창설되었다.

메흐테르 군악대에 참여하는 병사수는 70여 명에 달했다. 이 군악대가 사용하는 악기는 주로 타악기로서, 베이스 드럼인 타블, 나팔인 북, 딱딱 소리를 내는 타봉打棒인 차나, 피리인 주르나 등이다. 메흐테르 군대는 없어졌지만 대도시의 시청이나 민속 문화 단체 등에서는 메흐테르 군악대를 유지하고 있다. 메흐테르 군악대가 연주하는 소리를 들으면 병사들의 합창과 고함 소리가 그 옛날 야전에서 적을 공포의 도가니로 몰아넣었을 것 같은 기분이 든다. 메흐테르 군악대는 세계 순회 연주도 하고 있으며, 중요한 행사에 포함되는 민속 공연의 종목이 되었다.

오스만 제국의 메흐테르 군악대의 리듬을 받아 만들어진 것이 모차르트의 터키 행진곡이다. 터키 행진곡은 모차르트의 피아노 소나타 제11번의 3악장인데, 이 곡은 그가 남긴 20개의 소나타 중 가장 유명한 곡으로 알려져 있다. 이 곡은 모차르트가 1778년에 파리에서 쓴 것인데, 모차르트는 이 악장에 "터키풍"이라고만 기입하였는데, 그 리듬이 행진곡 풍이어서 터키 행진곡이라는 이름이 붙여졌다고 한다.

18세기경부터 유럽은 동쪽 세계에 대한 동경이 생기기 시작하였다. 그 당시 동쪽 세계란 멀리는 중국, 가깝게는 오스만 제국이었다. 유럽의 상류 사회에서는 오스만 제국이나 중국을 음악이나 미술의 주제로 삼기도 하였다. 유럽의 오스만 제국에 대한 동경의 표현 중 대표적인 것이 바로 터키 행진곡이었다. 궁전을 배경으로 한 오스만 제국의 어느 지방 관리의 이야기를 테마로 한 모차르트의 오페라 '후궁에서의 도주'도 1782년 7월 비인에서 초연되었다.

16세기만 하더라도 유럽은 오스만 제국에 대한 공포, 즉 터키인에 대한 공포를 가졌다. 그러나 오스만 제국이 유럽으로 영토를 확장해나가던 중 오스트리아의 비인 공격을 시도하였으나 실패하자, 유럽은 오스만 제국을 두려워하지 않게 되었다. 유럽 사람들이 튀르크 스타일을 모방하려는 유행은 이 시기에 일어나게 되었다. 모차르트의 생애를 그린 아마데우스라는 영화에도 유럽의 귀족들이 오스만 제국의 귀족 의상과 모자를 모방하려는 장면이 나온다.

오스만 제국은 한때 유럽에게는 공포의 대상이었지만, 오스만 제국에 대한 공포감이 없어지면서 유럽은 막강 대국에 대한 신비감을 갖게 되었다. 오스만 제국이 비인 공격에 성공했더라면 제국의 판도가 달라졌을지도 모른다. 천하 무적의 오스만 제국이 약세를 노출한 것이 모차르트의 터키 행진곡을 낳게 했는지도 모른다.

나라꽃 야생 튤립과 프랑스

대한민국의 나라꽃은 무궁화이다. 무궁화의 학명은 히비스커스 시리아커스이다. 종명種名인 시리아커스에서 알 수 있듯이 무궁화의 원산지가 시리아인 것으로 표기되고 있다. 그런데 이 분야 전문 학자들의 연구에 따르면, 무궁화의 원산지는 시리아가 아니며, 무궁화는 우리 한반도 및 북부 인도와 중국 북부 지방의 자생 식물이라고 한다. 무궁화를 명명한 사람이 무궁화를 시리아에서 처음 보고 시리아커스로 적었다고 한다. 무궁화는 전 세계에 널리 꽃나무로 심어지고 있는데, 무궁화를 꽃나무로 가장 많이 심고 있는 나라는 그리스라고 한다. 그리스와 가까운 위치에 있어서 그런지 터키에도 무궁화를 볼 수 있다. 특히 에게해나 지중해의 따뜻한 지방에 무궁화가 많이 보인다.

터키 공화국의 나라꽃은 야생 튤립으로 학명學名은 튤립과 실베스트리스이고 과명科名은 백합과이다. 튤립의 원산지는 이란, 터키, 코카서스 지방으로 이 꽃은 후에 이들 지방에서 네덜란드로 넘어간 것으로 알려지고 있다. 터키의 나라꽃은 외래 식물이 아니라 우리처럼 자생 식물이다. 나라꽃인 튤립은 우리 나라의 무궁화처럼 신성한 대접을 받지 못하고 카페트나 유리 자기 등의 무늬로 일반인들이 많이 사용하고 있다. 터키인들이 튤립을 만나게 된 것은 18세기 초로 거슬러 올라간다. 터키 사람들은 국화國花보다는 국기를 더 경건하게 생각하고 애국심의 상징으로 여기고 있다. 터키 국기는 높은 곳이면 어디든지 휘날리고 있다. 시내에도 큰 건물마다 국기를 게양하는 곳이 많고, 높은 산 언덕 구릉에는 대부분 빨간색 바탕의 터키 국기가 바람에 날리고 있다. 터키 국민들은 국기에 대해 각별한 애정을 갖고 있다. 그러나 국화에 대한 터키인들의 생각은 우리와는 좀 다른 것 같다.

오스만 제국은 1683년 오스트리아 비인에 대한 제2차 침공에 실패하자 제국 역사상 처음으로 패배국 자격으로 평화 협상을 갖게 되었다. 이때 맺어진 조약이 유명한 1699년의 카를로비츠 조약이다. 천하 무적의 오스만 제국이 약해진 모습을 최초로 당시 4대 강국인 독일, 베네치아, 폴란드, 러시아에 보여주었다. 두 차례에 걸친 비인 침공의 실패와 자존심 구기는 카를로비츠 조약 이후에 오스만 조정은 제국 내부의 약점을 찾아내고 보완하려는 생각을 갖게 되었다. 그들이 찾아낸 오스만 제국의 약점이란 서양에 대한 군사력의 열세였다. 이리하여 오스만 제국의 개혁은 당연히 군사 부문에서 먼저 시작되었고, 그 모델은 오스만 제국의 전통적 동맹국인 프랑스였다. 그때는 프랑스가 서양 문명의 중심이었기 때문에 프랑스와의 협력은 일거양득一擧兩得의 효과를 거둘 수 있었다.

오스만 제국이 유럽의 군사 기술과 문화를 배우려는 열정으로 18세기 초기는 비교적 평화가 유지되었고, 또한 튤립 재배에 광적인 열정이 일던 시기였다. 그래서인지 이 시기를 보통 튤립 시대(랄레 데브리)라 부른다. 튤립은 오스만 제국의 사회적 변화 및 개혁을 의미하는 상징이었다. 오스만 엘리트들은 프랑스인의 생활에 대해 구체적인 관심을 갖게 되었다. 오스만 조정과 이스탄불의 상류층들은 파리에 있는 궁전을 모델 삼아 건물 주변에 정원을 만들고 동상이나 분수대를 세우기 시작하였다. 이들은 네덜란드와 프랑스 사람들의 생활을 모방하여 경쟁하듯이 정원에 튤립을 심었다.

튤립은 터키에서 봄이 완연하게 왔음을 알리는 꽃이다. 지금도 4~5월이 되면 이스탄불은 튤립으로 가득 차며 이 기간에 튤립 축제가 열린다. 튤립을 국화로 하고 있는 나라는 터키 외에도 네덜란드와 이란이 있다.

터키인들이 꽃을 만나게 된 것은 이렇게 시작되었다. 정복의 과정이 주춤해지자 주변을 돌아보는 여유를 얻은 것이다. 터키어로 꽃은 치첵이다. 꽃은 터키인들의 생활에서 빼놓을 수 없는 것이 되었다. 남의 집을 방문할 때 꽃을 들고 가고, 어떤 행사에 초대되어 갈 때도 꽃을 선물한다. 꽃은 상대방에 대한 예우를 갖추는 시작이다. 시내 곳곳에 꽃집이 많이 보이는 것도 이 때문이다. 어디를 방문하게 될 경우 망설이지 말고 꽃을 준비하기로 결정한다면 별후회가 없다. 결혼식장, 개업식장, 어린아이의 할레식장, 출산, 퇴원, 졸업, 입학 등 온통 꽃이다. 앙카라 찬카야 구역에 있는 한 꽃집은 주인과 네 명의 화원사가 거의 하루 종일 화환을 만들고 배달하느라 바쁜 모습이다. 일반 상점들이 일요일은 거의 휴무를 하나 꽃집들은 일요일도 없다. 주문하는 사람이 원하는 시간과 장소에 꽃은 배달된다.

얼마 전 가깝게 알고 지내는 할아버지의 생일 저녁 식사에 초대받았다. 꽃을 사갈까? 케이크를 살까? 아니면 좀 특이한 다른 걸로? 이런 저런 생각 끝에 꽃으로 결정하였다. 꽃집에 들러 장미 튤립 수선화 안개꽃 등을 골라 꽃바구니를 만들어달라고 했다. 화원사는 한 15분 정도 작업을 하더니 아름다운 꽃바구니를 만들어냈다. 할아버지 내외는 환한 꽃바구니를 받아 들고 고맙다는 인사를 몇 차례나 하셨다. 황혼의 인생에 환하게 보이는 꽃이 좋으셨던 것 같다. 헤어질 때도 고맙다는 인사를 또 하셨다.

터키와 프랑스와의 관계는 오스만 제국 말기와 공화국 초기에 강화되었다. 오늘날 터키의 교육 제도의 모체는 프랑스였다. 고등학교를 리쎄라고 하며 단과 대학을 파퀼테라고 한다. 다 프랑스식 발음이다. 지금도 대학의 50대 이상 교수들은 거의 불어를 구사한다. 어렸을 때 불어 교육을 받은 경우도 있고, 유학을 프랑스에서 하였기 때문이다. 오스만 제국 초기에 불어가 확산된 것은 선교사의 영향이 컸다고 한다. 1970년대까지 유학 대상국으로 프랑스가 인기였다. 지금은 상황이 바뀌어 미국으로 가는 유학생이 제일 많다고 한다.

터키어에는 불어 단어가 많이 도입되었다. 불어 단어를 터키식 발음으로 고쳐 사용하고 있다. 특히 문화와 관련된 단어는 대부분 불어에서 온 것이다. 미장원을 쿠아피르, 승강기를 아산쇠르, 운전 기사를 쇠피르, 박물관을 뮈제, 웨이터를 가르손, 만화를 카리카튀르, 얼굴 화장을 마키야츠, 지하철을 메트로, 포장을 암발라즈, 샤워를 두쉬라고 하는 것 등은 그 예이다. 고맙다고 할 때 어려운 터키어 테쉐퀴르 에데림 대신에 메르씨 해도 된다. 불어 단어를 좀 아는 사람이라면 터키 사람들의 말 중에서 들리는 단어가 있어 편리할 때가 있다.

한국의 김치와 터키의 물담배 나르길레

"미국의 뉴욕이나 워싱턴의 중심가에서 가장 현대적인 사람은 타임지 또는 뉴스워크지를 읽으며 식사 때는 한국의 김치를 먹고 식사 후에는 터키의 물담배 나르길레를 피는 사람이다"라는 얘기가 있다.

한국의 김치와 터키의 나르길레가 같이 언급된 것만으로도 한국인이자 터키를 아는 사람으로서 예사롭게 들리지 않는다. 한국의 김치는 이제 국제적인 음식이 되었다. 서양 사람들은 김치의 재료가 되는 배추를 샐러드나 수프 형태로 즐겨 먹었다. 그러므로 배추를 발효하여 만든 김치는 서양 사람들에게는 또 다른 맛이고 자극이다. 터키의 나르길레는 어떤가? 아메리칸 커피나 이태리식 커피에 익숙한 사람이 긴 파이프로 된 물담배를 피는 것은 역사와 풍류를 즐기는 과시의 한 표현이다. 독특한 풍미를 갖춘 김치는 동방 예의지국이며 조용한 아침의 나라인 한국의 상징이며, 다양한 맛과 색깔로 풍류를 즐길 수 있는 나르길레는 광활한 땅을 지배하고 한 시대 역사의 주인이었던 오스만 제국의 상징이다.

터키인들도 김치가 담고 있는 매운 맛을 좋아한다. 터키의 동남부 지역이나 에게해 지역 사람들은 매운 음식을 즐기는 편이다. 케밥에 고춧가루를 쳐서 먹고 마늘도 불에 구워 먹는다. 샨르 우르파 케밥이나 아다나 케밥은 매운 맛이 특징이다. 터키 사람들도 마늘 냄새는 싫어한다. 김치에서 나는 마늘 냄새를 역겨워하는 사람이 없는 것은 아니지만, 한국의 김치는 터키 사람들에게도 맞는 음식이다. 매운 맛에 김치를 좋아하는 사람도 있다. 해외에서 근무한 터키인들을 만나게 되면, 그들에게는 자기가 살던 곳에서 만난 한국인을 기억하며 한국인 친구가 맛보여준 김치도 꼭 언급한다. 그들은 모두 한국 사람과는 잘 지냈다고 하면서 김치 생각이 난다고 말한다. 한국인과 터키인은 쉽게 친해질 수 있는 기본 인자因子를 가지고 있는 것이 아닐까?

나르길레란 물에다 여러 가지의 향료를 넣어 긴 파이프로 담배를 피우는 것인데, 지금은 이스탄불이나 앙카라 시내에 물담배 전문점이 생길 정도로 새로운 유행이 되고 있다. 일종의 카페 같은 것으로 물담배 맛과 멋을 즐기려는 젊은이들이 찾고 있는 곳이다. 자주 가는 사람은 자기가 쓰는 파이프를 별도로 두고 있고, 이곳을 찾는 사람들끼리 모임도 있다고 한다. 외국인이 많은 관광지에도 나르길레 가게가 많이 생겼다. 1962년 10월 초 우리 나라의 한 신문에 "열사熱砂의 나라 터키"라는 제목으로 터키의 앙카라와 흑해 연안 도시 아마스라 여행기를 적으면서, "토이기 사람들은 나르길레라는 기구로 긴 호스를 통하여 연기를 빨아들이는 독특한 담배 피기를 좋아한다"고 큰 사진과 함께 소개된 적이 있다. 아마도 나르길레가 한국에 처음 소개된 경우일 텐데, 그 당시 한국 사람의 눈에는 나르길레를 피는 터키 사람이 매우 이상하게 보였을 것이다. 관광객 중에는 터키를 방문한 기념품으로 물담배 파이프를 사가는 사람도 있다.

김치와 나르길레에서 굳이 공통점을 찾는다면 이를 먹거나 즐기기 위해서는 시간을 기다려야 한다는 것이다. 김치도 숙성된 것을 먹기 위해서는 많은 시간을 기다려야 하고 나르길레도 즐기기 위해서는 시간이 필요하다. 인스턴트 음식이나 기호품보다는 먹고 피는 데 절차가 필요하다. 그만큼 인내가 필요하다. 터키 사람들이 터키 차茶나 커피를 직접 끓이고 준비하는 것을 중요하게 생각하는 것도 이런 면에서 마찬가지다. 터키인들은 인스턴트 음식을 좋아하지 않는다. 그들은 준비하는 과정을 중요하게 생각한다.

동양인들이 서양인을 호기심과 동경의 대상으로 보듯이 서양인들도 동양인을 호기심의 대상으로 본다. 한국의 김치나 터키의 나르길레는 구미인들에게 환상과 낭만을 불러일으키기에 충분하다. 왜냐하면 김치나 나르길레가 그들에게는 이국적이면서 풍요로움의 뉘앙스를 주기 때문이다. 김치나 나르길레에 대한 관심은 과거 유럽에서 있었던 오리엔트 문화 열풍이 다시 찾아오는 것을 의미하는 것이 아닐까?

가깝고도 먼 나라, 한국과 터키

가깝고도 먼 나라, 한국과 터키

    터키는 우리 나라와 가장 가까우면서도 멀리 있는 나라이다. 가장 가깝다는 말은 두 나라가 여러 가지 면에서 운명적인 유대 관계를 가졌다는 의미이며, 멀다는 말은 그럼에도 불구하고 한국 사람의 가슴에는 쉽게 와 닿지 않는 나라인 데서 하는 말이다.
    터키는 북위 36~42도(포항에서 백두산까지)에 위치하여 한반도와 거의 같은 위도에 있으며, 지형적으로는 전략적으로 중요한 자리에 위치하고 있다. 한국은 아시아 대륙의 동쪽 끝에, 터키는 서쪽 끝에 자리하여 두 나라는 아시아 대륙을 지키는 첨병 역할을 하고 있다. 한반도가 강대국의 이익에 중요했던 것과 마찬가지로 터키가 위치하고 있는 아나톨리아 반도도 근대사에서 주변 강대국의 이해 관계 때문에 침략의 대상이 되어왔다.
    약 8,000km의 거리를 두고 서로 멀리 떨어져 있는 한국과 터키이지만 언제나 가깝게 느낄 수 있는 나라가 바로 터키와 한국이 아닐까 한다. 그렇다면 이들 두 나라와 두 민족을 서로 가깝게 느낄 수 있도록 하는 것이 있다면 그것은 무엇일까?
    우선 언어의 유사성을 들 수 있다. 두 나라 말은 알타이어족에 속하여 문장 구성, 문법, 모음조화 등 비슷한 특징을 가지고 있다. 양국 말이 같은 어족인 관계로 한국과 터키 사람들 간의 사고방식도 일면 상통하는 면이 많이 있다. 사고방식이 유사하기 때문에 감정의 표출과 표현 방법 또한 비슷하다. 터키 사람들도 다분히 감정 지향적인 방법으로 의사 소통을 한다고 말할 수 있다. 그렇기 때문에 터키의 전통 관습은 우리의 것과 비슷한 데가 많이 있다.

우리 나라와 터키가 가깝게 된 계기는 한국 전쟁이다. 한국 전쟁이 발발한 지 반 세기가 지난 지금 한국 전쟁을 들추어가며 양국 관계를 설명하는 것은 시대에 뒤진 느낌이 들긴 하지만, 터키군의 한국전 참전은 양국 간의 우호 관계는 물론 양국민이 서로 친밀한 감정을 갖게 한 데에도 충분한 이유를 지니고 있기 때문이다.

사실 터키 사람들에게 한국이란 바로 한국전에 참전했던 터키군이 보고 전해준 '나라'를 의미한다. 그래서 터키 사람들은 한국을 피로 맺어진 형제란 뜻을 가진 칸카르데쉬라고 부른다. 한국을 형제국이라 보는 터키 사람들은 한국과 한국민을 진정 좋아하는 마음을 기본적으로 갖고 있다고 해도 지나친 말이 아니다. 이런 연유로 터키 사회의 각 분야에는 한국 전쟁과 인연이 맺어진 소위 친한파 인사들이 많은 편이다.

국내적으로 볼 때 터키군의 한국전 참전은 터키 사람들에게 자유 수호를 위해 공산주의자들과 대항하여 승리를 이끌었다는 민족적인 자긍自矜을 가져다주었으며, 대외적으로는 터키군이 군우리(평양 북쪽 80km)와 금양장리(수원 동쪽 20km) 전투에서 신화적인 전승을 거둠으로써 서방 국가들이 터키를 북대서양조약기구NATO 회원국으로 받아들인 점 또한 당시 소련의 위협을 두고 집단 방위를 보장받았다는 점에서 그 중요성을 갖는다.

295

"희토인의 퇴거"라는 제목의 기사.

 근대 정치사에서 한국과 터키는 운명적으로 같은 궤도軌道를 걸어온 것이 흥미롭다.

 1919년은 한국에서 독립을 위해 3·1운동이 일어났던 해인 것처럼, 터키에서는 국부라 불리는 무스타파 케말 장군이 서구 열강에 의해 분열되어 위기에 놓인 오스만 제국을 구하기 위하여 군대를 조직하고, 민족주의에 입각한 새로운 독립 국가를 만들기 위해 흑해의 삼순 항에 들어온 역사적인 해가 1919년으로써 터키 공화국 건국사에 빼놓을 수 없는 해이다.

 또한 터키에서는 1960년 4월 말에 시작된 학생들의 반정부 시위가 5월 군사 혁명으로 이어지면서 정권의 교체를 가져왔을 때, 한국에서는 1961년 5·16 군사 혁명이 발생하였다. 그 후 10년이 지난 1971년 3월, 터키에서는 군부 쿠데타가 일어날 즈음, 같은 해 12월 한국에서는 긴급 조치 등이 선포되었다. 다시 10년이 채 못 된 1980년 9월 케난 에브렌 장군이 이끄는 군부는 의회와 정당을 해산시키고 국가 안보 위원회를 조직하면서 제헌의회 조직법을 공포하였다. 비슷한 무렵 1979년 10월 한국에서는 10·26 사건이 발생하였다.

경제면으로 볼 때도 터키와 한국은 1960년대 초 상당히 어려운 사회 경제적인 문제에 당면하였다. 이때 두 나라는 현상의 위기를 타개하기 위하여 거의 동시에 '경제 개발 5개년 계획'을 시행하였다는 점이 또한 흥미롭다. 제1차 경제 개발 5개년 계획을 한국은 1960년, 터키는 1961년에 시행하였다.

터키는 1948년 대한민국 정부가 수립되자 미국·타이완(1948), 영국·프랑스·필리핀(1949년), 스페인(1950년), 독일(1955년), 이탈리아·베트남(1956년)에 이어 1957년에 열 번째로 한국을 한반도의 유일한 합법 정부로 인정함으로써, 발빠르게 우리와 우호 관계를 맺었다. 우리 나라가 터키에 상주 공관을 개설한 것은 1957년 6월 17일인데, 대사관을 기준으로 하면 우리 나라는 미국(1949년 3월 25일), 대만(1949년 7월) 다음에 세 번째로 터키에 대사관을 개설하였다. 우리 나라가 프랑스에 1949년 7월 6일, 영국에 1950년 2월 17일, 필리핀에 1954년 1월 9일에 공사관을 개설하였으므로 이들을 포함한다 해도 우리 나라 외교사상 일곱 번째로 상주 공관을 개설한 것이다. 이는 한국과 터키 양국이 한국 전쟁 이후 얼마나 가깝게 되었는가를 단적으로 말해주는 것이다.

한국인들은 터키 사람들을 한국 전쟁을 통해 알게 되었다고 하지만 이미 1930년대에 터키계인 타타르인들이 신의주, 평양, 서울, 대구, 인천, 부산, 목포 등지에 약 30가구 정도가 살고 있었다고 하며, 이들은 대부분 기성복 가게를 운영하였다고 한다. 1920년대 이전에도 서울에 터키인이 살고 있었던 것으로 보인다. 1920년 4월 26일자 동아일보는 "希土人희토인의 退去퇴거"라는 제목으로 경성(서울의 옛 이름)에 살던 토이기 사람들이 떠날 준비를 하고 있다고 전하고 있다.

"요사이 경성 시내에 사는 토이기(터키)와 희랍(그리스) 사람들은 본국이나 혹은 청국으로 각각 이사 준비를 하는 자가 적지 아니하다. 그네는 거의 담배와 잡화상 영업을 하는 사람들인데 구주천란(제1차 세계대전)이 발발한 이후로 본국에서 상품이 여의하게 나오지 못할뿐 아니라 조선에서도 연초 제조업이 발달됨에 따라 세월도 전만은 못하고 본국에서도 전쟁이 끝났음으로 이 기회를 타서 귀국할 뜻을 내인 모양이오. 또 그 전에 일본에서 담배 장사를 하다가 전매 제도 專賣制度가 실시된 이후로 할 수 없이 조선으로 건너와서 장사를 하던 사람도 적지 아니한 모양인데 조선에도 조만간 일본과 같이 전매 제도가 실시될 눈치를 보고 전도를 비관하야 청국으로 이사하는 사람도 있다더라."

위의 기사는 구한말 조선 땅에 터키인이 살고 있었음을 알려주는 것이다. 짧은 기사지만 그들의 생활의 단면을 볼 수 있어 유익하다. 이처럼 한국인과 터키인들은 한국 전쟁 이전에도 소규모이긴 하나 한반도에서 서로 같이 지낸 흔적을 확인할 수 있다.

한국과 터키 양국은 외교 관계를 수립한 지 2007년으로 50주년이 되었다. 그 동안 두 나라 관계는 정치, 경제, 문화, 군사 등 분야에서 큰 발전을 이룩한 것도 사실이다. 특히 교역 분야에서 두 나라는 괄목할 만한 발전을 하였다. 우리 나라에서 기성복 가게를 하고 담배와 잡화상 영업을 하던 터키인들과의 거래는 놀랍게 발전하였다. 양국간 구조가 상호 보완적이기 때문에 우리 나라는 터키가 필요로 하는 자동차, 섬유, 전자, 기계 등의 부품, 즉 중간재를 수출하고 있다. 두 나라 간 교역은 1990년부터 본격적으로 확대되기 시작하여 1997년도에는 처음으로 10억대를 넘어 11억 불의 교역량을 기록하였다. 1980년 중반부터 우리 나라의 대기업이 이스탄불에 지사를 설치하여 활동한 것도 교역이 늘어나는 데 크게 기여하였다.

두 나라는 외교 수립 이후 외교면에서 아무런 문제없이 지내오고 있다. 우리 나라가 반공 정책을 추진하고 있을 때 터키도 마찬가지로 소련에 대항한 반공 정책을 채택하였기 때문에 그런 면에서 두 나라는 이해가 충돌할 리 없었다. 양국간 군사 교류는 다른 어떤 분야보다도 활발하다. 터키군의 한국전 참전으로 생긴 우호 관계를 토대로 군고위 인사 교류는 물론 군사 유학생의 교류도 잘 이루어지고 있다.

한국인의 영원한 친구 코레 가지씨

'코레 가지씨'는 어떤 개인의 이름이 아니다. '가지'는 전쟁에 갔다 살아온 사람에게 주는 칭호였으나 요즘은 보통 참전 용사를 말한다. '코레 가지씨'란 한국전에 참전했던 참전 용사를 부르는 말이다.

한국전이 1950~1953년 사이에 있었으니 그날의 참전 용사는 이미 70대를 넘어선 노인들이다. 유엔의 깃발 아래 한국전 참전국이 16개국에 이르는데 터키군의 참전은 우리에게 남다른 뜻이 있다. 코레 가지씨들이 터키 국민에게 심어놓은 한국에 대한 사랑은 말로 표현할 수 없을 만큼 큰 것이었다. 터키인들은 1950년대 코레 가지씨들이 들려주었던 한국을 지금도 기억하고 있다. 터키의 동서남북 어디를 가도 한국전에 참전한 참전 용사나 그 참전

앙카라 한국 공원에 있는 터키군 참전 기념탑.

용사의 친척들을 만나는 일은 어렵지 않다.

　이스탄불에서 택시를 타게 되었다. 그 택시 운전사는 차내 거울로 뒤에 앉은 나를 보며 한국인이냐고 묻는다. 그렇다고 대답이 끝나자마자 자기 큰아버지가 한국전에 갔다 왔다고 하면서 큰아버지가 살아 계실 때는 한국에 대해서 많이 들었다고 자랑스럽게 이야기한다. 한 번은 시골 여행길에 조그만 잡화 가게를 들렀는데, 주인 할아버지는 내가 한국인이란 것을 확인하고는 내 손을 꼭 잡고 자신도 한국전 참전 용사라 하면서 한동안 눈물을 감추지 못했다. 터키에 있다 보면 이런 저런 상황에서 비슷한 경험을 얼마든지 할 수 있다.

　코레 가지씨들은 정말 한국을 사랑하는 사람들이다. 그들은 전쟁 중의 참혹한 상황을 기억하기보다는 전쟁 이후 발전된 한국을 자기 조국이 발전한 것만큼이나 내심으로 기뻐하는 사람들이다. 그들은 한국을 바탄(조국)이라고 서슴없이 말한다. 그들이 한국에 대해, 한국민에 대해 가진 애정은 한국의 좋은 면만을 기억하려는 마음에서 얼마든지 읽을 수 있다. 한국전에서의 기억이란 목숨을 내놓고 군인 정신으로 싸웠던 무용담뿐이다. 전쟁 중에도 터키군은 한국의 전쟁 고아들을 모아 보살피기 위해 앙카라 학교를 세웠다.

　한국인을 카르데쉬(형제)로 보게 된 것은 코레 가지씨의 한국에 대한 애정 때문이었다. 단순히 카르데쉬로 끝나지 않는다. 애정의 정도를 강하게 나타내고 싶을 때는 칸카르데쉬(피로 맺은 형제)라고 부른다. 한국인은 피를 같이한 친형제와도 같다는 생각이다. 한국전에 참전한 용사들은 그 이후 코렐리(한국인)라는 별칭으로 부르게 되었다. 한 마을에 메흐메드가 둘 있다면 한국전 참전 용사는 코렐리 메흐메드로 부르게 되었다. 코레 가지씨들은 이름 대신 코렐리라고 불리는 것을 자랑스럽게 생각한다. 한국 전쟁 이후 생긴 터키의 코렐리들은 한국의 대명사가 되었다.

터키군은 한국전에 지상군 1개 여단을 파견하였다. 3개 보병 대대, 1개 105㎜ 곡사포 대대와 그 지원 부대 병력 약 5,000명으로 구성된 여단은 1950년 10월 19일 부산항에 도착하였다. 터키 제1여단은 미 제9단에 배속되어 대구—대전 간, 개성—문산—시변리 간의 후방 지역 경계 작전을 수행하다가 11월 하순부터 전방 지역 작전에 참가하였다. 이 여단은 1951년 11월에 제2여단과 교대하였고, 제2여단은 1952년 8월에 제3여단과 교대하였으므로 터키군의 한국전 참전 병력은 약 1만 5,000명에 이르렀다. 터키군의 인명 손실은 미국, 영국 다음으로 세 번째다. 대한민국 재향 군인회의 UN군 사상자 현황에 따르면, 터키군은 전사 741명, 부상 2,068명, 실종 및 포로 407명 등 총 3,216명의 인력 손실이 있었다.

연인원 1만 5,000여 명이 한국전에 참전하였으므로 참전 용사 한 명의 가까운 친척을 대략 30명으로 계산한다 해도 코렐리로 알려진 가족이 45만 명이나 된다. 이는 1950년도 터키의 총인구 2,094만 명의 2.15%에 해당되는 숫자이다.

터키군은 한국전 참전 시 1950년 11월 말 평양 북방의 군우리에서 가진 전투와 1951년 1월 말 수원 동방의 금양장리에서 가진 전투에서 용맹성을 유감 없이 발휘하였다. 군우리 전투는 터키 여단이 중공군과 치른 전투로서 현대전에서는 그 유례를 찾기 힘들 정도로 고립된 상황에서 부대의 생존을 위해 싸운 처절한 전투였다. 터키 여단은 군우리 전투에서 많은 병력과 장비의 손실을 입었다. 터키 여단은 이 전투에서 협곡의 불리한 지형임에도 불구하고 중공군과의 악전고투 끝에 군우리-덕천 계곡에서 중공군의 공격을 3일 간이나 지연시킴으로써 군우리 서측방 유엔군 부대의 철수로가 조기에 차단 당하는 위기를 면하게 해주었다. 터키 여단은 중공군과 가진 금양장리 전투 에서는 총검에 의한 백병전으로 한 명당 40명의 적을 무찌름으로서 금양장 리와 서쪽의 151고지를 점령하고 중공군을 격퇴시켰다. 이 전투는 군우리 전투에서 패배한 터키군의 명예를 회복시켜 주었으며, 터키군의 용맹성을 세계에 과시하게 된 계기가 되었다.

터키의 한국전 참전 용사회는 1973년에 조직되었으나 1983년에 터키참전 용사협회로 통합되었다. 터키참전용사협회는 터키 공화국 수립 직전의 독립 전쟁, 한국전, 키프로스전 참전 용사들을 회원으로 하고 있다. 참전 기념탑 은 서울시의 지원으로 1973년 앙카라 시내 코레 파르크(한국 공원) 내에 건 립되었다. 참전 기념탑 외벽에는 전사자의 이름, 생년월일, 전사한 날짜 등 이 기록되어 있다. 우리 나라는 터키군의 금양장리 및 151고지 전투 적전지 인 경기도 용인군 성산면 자연 농원 입구에 터키군 참전 기념비를 1975년에 건립하였다.

터키군은 매년 1월 25일 코레 파르크에 있는 참전 기념탑 앞에서 금양장 리 전승 기념 행사를 갖는다. 터키군은 그들이 치른 군우리 전투, 금양장리 전투, 장승천 전투, 네바다 전초전 중에서 터키군의 용맹성을 세계에 과시했 던 금양장리 전투를 가장 자랑스럽게 기억하고 있다. 터키 공화국 수립 이후 에 터키군이 전투에 참가하게 된 것은 한국 전쟁이 처음이었다. 터키군은 한 국전을 포함 소말리아(1992년 12월), 보스니아(1994년 3월), 이스라엘 엘하 릴(1997년 1월), 코소보(1998년 10월), 아프카니스탄(2001년 11월) 등 총 6차례에 걸쳐 병력을 해외에 파병하였지만, 규모 면에서 한국전 참전은 최대 규모였다.

시간이 지날수록 코레 가지씨와 코렐리들의 수는 점차 줄어들고 있다. 지난해 기념식에 나왔던 참전 용사 할아버지가 안 보여 알아보면 언제 어떻게 돌아가셨다고 한다. 코레 가지씨들의 눈가에 깊게 패어진 굵은 주름살을 보노라면 무한한 연민의 정이 오르는 걸 어찌하랴? 그들은 생사의 갈림길에서 살아왔기 때문에 더 한국을 잊지 못하고 있는지도 모른다.

터키에서 진정 한국을 사랑하는 사람이 있다면 그들은 바로 반 세기 전의 코레 가지씨들이 만들어놓은 코렐리 군단이다.

터키군이 가져온 이슬람과 위스크다르

한반도에 이슬람이 들어온 때는 신라 시대로 거슬러 올라가는 것으로 추정되지만, 이슬람 종교와 문화가 한반도에 본격적으로 들어오게 된 것은 13~14세기 고려 시대로 알려져 있다. 고려사에 회회인回回人으로 기술된 이들이 튀르크계 종족인 위구르인들이며, 이들은 수도 개경을 중심으로 집단생활을 하였다고 한다. 작가 미상으로 구전되어 온 평민 문학인 고려 속요 중 쌍화점雙花店에 있는 "상화떡집 회회아비"가 이슬람 사람을 의미한다고 한다.

잠시나마 한반도에 유입된 이슬람은 조선 시대에 들어 유교의 영향으로 이질 문화를 배척하는 풍토에서 자취를 감추게 되었다. 1920년대 구소련의 볼셰비키 혁명을 통해 튀르크계 이슬람 신자들이 한반도에 잠시 피난하였으나, 한국이 독립한 1945년 이후에 이들이 한반도를 떠났기 때문에 한반도에는 이슬람 신자들이 남아 있지 않게 되었다. 이렇게 자취를 감춘 이슬람이 한반도에 다시 본격적으로 들어온 것은 1950년 6·25 전쟁 시 유엔군의 일원으로 한국전에 참전한 터키군이 계기가 되었다.

터키군의 한국전 참전은 한반도에 이슬람 유입이라는 면에서 볼 때 중요한 전환점이 되었다. 한국전에 참전한 터키군의 이맘인 압둘가푸르 카라이스마일올루에 의해 1955년에 최초로 한국에 이슬람이 전래되었으며, 1956년 카라이스마일올루의 뒤를 이은 쥐베이르 코치라는 이맘이 터키 병사의 종교생활을 이끌었다. 1956년 7월에는 한국에 주둔하고 있던 터키군의 지원으로 이문동에 대형 콘세트 막사로 이슬람 임시 성원이 건립되었다. 1958년 4월 한국을 공식 방문한 멘데레스 터키 수상은 이문동의 임시 성원을 방문하였다. 1970년 9월에는 박정희 대통령이 용산구 한남동 소재 시유지를 이슬람 성원 건립 부지로 하사하였고, 1976년 5월 전 세계 이슬람 국가 지도자가 참석한 가운데 이슬람 서울중앙성원 및 이슬람센터가 개원되었다. 이로써 터키군 이맘의 노력은 그들이 한국 땅에 이슬람을 뿌려놓은 지 20여 년 만에 결실을 보게 되었다.

1956년 터키인 이맘의 영향을 받아 이슬람을 받아들인 한국인 수는 50여 명 정도였으나, 이 수는 1년 만에 200여 명으로 늘어났다. 한국 내 이슬람 수는 1970년대 중동 건설 열풍으로 한국인 근로자가 중동 지역에서 근무하게 되면서 급속히 늘어나게 되었다. 한국에 이슬람이 뿌리를 내린 지 반 세기가 지난 현재 한국에는 9개(서울, 부산, 광주, 전주, 안양, 안산, 포천, 부평, 파주)의 이슬람 성원과 60여 개의 임시 예배소가 있을 만큼 교세가 확장되었고, 외국인 무슬림을 포함해 15만 명의 무슬림들이 종교 생활을 하고 있다.

아직 한국인 인구에 비해 이슬람 신자의 수는 미약하지만, 한국의 이슬람은 한국전쟁 중 후방에서 '앙카라 학교'를 건립해 전쟁 고아의 양육과 교육에 힘쓴 터키군이 씨앗을 뿌려놓았다는 점에서 우리 한국인에게는 특별한 의미가 있다고 하겠다.

또한 터키군과 함께 한국에 유입된 것은 위스크다르라는 터키 민요이다. 그 당시 우리 가수가 "위스크다라 머나 먼 길 찾아 왔더니…"라는 노랫말로 불렀다. '위스크다르' 하면 터키를 연상할 정도로 이 노래는 우리에게 많이 알려졌다. 우리가 알고 있는 위스크다르라는 터키 민요의 진짜 제목은 캬팁이다. 캬팁이란 서기, 비서 정도의 공무원을 말한다.

위스크다르는 이스탄불의 아시아 지역에 있는 조용한 마을이다. 우리는 위스크다르를 위스키달라로 알고 있다. 그래서 이 노래를 "위스키 달라, 소주 달라…" 하는 식으로 장난스레 기억하고 있는 경우가 많다. 위스크다르는 위스키의 이름이 아닌 이스탄불 보스포러스 해협 저편에 있는 마을의 이름이다. 이 동네는 오스만 제국 때에도 중요한 지역이었다. 오스만 제국의 제2대 황제 오르한 가지가 비잔틴의 콘타쿠지노스 황제의 딸과 결혼하고 장인을 1347년 위스크다르에서 만났다고 한다. 그 후 5년 만에 위스크다르는 오스만 제국의 영토가 되었다. 위스크다르는 오스만 제국이 아나톨리아 지역에 대한 원정의 출발점으로서 중요한 군사 기지 역할을 하였고, 시간이 지나면서 군사는 물론 교역의 중심지 역할을 하였다.

위스크다르의 상징은 해안에서 100여m 떨어진 곳에 있는 처녀탑, 터키어로 크즈쿨레씨이다. 이 성은 많은 전설을 갖고 있는 것으로 유명하다. 기원전 410년경 그리스는 해협을 감시하기 위해 크즈쿨레씨가 있는 곳에 검문소를 설치했다고 한다. 또한 12세기에 비잔틴 황제는 크즈쿨레씨와 사라이부르누 간 해협 밑에 철퇴鐵槌를 깔아 다른 배의 진입을 막았다고 한다.

위스크다르는 옛날에도 아름다운 도시였다고 한다. 이스탄불을 가장 아름다운 시각에서 보기 위해서는 꼭 위스크다르를 들러야 한다. 위스크다르에서 보는 이스탄불 도시의 실루엣은 한 편의 화폭이 아닐 수 없으며, 보는 사람으로 하여금 황홀감을 자아내게 한다.

역사의 도시 위스크다르에서 탄생한 것이 바로 캬팁이라는 노래다. 캬팁은 오스만 제국 때부터 구전으로 내려오는 터키의 전통적인 민요이다. 따라서 작가가 누구인지도 알 수 없지만, 오랫동안 터키인의 사랑을 받으면서 지금까지도 불려지고 있다. 이 민요는 부르는 사람의 기분에 따라 느리게 부르면 구슬픈 곡조가 되고, 빠르게 부르면 흥이 생기는 그런 노래다. 노랫말을 보면, 위스크다르에 살고 있는 처녀가 젊은 공무원을 사모하는 연가戀歌이다. 캬팁의 가사를 우리 말로 옮겨보면 다음과 같다.

위스크다르 가는 길에 비가 내리네
내 님의 외투 자락이 땅에 끌리네
내 님이 잠에서 덜 깨어 눈이 감겼네
우리 서로 사랑하는데 누가 막으리
내 님의 깃 달린 셔츠도 너무 잘 어울리네

위스크다르 가는 길에 손수건을 놓았네
내 님을 위한 손수건에 사랑을 담았네

어느새 내 님이 바로 옆에 있네
우리 서로 사랑하는데 누가 막으리
내 님의 깃 달린 셔츠도 너무 잘 어울리네

"위스크다르 가는 길에 손수건을 놓았네." 옛날 터키의 처녀들은 사랑하는 사람에게 사랑 고백을 말로 할 수 없었다. 그래서 처녀들은 사랑하는 사람이 지나가는 길에 손수건을 흘려 사랑을 고백했다. 21세기를 사는 이 시대에 생각해보면 얼마나 낭만적인가!

저녁 해질 무렵 위스크다르에서 이슬람 사원의 첨탑이 도시의 건물들과 묘한 조화를 이루면서 한 폭의 풍경화를 그려내고 있는 것을 보노라면, 오스만 제국의 영화榮華가 해협의 푸른 물과 어우러져 해안 저편에서 되살아나는 듯한 착각을 갖게 된다. 위스크다르는 그 옛날 위스크다르의 처녀가 해협 건너 이스탄불을 바라보면서 캬팁이라는 노래를 불렀음직한 도시로 남아 있다.

한국의 4·19 혁명과 터키의 5·27 군사 혁명

한국에서 일어난 1960년 4·19 혁명은 영구 집권을 꾀하던 이승만과 자유당 정권에 반대하는 한국 학생들의 반정부反政府 항쟁이었다. 1960년 3월 15일 실시된 정·부통령 선거에서 대통령 이승만이 부정과 폭력으로 재집권을 시도하자, 마산에서 부정 선거에 항의하는 대규모 시위가 발생하였다. 시위를 진압하는 경찰의 발포로 인명 피해가 발생하였고, 반부정 반정부 시위는 계속 확산되었다. 드디어 4월 19일 전국적인 대규모 시위가 일어나게 되었다.

터키의 학생 시위에 관한 기사.

이날 시위로 4월 25일 대통령 이승만은 하야下野 성명을 발표함으로써 자유당 정권은 집권 12년 만에 붕괴되었다.

같은 무렵, 터키의 정국도 한국의 상황과 거의 같게 돌아가고 있었다. 터키 공화국이 수립된 이래 공화인민당은 1945년까지 사실상 단일 정당으로 터키를 지배하였다. 공화인민당은 관료와 군부의 지지를 받아 이슬람 전통을 벗어난 세속주의를 바탕으로 강력한 개혁 정책을 단행한 주체였다. 소위 엘리트 지배 계층에 의한 과감한 개혁 정치는 보수 이슬람 계층인 노동자, 농민, 중소상업자들의 반발을 사게 되었다.

1950년 5월 14일 터키 정치사상 처음으로 야당이 참가한 총선에서 무소불위無所不爲의 공화인민당을 제치고 민주당이 압도적인 승리를 거두었다. 1954년 총선에서도 민주당은 압도적인 승리로 제1당이 되었다. 민주당은 제랄 바야르 대통령과 아드난 멘데레스를 총리로 하여 1960년까지 10년 간 집권하였다. 민주당은 공화인민당 집권 시 기득권 계층인 관료, 군부 및 지식인 계층에 대하여 부정적인 태도를 견지하였다. 민주당의 승리는 그 동안 소외된 계층의 전폭적인 지지로 가능하였다. 그러나 1950년대 후반에 이르러 관료와 군부 등 민주당 정부에 의해 소외된 계층의 민주당 정권에 대한 반감은 절정에 달하였다. 반정부 세력에는 학생들도 가담하였다. 이들에 대한 민주당 정권의 탄압은 계속되었다. 대학생들이 주도한 반정부 시위는 1956년 들어 본격화되었고, 1960년 4~5월에 이르러 극에 달하게 되었다.

야당인 공화인민당에 대한 민주당 정부의 탄압은 공화인민당을 지지하는 군부의 불만을 가져왔다. 국민의 신망을 잃어가고 있다는 불안감 속에서 민주당은 야당 탄압을 강행하였고, 야당 탄압에 맞선 공화인민당은 차기 총선에 희망을 걸고 도전적인 자세를 보임으로써, 여야의 대립은 첨예하게 되었다.

한국에서 자유당 정권에 반대하는 학생 시위가 확산되고 있을 때 1960년 4월 27일 이스탄불의 마르마라 대학에서 학생들이 모여 한국 학생들의 반정부 투쟁에서 희생된 학생들의 명복을 비는 내용의 전문을 보내자고 결의하였다. 이를 계기로 4월 28일부터 30일까지 앙카라와 이스탄불에서는 대규모 학생 시위가 일어났고, 민주당 정부의 야당 및 반정부 세력에 대한 탄압의 강도가 높아짐에 따라, 군부 세력은 5월 27일 군사 혁명을 일으켰다. 5·27 군사 혁명으로 민주당 정권이 붕괴되고 귀르셀 육군 사령관이 이끄는 군사 정권이 등장하게 되었다. 1961년 9월에는 민주당의 멘데레스 총리가 처형되었다.

터키 학생들의 반정부 시위는 우리 나라에서 일어난 4·19 혁명이 큰 영향을 끼쳤다. 당시 우리 언론은 터키 학생들의 대규모 반정부 시위에 대해 토이기 학생들이 한국 학생을 본떠 봉기하였다고 대대적으로 보도하였다. 1960년 4월 30일자 국제신보는 한국 최대 규모인 4·26 데모가 있은 후 2일 후인 4월 28일 터키에서는 수상 사임을 요구하는 반정부 학생 데모가 일어났으며, 이날 수천 명의 이스탄불 대학생들은 3·15 정·부통령 부정 선거를 규탄하는 데모 사건에서 죽은 한국 청년들을 칭찬하는 구호와 "자유는 독재자 때문에 죽었다"는 구호를 외치면서 경찰의 엄한 경계망을 뚫고 데모를 감행했다고 전했다. 이 신문은 토이기에서 대학생들의 데모가 일어나게 된 직접적인 원인은 4월 27일 밤 토이기 국회가 보도관제報道管制에 불복하는 신문을 폐간할 수 있는 권한을 부여하는 법안을 통과시킨 데 있다고 하면서, 토이기는 한국과 같이 완전한 언론의 자유와 정치 활동의 자유가 보장되어 있지 않으며, 멘데레스 정부는 미국의 경제 원조를 독재 강화에 사용했다고 설명했다.

1950년 터키군의 한국전 참전으로 터키에서는 한국의 소식이 대대적으로 알려지게 되었는데, 한국 전쟁이 끝난 지 7년 만에 한국과 터키에서 일어난 학생들의 반정부 시위는 양국 국민 간 또 다른 동료 의식을 불러일으키게 하였다. 1960년대 민주당 정부는 한국과는 인연이 많은 정부였다. 터키군의 한국전 참전을 결정한 정부가 바로 민주당 정부였다. 5·27 군사 혁명 이후 군사 재판에서 처형된 멘데레스 총리는 1958년 4월 25일부터 28일까지 한국을 공식 방문하였다. 멘데레스 총리는 방한 기간 중 이승만 대통령과 네 차례 회담을 가졌으며, 방한 마지막 날 아침에는 부산에 있는 유엔군 묘지를 참배하였다.

우리 국민은 이미 대사급 외교 관계 수립으로 두 나라 간 우의가 돈독히 되고 있으므로 멘데레스 총리의 방한을 거국적으로 환영하면서 반공反共을 위한 두 나라 간 유대가 다방면으로 발전되기를 기대했다. 멘데레스 총리를 보내는 그날의 표정을 우리 신문은 이렇게 묘사했다.

"나흘 동안 한국에 머무르는 동안 이대통령과 더불어 두 나라 사이의 우정을 보다 굳건한 반석 위에 올려놓았다고 작별의 말을 하는 멘데레스 수상은 이날 월성月星 깃발을 흔들어 배웅하는 수많은 시민에게 웃음을 띠우며 손을 흔들었다. 성급한 신록新綠의 싱긋한 풀 냄새가 풍겨오는 이날 김포 공항은 59세의 반공 지도자를 보내는 애국가와 예포禮砲 소리가 4월의 창공에 여

운을 남겼다."

한국의 친구 멘데레스는 귀국 후, 혼란에 빠진 국내 정세 소용돌이의 한가운데 있는 사람이 되었다. 멘데레스가 이끄는 정부는 멘데레스 방한 후 2년여 만에 무너지고, 멘데레스 자신은 군사 재판에 의해 1961년 9월 외무 및 재무장관과 함께 처형되는 비운을 맞았다. 제랄 바예르 대통령도 사형 선고를 받았으나 고령이라는 이유로 감형되었다.

외잘 총리와 한국형 모델

1970년대 터키는 극심한 좌·우익 세력 간 유혈 투쟁으로 국내 정세가 매우 불안하였다. 70년대 전 기간 계속된 좌우익 세력 간의 유혈 싸움은 많은 인명 피해를 가져왔다. 국내 소요 사태로 치안은 극도로 혼란해지고, 수출 부진과 100%에 달하는 인플레는 경제 활동을 침체시켰다. 이 같은 국내 위기를 타개하기 위하여 케난 에브렌 터키군 총사령관을 중심으로 한 군부 세력이 1980년 9월 무혈 군사 혁명을 주도하고 정부를 인수하였다.

외잘이 이끄는 조국당이 1983년 11월 실시된 총선에서 과반수 의석을 확보하여 조국당 정부가 출범함으로써 군사 정권은 수립 이후 3년 만에 민정이양 되었다. 외잘은 1927년 동부 지역 말라탸에서 태어나 이스탄불 공과 대학을 졸업한 후 미국으로 건너가 경제학과 공학을 공부하였다. 조국당 창당 직전에는 국가 기획청장을 지낸 인사이다. 이제 그가 해야 할 일은 쓰러져 가는 경제를 어떻게 살리느냐 하는 문제였다. 외잘 총리는 우선 경제 체제를 정부가 관여하는 혼합 경제 체제에서 개방 경제와 시장 경제 체제로 바꾸는

한국을 방문한 투르굿 외잘 총리.

데 주력하였다. 외잘 총리가 이끄는 정부는 수출 지향과 자유 시장 경제의 강화를 골자로 하는 경제 안정화 정책을 시행하였다. 이 정책은 터키의 경제를 회복시키는 데 크게 기여하였다.

터키 경제가 경제 회복세에 들어가게 되자, 터키 정부의 관심은 앞으로 터키 경제를 계속 발전시켜나가기 위해서는 어떤 나라의 경제 성장 모델이 터키에 맞느냐 하는 것이었다. 외잘은 미국에서 경제학을 공부하면서 한국의 경제 발전상에 대해 잘 이해하고 있었고, 이 때문에 터키가 응용할 수 있는 경제 성장 모델로 한국을 지목하기 시작하였다. 언론은 모두 한국 경제를 공부하기 시작하였다. 터키에서 한국 관계 기사가 이렇게 집중적으로 보도된 것은 1950년 터키군의 한국전 참전말고는 이때가 가장 많았다.

1985년 1월 23일자 휘리예트 신문은 외잘 총리가 "터키는 10년 내 세계 10대 공업 국가가 될 것이다"라고 발표했는데, 한국의 전두환 대통령도 신년 국정 연설에서 "21세기에는 한국이 세계 10대 교역국이 될 것이다"라고 말했다고 하면서, 한국도 터키와 같은 목표를 설정했다고 보도했다. 말하자면 터키는 한국형 모델의 대상인 한국과 같은 길을 가고 있다는 동료 의식이 깔려 있는 기사다. 이 신문은 한국형 모델은 개발도상국에서 해외 자본의 중요성을 강조하기 위해 거론되는 모델이라고 설명하고, 한국은 미국 일본에 이어 컴퓨터 분야에도 손대기 시작했다고 보도했다. 터키 정부는 성장 위주의 수출 드라이브 정책을 강력하게 추진하면서 한국을 수출 산업 지원 및 물가 안정, 환율, 재정 금융 정책 등 경제 분야의 각종 대책의 모델로 삼을 수 있다고 보았다.

외잘 총리는 기회 있을 때마다 한국을 배우자고 했다. 서양만 바라보고 살던 터키가 동양을 다시 바라보기 시작하였다. 그래서 유행한 말도 "Look East"였다. 조국당 간부들에게 한국에 가서 한국 경제가 무엇인지 보고 오라고 했고, 실제로 많은 사람들이 한국 경제를 들여다보기 위해 한국을 방문하였다.

한국을 배우자고 선두에 서서 외치던 외잘 총리가 드디어 한국을 직접 방문하여 한국 경제를 들여다볼 기회가 왔다. 외잘 총리가 대규모 기업인과 언론인을 이끌고 1986년 11월 4일부터 7일 간 한국을 방문하였다. 그런데 한국 방문 후 외잘 총리의 한국형 모델에 관한 평가는 기대와는 달리 정말 의외였다. 외잘 총리는 서울에서 말레이시아로 가는 기내에서 기자들의 질문에, 터키는 한국보다 뒤떨어지지 않았고 차이가 있다면 시스템이 다를 뿐이라고 평가하면서 한국은 단지 작은 미국이므로 그만큼 도로, 건물, 소득 수준이 향상된 것(뿐)이라고 설명했다. 귀국 후에는 그 동안 거론하던 한국형 모델이 터키에게 맞는지는 더 검토가 필요하다는 정도로 평가하였다. 외잘 총리의 방한 이후 터키에서는 더 이상 한국형 모델이라는 말이 나오지 않았다.

왜 한국형 모델을 포기하게 되었을까? 경제 발전과 관련한 한국형 모델은 1982년 케난 에브렌 대통령의 방한 이후 터키에서 서서히 회자되다가 외잘 총리 집권 이래 본격적으로 연구 검토되기 시작하였다. 그럼에도 불구하고 외잘 방한 이후 한국형 모델에 대한 부정적인 견해를 갖게 된 이유는 무엇인가? 이를 언론에 보도된 기사를 통해 알아보자. 터키 언론은 상업화 및 수출 입국을 달성하려는 한국형 모델은 독재 정권이 가능한 나라에서만 가능하지, 터키와 같이 서구 민주주의 체제에서는 적용하기 어렵다고 지적했다. 터키 언론들은 한국 방문의 수확은 한국형 모델을 터키 경제계와 언론이 직접 볼 수 있는 기회를 가진 것이라고 하면서, 여태까지는 한국형 모델을 멀리서 보았기 때문에 잘 몰랐지만, 실제 가서 보니 실제보다는 지나치게 전설화된 것이라고 폄하하였다. 한국형 모델은 민주주의와 함께 생각해볼 때, 터키와 연결하여 생각하는 것은 불가능한 일이라고 했다.

당시 한국에는 학생 시위가 끊이지 않고 일어났으며 한국의 시위 사태는 해외에서도 많이 보도되고 있었다. 1986년 11월 8일자 귄아이든 신문은 터키에서는 민주주의가 있지만, 한국에는 데모크라시의 'D' 자가 없다고 혹평했다. 터키 언론들의 평가는 외잘 총리의 생각과 다르지 않았을 것으로 보인다. 터키 언론들은 경제 성장과 관련한 한국형 모델을 한국의 정치 발전 과정에서 투영해봄으로써 이를 비판하는 시각도 없지 않았다. 터키에서 한국형 모델은 혹평 속에 이렇게 하여 막을 내렸다.

외잘 총리 일행은 부산에 있는 유엔 묘지도 방문하였다. 부산의 유엔 묘지에는 462기의 터키군 전몰 장병이 잠들어 있다. 1986년 11월 7일자 터키 언론은 유엔 묘지 터키군 묘소 참배 시에 북받치는 감정을 억제하지 못해 외잘 총리는 물론 참배한 모든 인사가 눈물 흘리며 애도하는 장면을 묘사했다. 테르쥬만지의 기자는 "터키가 어디고 한국이 어딘데, 이렇게 먼 한국 땅에서 터키 병사가 잠들어 있는 게 웬말이냐고 하면서, 오늘은 더 이상 글을 쓸 수가 없다"는 말로 글을 맺었다.

감동, 감동 2002 월드컵

2002 한·일 월드컵에서 터키 팀은 세계 3위라는 기대 밖의 좋은 성적을 거두었다. 터키 팀의 월드컵 본선 진출은 1954년 월드컵 이후 48년 만에 이루어진 것으로 2002 월드컵에서 터키 팀이 거둔 성적은 터키 축구 역사상 쾌거가 아닐 수 없었다. 월드컵 대회 3~4위전을 겨루는 경기에서 우연인지 필연인지 모르지만 우리 나라 팀은 터키 팀과 경기를 갖게 되었다. 한국 팀은 터키 팀에 맞서 선전하였으나, 2:3으로 패하면서 아깝게 4위를 하였지만, 우리 나라 대표 팀은 총 7경기에서 4승 1무 2패를 기록하여 월드컵 4강 신화를 이룩하면서, 2002 월드컵 최고의 돌풍으로 우뚝 서게 되었다.

한국과 터키 간 3-4위전이 끝난 후 양팀 선수가 어깨동무하며 관중석을 향해 걸어가고 있는 모습.

2002년 6월 29일 대구 경기장에서 가진 한국과 터키 팀의 3~4위전 경기가 끝난 후, 양국 선수들이 어깨동무한 채 경기장을 돌며 관중석에 답례하는 모습은 두 나라 국민뿐만 아니라, 전 세계인의 감동을 자아내는 데 충분하였다. 한국 사람들은 한국 팀이, 터키 사람들은 터키 팀이 승리하기를 바라면서 응원의 함성을 목메라 외치고 손바닥이 아프도록 힘찬 박수를 보냈다. 한국인들은 터키 팀의 승리로 끝난 경기에 아쉬움을 금할 길이 없었다. 그러나 승패를 떠나 양국 대표팀이 보여준 우애와 화해의 모습은 관중석에서뿐만 아니라, TV를 통해 바라보던 모든 사람들의 마음을 뭉클하게 만들었다. 한국 국민과 터키 국민 간의 우애가 이처럼 극렬하게 표현된 일이 또 있을까? 세계인들은 양국 선수들의 깨끗한 스포츠 정신과 신사도에 대해 찬사를 아끼지 않으면서도, 승패를 넘어서 양팀 선수들이 보여준 뜻밖의 모습을 보고 의아해하였다.

　2002 월드컵, 한국과 터키 간 3-4위전 경기는 월드컵 경기에 몰입해 있던 사람들, 특히 한국인과 터키인들에게는 정말 감동을 안겨준 훌륭하고 모범적인 경기였다. 선수들의 경기 내용, 관중들의 열렬한 응원의 함성과 박수, 태극기와 터키 국기의 물결 등은 그야말로 영원히 잊지 못할 한판 축제였다. 관중석의 한국인들은 터키 팀에게 한국 팀에 못지않은 응원과 박수를 보냈다. 태극 전사를 응원하던 붉은 악마들도 터키 팀에게만은 예외적으로 야유를 보내지 않았고, 터키 팀의 좋은 경기 장면에 박수를 보냈다. 경기 후 양팀 선수들의 모습을 바라보던 터키인들은 터키 팀의 승리를 기뻐하면서도, 한국인들이 보여준 뜨거운 응원의 모습에 감격의 눈물을 흘렸다. 3-4위전 경기를 중계 방송하던 아나운서는 관중석에서 터키 국기를 들고 응원하는 한

관중석의 태극기와 터키 국기 물결.

국인들의 모습을 보고 세계에서 한국인만큼 터키 사람을 알아주고 좋아하는 사람들이 있을까? 라고 반문하였다. 터키 언론은 한국은 형제의 나라임을 선포한다고까지 보도하였다.

    경기가 끝나자마자 앙카라에 있는 우리 대사관에는 한국 국민의 뜨거운 응원과 성원에 감사한다는 내용의 전화가 수없이 걸려왔고, 팩스 메시지도 많이 접수되었다. 이들 중에는 6월 3일 울산 문수 경기장에서 벌어진 C조 터키-브라질 경기에서 한국인 주심이 터키의 알파이 외잘란을 퇴장시킨 데 대해 한국인들에게 거세게 항의했던 것을 진심으로 사과한다는 내용도 있었다. 어떤 식당 주인은 한국인 관광객들에게 무료 식사를 제공한다고 했고,

어떤 호텔 주인은 한국인들에게 무료 숙식을 제공하겠다고 나섰다. 모두 다 한국인들이 터키 팀에게 보여준 따뜻하고 우정 어린 응원에 대해 진정으로 감사한다고 하였다.

2002 월드컵 본선 경기에서 한국인들이 터키 팀에게 열렬한 응원을 하기까지에는, 민간 우호 단체인 한·터키 친선 협회와 수많은 젊은 네티즌들 간의 공조가 있었기에 가능하였다. 터키 국민들은 본선 경기 조 추첨 결과, 일본이 아닌 한국에서 경기를 갖게 된 것을 기쁘게 생각하였다. 터키와 한국간 거리가 너무 멀고, 자신들의 경제 사정에 비추어볼 때 터키인들이 한국까지 단체로 응원하러 가기는 어렵지만, 친구이자 형제로 생각하는 한국인이 있는 한국에서 경기를 갖게 된 것이 다행이라고 여겼기 때문이었다. 그런데, 한국에서 터키 팀이 갖는 경기에서 터키 팀을 응원하는 한국인들이 아주 적거나 없다는 것을 터키 국민들이 TV를 통해 보게 된다면, 얼마나 실망하게 될까?

이런 우려를 바탕으로 '터키 팀을 응원하는 사람들의 모임'이라는 인터넷 다음 카페가 개설되었고, 이를 통해 경기 시작 몇 달 전부터 양국 간 역사적 우호 관계가 네티즌 사이에 알려지게 되었다. 한국 전쟁 때 도와준 우방국 터키를 그간 우리가 너무 소홀히 했다는 내용이 담긴 창피한 자화상인 "터키를 아십니까?"라는 한 네티즌의 글이 인터넷에서 급속히 확산되면서, '터키 팀을 응원하는 사람들의 모임' 회원은 월드컵 기간 중 1만 2,000명으로 늘어나게 되었다. 이들 네티즌들은 터키 팀 경기가 있을 때마다 자발적으로 터키 국기, 현수막, 응원 구호 등을 준비하고 응원에 나섰다. 터키 팀에 대한 응원은 점차 한·터 친선 협회의 주도 아래 '터키 팀을 응원하는 사람들의 모임'을 포함하여 터키 관련 인터넷 카페 모임들이 합류하면서 조직적으로 진행되었다. 터키 팀에 대한 한국인들의 정성 어린 응원 활동을 직접 본 터키의 스포츠 전문지의 한 기자는 6월 22일자 기사에서 터키를 사랑하는 한국인들이 만든 한국 상품을 사자며, 한국 사람들의 고마운 마음에 보답하자고 호소하였다.

월드컵 3-4위전 경기 후 선수들이 보여준 우애 어린 모습도 그러하지만, 터키 팀이 한국 경기장에서 가진 경기마다 한국 서포터즈들이 보여준 뜨거운 응원전은 터키 국민들을 실로 감동시켰다. 터키인들은 8,000km나 떨어진 먼 곳에서 '우리 형제'라며 터키 팀을 응원하고 터키 팀이 골을 넣을 때마다 환호하는 한국인에 대해 말로 표현하지 못할 형제애를 느꼈을지도 모른다. 그들은 한국 전쟁에서 721명의 터키 병사를 잃었지만, 2002 월드컵에서 터키는 4,800만 한국인을 얻게 되었다고 생각하였다.

한국과 터키 관계를 이야기할 때면, 터키군의 한국전 참전이 빠지지 않는다. 그 이유는 터키군의 한국전 참전이 양국간 우호 관계의 기초를 이루기 때문이다. 이제 한국과 터키 사람 간에는 월드컵이라는 화두가 하나 추가되었다. 2002 월드컵은 한국과 터키 국민 간의 우호 관계를 재확인하는 좋은 계기가 되었고, 이를 통해 양국 국민 간 관계가 다방면으로 발전되고 확대되는 계기가 되었다. 월드컵 이후 한국의 언론 매체들은 터키에 대한 다양한 보도를 하게 되었고, 터키를 찾는 한국인 관광객이 2만 명 수준에서 2003년도에 4만 4,000명으로 늘어난 것이 그 예이다. 2004년 2월 레젭 타입 에르도안 총리의 공식 방한은 월드컵 경기 때 확인된 양국 국민 간의 우호 관계를 정부 차원에서도 발전시켜나가자는 의미도 담게 되었다.

2002년 월드컵은 한국과 터키 국민 간 우호 관계에 중요한 전환점을 가져왔다 해도 과장된 말이 아닐 것 같다. 터키인들은 조상이 중앙아시아에서 기원하므로 그들의 사회 관습이 우리의 것과 흡사하여 친연성이 강한 사람인데다, 같은 알타이게 언어 구조인 까닭에 사고 방식도 유사하고, 거기다 감성적인 기질이 강한 것까지 유사하여 우리와 쉽게 마음에 맞는 친구가 될 수 있는 사람들이다. 2002 월드컵 때 양국 국민들이 보여준 따뜻한 정을 더욱 돈독히 하고, 터키와의 관계도 각별한 마음으로 가꾸어나가는 일이 당연한 이유는 이 지구상에서 터키인말고 우리와 비슷할 수 있는 사람을, 친구를 찾기가 그리 쉽지 않기 때문이다.

우리 대통령의 터키 방문과 수교 50주년

　　양국 국민 간의 유대감이 뜨거웠던 월드컵 이후 양국 관계의 반세기 역사를 정리하는 우리 대통령의 터키 국빈 방문이 실현되었다. 2005년 4월 14일부터 17일까지 3박4일 간 노무현 대통령이 터키를 공식 방문한 것이다. 실로 글자 그대로 역사적인 방문이었다. 우리 나라 국가 원수로는 1957년 수교 이래 반세기에 가까운 48년 만에 터키 방문이 처음으로 이루어졌기 때문이다. 1982년 케난 에브렌 터키 대통령의 방한으로 보면 23년 만의 답방이 된 셈이다.

　　우리 대통령의 터키 방문은 사실상 국민적 열망으로 이루어졌다고 해도 과언이 아니었다. 우리 국민들은 오래 전부터 우리 대통령이 방문하여 터키 국민에게 감사의 뜻을 전하는 것이 미래 지향적 우호 관계 증진을 위해 필요한 때가 되었다며 대통령의 터키 방문을 소망해왔다. 앙카라와 이스탄불의 공항에서 시내에 이르는 연도에는 대통령의 터키 방문을 환영하는 현수막들이 수도 없이 걸렸다. 현수막을 걸도록 강제하는 사람들은 없었지만 모두 자발적으로 설치하였다. 그만큼 우리 나라 국가 원수의 터키 방문이 갖는 의미를 동포들이 공유하였던 것이다. 터키 언론도 이에 놀라는 모습이었다. 수없이 많은 외국 국가 원수가 터키를 다녀갔지만 한국 사람들만큼 이렇게 환영하는 모습은 보지 못했다고 보도하였다.

노대통령은 한국전 참전으로 맺어진 혈맹 터키에 대한 한국 정부와 국민의 각별한 우의와 한국전쟁 시 도와준 데 대한 한국 정부와 국민의 감사와 보은의 뜻을 터키 정부와 국민에게 전했다. 또한 세제르 대통령이 초청한 국빈 만찬에서 대한민국 국가 원수로서 터키 방문이 늦은 감이 있지만 터키에 지고 있는 마음의 빚을 덜게 되었다고 감회를 표현하였다. 양국 정상은 수교 50주년이 되는 2007년을 '한·터키 우정의 해'로 선포하고 양국 국민 간 이해를 증진시키기 위한 각종 기념 행사를 개최하기로 하였다.

우리 나라가 터키와 국교를 수립한 지도 2007년에 50주년을 맞았다. 50년이라는 반세기에 한국과 터키 두 나라 관계는 놀랄 정도로 발전하였다. 양국 간 교류와 유대감이 증대하고 있다는 사실은 교역량과 상대국을 찾는 방문객 수만 보아도 금방 알 수 있다. 터키에 공관을 개설한 다음 해인 1958년 10월 이승만 대통령은 정일권 주터키 대사에게 터키에 재떨이를 팔 수 있는지, 팔 수 있다면 놋쇠로 만드는 것이 좋은지, 아니면 자기로 만드는 것이 좋은지, 또 한 켤레 300환인 고무신을 팔 수 있는지 알아보라고 지시했다. 1950년대 말 재떨이, 고무신을 터키에 팔 수 있을지 걱정하던 우리 나라는 터키에 자동차를 비롯 각종 전자 제품, 섬유 제품을 수출하고 있다. 교역량 국가 순

위로 보면 터키는 20위권 대에 들어 우리의 중요한 통상 파트너가 되고 있다. 2003년에 10억 불대를 기록하던 양국간 교역량은 불과 몇 년 만에 30억 불대에 도달하게 되었다. 터키를 찾는 우리 한국인 방문객 수도 1990년대 초 2,000~3,000명 대 수준에서 이제 10만 명대 수준에 와 있다. 방문객이 늘자 2007년 1월에는 이스탄불에 우리 총영사관이 재개설되었다.

 1950년대 신생 국가인 우리 나라가 미국, 영국, 프랑스, 독일, 이탈리아 등과 같이 서구의 주요 국가들과 외교 관계를 맺을 때 터키가 우리의 초기 국교 수립 국가 반열에 있었던 것은 당시 터키가 전략적으로 중요한 우방이었음을 말해주는 것이다. 터키는 1948년 대한민국 정부 수립 이후 1949년 8월 우리 나라를 승인한 우방국이었고, 이보다 앞서 대한민국의 건국 준비 시부터 유엔한국위원회의 위원국으로 활동하면서 대한민국의 건국을 도와준 나라였다. 이 같은 역사적 사실 위에 터키군의 한국전 참전을 통해 전통적 혈맹 우호 관계를 유지하고 있는 우리 나라와 터키의 관계도 반세기를 맞아 시대적인 전환점에 와 있다고 볼 수 있다. 그간 양국 관계에서 눈에 띄게 발전한 것은 각 분야에 걸친 두 나라 국민 간의 교류이다. 과거의 교류가 정치, 경제 분야에 치중되어 있었다면 현재는 정치, 경제, 군사, 과학, 사회, 문화 등 다방면에서 양국민 간 교류가 확대되고 있다. 국제 사회에서의 터키의 전략적, 지정학적인 중요성, 그리고 유럽, 중동 및 터키계 중앙아시아 국가들과 인접해 있는 경제, 문화적 잠재력 등에 비추어볼 때 두 나라 국민 간의 교류도 점차 그 깊이와 폭을 넓혀 나갈 것으로 보인다.

부록 터키 여행 가이드

한눈으로 보는 터키

국명	터키 공화국(Republic of Turkey)
위치	북위 35°~42°, 동경 25°~45°
국토 면적	779,452 km² (한반도의 3.5배) -아나톨리아(Anatolia, 아시아) : 755,688 km² (97%) -트레이스(Trace, 유럽) : 23,764 km² (3%)
인구	7,231만 명(2004년)
수도	앙카라(인구 약 400만 명)
언어	공용어는 터키어이며, 영어, 독어, 불어 등이 상용어로 쓰임
종교	헌법상 정치와 종교가 분리되어 있으며, 전국민의 99%가 이슬람 교도 그밖에 기독교, 유태교, 그리스 정교 등이 있음
정부 형태	대통령제를 가미한 의원 내각제(대통령은 의회에서 선출, 임기 7년 단임제)
의회	단원제(임기 5년, 의석 550석)
GNP	2,995억 달러(2004년)
1인당 GNP	4,172 달러(2004년)
외채 잔액	1,617억 달러(2004년 말)
대외 무역	수출 628억 달러, 수입 972억 달러(2004년)
경제 성장률	9.9%(2004년)
환율	1 US$ = 1.38예니터키리라(2005년 5월)
물가 상승률	9.3%(2004년)
실업률	10%(2004년)

🔴 **음식** 터키의 음식을 크게 나누어 보면 터키식 피자로 불리는 피데(pide)류, 양, 소고기를 구운 케밥(kebap)류, 또는 고기를 잘게 갈아 덩어리를 만들어 구운 쾨프테(köfte)류, 생선류를 들 수 있다. 터키 음식은 보통 수프 또는 전채(前菜) 형식으로 식사 전에 나오는 메제(meze)를 먹고, 야채나 셀러드와 함께 메인 디쉬를 먹은 다음, 디저트로 단 것 또는 과일을 먹고, 마지막으로 차나 커피를 마시는 절차를 갖는다. 터키인들이 먹는 밥은 '베야즈 필라브' 라 하며, 기름을 섞은 흰밥이다. 샐러드로는 토마토, 오이, 양파 등을 가늘게 썰어 만든 '초반 살라타' 가 일반적이다. 터키인들은 돼지고기를 먹지 않는다.

일반 식당에서는 손님들이 테이블에 앉게 되면 웨이터들이 이런 과정에서 무엇을 주문할 것인지를 한꺼번에 다 묻는데, 이 경우 절차마다 음식을 골라 주문할 수도 있지만, 주머니 사정을 고려한 주문식, 예를 들어 수프나 케밥 종류 하나만 시켜서 먹을 수도 있다.

케밥과 쾨프테

케밥이 고기를 크게 잘라 구운 것이라면, 쾨프테는 고기를 갈아 덩어리로 만들어 구운 것을 말한다. 이때 사용되는 고기는 양고기 또는 쇠고기이다. 케밥 전문 식당을 케밥츠(kebapşı), 쾨프테 전문 식당을 쾨프테지(köfteci)라고 한다. 한국인의 입맛에 맞는 음식을 소개하면 아래와 같다.

되네르 케밥 : 쇠꼬챙이에 고기를 차곡차곡 끼워 원통형으로 만들어 숯불 또는 가스 불 앞에서 서서히 돌리면서 구은 다음, 긴 칼로 위에서 아래로 베어서 제공되는 케밥.

쉬쉬 케밥 : 고기를 굵게 썰어 꼬챙이에 끼워 구운 것.

이쉬켄데르 케밥 : 되네르 케밥에 요구르트와 토마토 소스를 첨가한 케밥.

타스 케밥 : 주로 쇠고기에 야채 스프 양념을 곁들인 케밥, 밥과 같이 먹어도 무난.

춉 케밥 : 잘게 썬 고기를 구운 케밥.

아다나 케밥 : 간 고기를 뭉쳐 구운 것이어서 쾨프테이긴 하나, 매운 것을 좋아하는 남부 아다나 지방 사람들이 주로 먹는 데서 아다나 케밥이라고 부르며, 매운 맛이 특징.

피데

피데는 터키식 피자로 고기 종류의 음식에 비해 가격이 저렴하여 매우 경제적이다. 밀가루 반죽을 얇게 펴서 구운 **빵**을 피데라고 하는데, 피데 위에 무엇을 토핑하느냐에 따라 피데의 이름이 달라진다. 계란을 넣은 피데를 유무르탈르(yumurtalı) 피데라고 하며, 치즈를 넣은 피데는 페이니를리(peynirli) 피데라 한다. 피데 전문 식당을 피데지(pideci)라 하며, 피데 식당에서는 술 종류를 팔지 않는다.

수프
수프 종류에는 녹두로 만들어 한국인의 입맛에 맞는 메르지멕 초르바, 우리의 내장탕과 비슷한 이쉬켐베 초르바 등이 있다.

메르지멕 초르바 : 녹두 수프.

이쉬켐베 초르바 : 내장탕 수프.

셰흐리예 초르바 : 가는 국수 조각을 곁들인 닭 수프.

야일라 초르바 : 밥 알갱이가 들어간 수프.

도마테스 초르바 : 토마토 수프.

메제
터키식 메제는 서양의 전채 요리에 속하는 것으로 치즈, 올리브, 피클, 삶아서 으깬 감자, 삶은 밥을 포도잎으로 말은 돌마(dolma) 등이 담겨져 나온다. 양이 비교적 많은 편이다.

디저트
터키인들이 식사 후 주로 먹는 디저트는 당도가 높은 단 것이 대부분이다. 바클라바(baklava)나 푸딩 종류가 대표적인 디저트이나 너무 달아 한국인의 입맛에는 맞지 않으므로 단 것 대신 과일을 먹는 것이 좋다. 고급 식당에서는 아이스크림(돈두르마)도 주문할 수 있다.

포도주
포도주 생산은 히타이트 시대부터 이어져 내려온 전통이 있어 역사가 오래 되었다. 전국에서 약 50여 종 이상의 포도주가 생산되고 있으나, 그중 돌루자, 카박클르데레, 찬카야 상표가 유명하다. 포도주는 터키어로 샤랍이라고 한다.

토속주
토속주로는 아랍인들이 마시는 아락과 같은 라크가 있다. 알콜 도수는 50도 정도이며, 물을 타서 마시는데, 물을 타면 우유 색깔로 변한다. 라크는 건포도를 증류하여 만든 것인데, 라크가 향이 나는 것은 아니스라는 열매를 첨가했기 때문이다. 터키인들은 식사 전에 메제와 함께 라크를 마신다. 테키르다, 예니 라크, 알튼바쉬 등의 상표가 있다.

교통 시내 버스

이스탄불, 앙카라 등 대도시에는 보통 일반 버스와 이층 버스가 널리 보급되어 있다. 버스는 시가 운영하는 버스와 민간이 운영하는 버스 등 두 종류가 있으나, 이들 버스 간 운임 차이는 없다. 성인 요금은 0.93달러, 학생 요금은 0.65달러이다.

시외 버스

도시 간을 운행하는 일반 시외 버스와 고급형 고속 버스가 있다. 고급형 고속 버스는 Varan, Ulusoy, Boss, Metro, Kamil Kcç, Pamukkale 등으로 같은 구간이라도 버스 회사에 따라 요금이 다르다.

구간 (편도)	Varan	ULusoy	Metro	Kamil Kcç
이스탄불-이즈미르	36달러	35달러	29달러	28달러
이스탄불-앙카라	35달러	34달러	22달러	22달러
이스탄불-안탈야	40달러	36달러	33달러	29달러

택시

택시 정류장이 많이 있고, 거리 곳곳에 택시를 부를 수 있는 콜 시스템이 되어 있어 벨을 누르면 택시가 오므로 이용이 편리하다. 기본 요금은 도시에 따라 차이가 있으나 대략 0.93~1.25달러이고, 100m마다 0.10달러 정도의 요금이 추가된다.

돌무쉬

시내 외곽을 운행하는 미니 버스로서 요금이 싸서 이용하기에 편리하다. 요금은 0.94달러 정도이다.

전철

이스탄불에는 시내 중심지인 탁심(Taksim)에서 레벤트(Levent) 간 8km 구간에서 전철이 운행중이며, 앙카라에서는 시내 크즐라이(kızılay)에서 바트켄트(Batıkent)간 15km 구간에서 전철이 운행중이다.

철도

기차는 super express, blue train, express 등 세 종류가 운행되고 있다. 앙카라-이스탄불 간 철도 연장은 567km인데, super express를 이용하면 6시간 30분이 걸리며, express를 타면 9시간 30분이 걸린다.

항공

이스탄불, 앙카라, 이즈미르, 안탈야, 아다나 공항이 국제 공항이며, 이 중 규모 면에서 이스탄불 공항이 제일 크다. 이스탄불 공항의 원래 이름은 아타튀르크 공항(Atatürk Airport)이다. 이스탄불에서는 아다나, 앙카라, 안탈야, 이즈미르, 카이세리, 삼순, 트라브존, 반 등 20개 지역을 운항하는 터키 항공편이 매일 있다. 앙카라, 아다나, 안탈야, 달라만, 이즈미르, 카이세리, 삼순 등의 노선은 직항이지만, 엘라즈으, 에르주룸, 트라브존, 반 등은 앙카라를 경유하여 운항한다. 이스탄불에서 앙카라 간 운항 거리는 419km로 이스탄불 공항에서 이륙하여 앙카라 공항인 에센보아 공항(Esenbo a airport) 착륙까지 1시간이 걸린다. 터키 항공이 이스탄불에서 출발하는 국내 노선과 거리는 다음과 같다.

아다나	824 km	가지안텝	983 km
앙카라	419 km	이즈미르	419 km
안탈야	535 km	카이세리	696 km
보드룸	526 km	콘야	530 km
달라만	648 km	말라티야	861 km
데니즐리	461 km	삼순	696 km
디야르바크르	1,087 km	시바스	701 km
에드레미트	287 km	샨르우르파	1,105 km
엘라즈으	950 km	트라브존	974 km
에르주룸	1,091 km	반	1,304 km

입국 항공편

터키 항공(Turkish Airlines)이 월, 토 등 주 2회 서울과 이스탄불을 운항하고 있다. 또한 대한항공이 2006년 5월부터 화, 금, 일 등 주3회 직항 노선을 운항하고 있다. 직항 노선을 이용하지 않을 경우, 태국, 싱가포르 등 동남아를 경유하거나, 파리, 프랑크푸르트, 암스텔담 등 유럽 도시 또는 모스크바를 경유하여 이스탄불에 입국할 수 있다.

선편

터키 내 주요 항구로는 이스탄불, 이즈미르, 삼순, 메르신, 트라브존 등이 있으며, 한국과 터키 간의 평균 항해 기간은 50일 내외이다.

터키어 터키어는 알타이어군에 속하여 우리와 문법 구조가 비슷하다. 터키어에는 불어, 영어, 이태리어, 그리스어, 아랍어 등 많은 외국어가 차용되어 사용되고 있다. 오스만 제국 당시에는 조정과 지식인 계층에서 페르시아어와 아랍어가 혼합된 오스만 투르크어가 사용되었다. 오늘날 터키인들이 사용하는 터키어는 1928년 11월 법령 제1,353호로 의회에서 채택한 로마식 알파벳에 근거한다. 터키 알파벳은 29개 문자(자음 21개, 모음 8개)로 구성되어 있으며, 단어는 발음을 생략하는 것 없이 모두 발음한다. 터키어는 터키 및 중앙아시아, 코카서스 지역 등에서 2억 인구가 사용하고 있으며, 지구상에서 통용되는 4,000개 언어 중에서 7번째로 많이 사용되는 언어이다. 터키어에는 영어에서 사용하는 엑센트가 없으나, 강조하고 싶은 부분에서 힘주어 발음하면 된다. 터키어의 어순과 문형은 대체로 한국어와 같으나, 동사가 인칭에 따라 변화하는 것이 다른 점이다.

터키어 문자에는 영어 문자에 있는 Q, W, X 등 3개 문자가 없는 대신 Ç, Ğ, I, Ö, Ş, Ü 등 6개 문자가 추가되었다. 터키어 문자 중 i는 점이 있는 i와 점이 없는 ı가 있는데, 발음은 각각 '이' 와 '으' 이다. 터키어는 다른 알타이계 언어와 마찬가지로 한 단어 뒤에 수개의 접미사를 연속 사용하여 의미를 형성하는 소위 교착어(膠着語)라는 특징과 모음 조화가 잘 되어 음색과 어감이 밝다는 특징을 지닌다.

- 교착어의 예 : ev-de-ki-ler(집에 있는 사람들)
- 모음 조화의 예 : baba(바바, 아버지), araba(아라바, 자동차)

일상 회화에 많이 사용되는 단어

sabah	사바흐	아침	hafta	하프타	주(週)	
akşam	악샴	저녁	ay	아이	달(月)	
gece	게제	밤	önce	왼제	전에	
bugün	부귄	오늘	sonra	손라	후에	
dün	된	어제	eski	에스키	오래된	
yarın	야른	내일	yeni	예니	새것의	
gün	귄	날(日)	aynı	아이느	같은 것의	

sıfır	스프르	0	otuz	오투즈	30
bir	비르	1	kırk	크르크	40
iki	이키	2	elli	엘리	50
üç	위치	3	altmış	알트므쉬	60
dört	되르트	4	yetmiş	예트미쉬	70
bes	베쉬	5	seksen	섹센	80
altı	알트	6	doksan	독산	90
yedi	예디	7	yüz	위즈	100
sekiz	세키즈	8	bin	빈	1,000
dokuz	도쿠즈	9	on bin	온빈	10,000
on	온	10	yüz bin	위즈 빈	100,000
yirmi	이르미	20	milyon	밀욘	1,000,000

evet	에벳	예	yok	욕	아니오(딱 잘라 말할
hayır	하이으르	아니오			때 보통 고개를 위로 쳐들면서 사용함)

sıcak	스작	더운	güzel	귀젤	좋은
soğik	소욱	찬	fena	페나	나쁜

pazar	파자르	일요일	perşembe	페르솀베	목요일
pazartesi	파자르테시	월요일	cuma	주마	금요일
salı	살르	화요일	cumartesi	주마르테시	토요일
çarşamba	챠르샴바	수요일			

çay	차이	차(茶)	ekmek	에크멕	빵
kahve	카흐베	커피	yumurta	유무르타	계란
su	수	물	tereyag	테레야	버터
süt	쉬트	우유	peynir	페이니르	치즈

taksi	탁시	택시	istasyon	이스타시욘	기차 정거장
otobüs	오토뷔스	버스	tren	트렌	기차
otogar	오토가르	버스터미널	uçak	우착	비행기
büyük	뷔윅	큰	küçük	퀴췩	작은

터키어를 배울 수 있는 곳

터키에서 터키어를 체계적으로 배울 수 있는 곳은 앙카라대 부설 터키어 및 외국어 연수원인 약칭 퇴메르(TÖMER)이다. 퇴메르에는 초급 Ⅰ, Ⅱ, 중급 Ⅰ, Ⅱ, 고급 Ⅰ, Ⅱ 반이 있으며, 앙카라, 이스탄불, 이즈미르, 부르사, 카이세리, 삼순, 트라브존, 안탈야, 알란야 등 9개 도시에서 총 12개의 터키어 연수원을 운영하고 있다. 연수비는 시간당 3달러로 책정하고, 주3회로 하루 4시간 강의를 8주(두 달) 들을 경우, 수강료는 408달러이다.

기후 사계절이 뚜렷하며, 내륙 지방은 대륙성 기후이며 해안 지방은 해양성 기후이다. 터키는 전국을 마르마라해 지역, 에게해 지역, 지중해 지역, 중앙 아나톨리아 지역, 흑해 지역, 동부 아나톨리아 지역, 동남부 아나톨리아 지역 등 7개 권역으로 나누고, 일기 예보도 7개 지역으로 구분하여 하고 있다.

- 지중해 및 에게해 연안은 전형적인 지중해성 기후로서 여름은 대체로 고온 건조하며, 겨울은 온화하고 다습하다. (연평균 기온 18℃~20℃)
- 흑해 연안은 온화한 해양성 기후로서 연중 고른 분포의 강우량(연평균 2,500mm)을 기록하고 있으며, 기온의 일교차가 거의 없다. (연평균 22℃~24℃)
- 북동부 및 아나톨리아 고원 지대는 대륙성 기후를 보이고 있어서 여름에는 고온 건조하며, 겨울에는 눈이 많이 내린다. 1~2월이 가장 추우며, 겨울철 평균 기온은 0℃~10℃이다.
- 봄, 가을이 짧으며, 4월, 11월, 12월이 우기에 해당한다.

규격 도량형 및 전기 규격

도량형 : 미터제

전기 규격 : 50HZ, 220V, PAL 시스템

시차

터키는 그리니치 표준시보다 2시간 앞서 가며, 3월 마지막 주 일요일부터 10월 마지막 주 일요일까지 7개월 간은 서머 타임제를 시행한다.

우리 나라와의 시차는 서머 타임이 실시되는 기간에는 6시간이며, 우리 나라 시간이 터키 시간보다 6시간 빠르다. 서머 타임이 실시되지 않는 기간에는 7시간의 시차가 나며, 우리 나라 시간이 터키보다 7시간 빠르다.

- 하계절(터키에서 서머 타임제 시행 시) : 한국의 자정은 터키의 오후 6시.
- 동계절(터키에서 서머 타임제 미시행 시) : 한국의 자정은 터키의 오후 5시.

근무

관공서 근무일은 월요일부터 금요일까지 주 5일이며, 근무 시간은 관공서별로 다르나 보통 오전은 08:30~12:00 또는 09:00~12:30, 오후는 13:30~17:30 또는 14:00~18:00이다. 은행은 09:00부터 17:00까지 근무한다. 일반 상점은 대부분 저녁 7~8시에 문을 닫는다.

공휴일

국정 공휴일과 종교 공휴일이 있으며, 금요일은 근무하고, 토 · 일요일이 휴무일이다. 터키 달력에는 토·일요일이 공휴일 표시로 붉은 색으로 표시되며, 일주일은 우리와는 달리 월요일부터 시작한다.

- 국정 공휴일

신정	1월 1일
국가 주권 선포일 및 어린이 날	4월 23일
청년 및 체육의 날	5월 19일
승전 기념일	8월 30일
공화국 수립 기념일	10월 29일

- 종교 공휴일 (매년 이슬람 월력에 따라 날짜 변동)

  셰케르 바이람(Candy Holiday, Şeker Bayram)

  쿠르반 바이람(Sacrifice Holiday, Kurban Bayram)

환전 터키에는 암시장이 없으며 은행이나 환전소(되비즈 Döviz)에서 제약 없이 환전이 가능하다. 은행에서 환전하는 곳은 캄비요(kambiyo)라는 창구이다. 환율은 경기에 따라 변동폭이 다르며, 장기 체류 시에는 필요할 때마다 환전하는 것도 괜찮다.

의료 터키어로 병원은 하스타네(hastane)이며, 약국은 에자네(ezcane)이다. 원칙적으로 약 구입은 병원 또는 의사의 처방전이 있어야 하지만, 간단한 약은 약국에서 처방전 없이도 구입이 가능하다.

이스탄불, 앙카라 등 큰 도시에는 국립 대학 부설 병원이 있으나, 비용 면에서 비싼 사립 병원도 있다. 국립 병원 이용은 비교적 절차가 복잡하며, 개인 병원은 진료비가 비싼 반면 이용이 간단하다.

화폐 터키의 화폐 단위는 예니터키리라이며, 보조 단위는 쿠루쉬이다. 지폐는 1, 5, 10, 20, 50, 100리라 등 여섯 종류가 있고, 동전은 1, 5, 10, 25, 50 쿠루쉬 및 1리라 등 여섯 종류가 있다.

식수 수돗물은 석회질이 많아 식수로 부적합하므로 별도로 사서 마시는 것이 좋다.

Hayat, Nestle, Niksar 등 상표의 0.5 l , 1.5 l 짜리 플라스틱 용기의 식수를 가게에서 쉽게 살 수 있다.

비자 여행 및 단순 목적 방문의 경우 90일 간 비자 없이 체류할 수 있으며, 입국 후 90일을 초과하여 체류하고자 할 때에는 주요 도시 소재 치안국 외사과(Yabancılar Şube Müdürlüğü)에 체류 기간 연장 허가 신청서를 제출하여야 한다. 취업 및 유학 목적의 장기 체류 희망자는 서울에 있는 터키 대사관을 통해 비자를 미리 발급받고 입국해야 한다.

매스컴 Turkish Daily News 및 The New Anatolian이 영자 일간지이며, 현지어 일간지 중 Hürriyet Milliyet, Sabah 등을 제외하고는 비교적 영세 규모이다. 경제 전문지로 Dünya, Finansal Forum이 있다. 국영 방송으로는 터키라디오TV방송공사(TRT)가 있으며, 민간 TV 방송으로는 ATV, SHOW TV, STAR, KANAL D, KANAL 6, TGRT 등이 있으나, TRT가 주로 뉴스, 문화, 교양 및 교육 프로그램에 치중하고 있는 반면, 그 외 민간 방송들은 오락물 및 영화 등에 치중하고 있다.

뉴스 전문 채널로 CNN Türk, NTV, Haber Türk가 있다. 유선 방송으로 BBC, CNN, NBC, Eurosport 등의 시청이 가능하다. 통신사로는 관영인 아나돌루 통신사(AA)가 가장 유력하며, 그 외 민간 통신사인 도안 통신사(DHA), 앙카라 통신사(ANKA), 터키 통신사(THA) 등이 있다.

팁 터키에서는 식당이나 호텔에서 팁을 주는 것이 일반화되어 있다. 최근에는 계산서에 팁을 아예 포함시키는 식당도 있다.

    식당 : 식사 후 계산액과 별도로 5~10% 정도를 주는 것이 관례.
    호텔 : - 벨보이에게는 큰 가방의 경우 가방 1개당 50센트 정도씩 계산하여 지불.
           - 룸 서비스의 경우에도 서비스 종류 및 금액에 따라 1달러 상당의 팁 지불.
           - 룸 클리닝에도 장기 투숙 시는 매일 50센트 정도, 단기 투숙 시는 1달러 정도의 팁을 지불.

문화 국민성

- 오스만 제국의 영광 및 국부 아타튀르크에 대해 자부심이 크다.
- 전통적으로 체면과 무예를 존중하며, 매우 정열적이고 다혈질이나 서두르지 않는다.
- 민족 의식이 매우 강하며, 지정학적인 특징으로 동서양의 사고방식을 함께 갖고 있다.
- 한국 전쟁 시 참전으로 맺은 인연으로 한국인(코렐리 Koreli)에게 우호적인 태도를 보이며, 문제 발생 시 적극적으로 도와주려 한다.

풍속 및 예절

- 가까운 사이에는 서로 뺨을 마주 대는 인사를 하며, 뺨은 왼쪽을 먼저 마주 대고 이어 오른쪽을 마주 댄다.
- 종교 축제인 바이람 기간 중에는 새 옷을 입고 친척 방문 등을 하며, 가까운 사람들에게는 카드를 보낸다.
- 셰케르 바이람이 시작되기 직전 1달 동안은 금식 기간으로 보통 라마단이라 하며, 일출에서 일몰 시까지 금식을 한다.
- 이슬람 종교가 터키인의 생활에 깊이 뿌리박고 있으나, 터키는 종교와 정치가 분리된 세속화된 나라로 서구화된 생활 양식을 갖고 있다.
- 친족과 가족의 유대 관계를 매우 중시하고 있으며, 가족 구성원은 가장을 존중한다.
- 손님 접대를 정성껏 한다.
- 식사 때 대화를 자유롭게 하며, 먹는 소리를 절대 내지 않는다.
- 터키인들은 아침, 낮, 저녁에 나누는 인사가 다르다.
  - günaydın(귄아이든) : 안녕하세요, 아침 인사.
  - iyi akşamlar (이이 악샴라르) : 안녕히 계세요, 저녁 인사.
  - iyi günler (이이 귄레르) : 아침 인사, 보통 낮에 하는 인사.
  - iyi geceler (이이 게제레르) : 자기 전에 하는 인사.

관공서 매사에 서두르지 않는 기질로 관공서 일 처리는 다소 늦은 편이다. 인간 관계가 중요한 사회이므로 지인이 있는 것도 일처리에 도움이 될 수 있다.

관광지 터키는 다양한 문화와 역사뿐만 아니라, 훌륭한 자연 경관으로 세계적으로 알려진 관광 천국 중의 하나로 꼽힌다. 수많은 인류 문명의 흔적이 남아 있는 유적지를 찾는 외국인 관광객이 날로 늘어나고 있다. 전국에 산재한 다양한 문명의 유적지 외에도 여름철 휴가를 이용한 하계 관광지가 지중해와 에게해 지역을 중심으로 발달되어 있다. 안탈야, 알란야, 마르마리스, 쿠쉬아다스, 보드룸, 페티예, 카쉬 등에는 여름철 휴양 숙박 시설이 많아 외국인들이 즐겨 찾는다. 하계 관광은 가족 중심이 대부분이다. 최근에는 요트, 골프, 온천, 래프팅, 트레킹 등의 관광도 인기를 끌고 있다.

또한, 터키 내에는 이슬람, 기독교, 유대교 등 세계 3대 종교의 유적지가 300여 개나 있으며, 터키는 1995년부터 성지 관광을 시작하였다. 이들 중 중요한 성지는 안타키아(초대 교회의 크리스찬 공동체), 타르수스(사도 바울의 고향), 에페스(성서 에베소의 현장), 이즈닉(니케아 공의회가 열린 도시), 이스탄불(성 소피아 사원), 카파도키아(초대 기독교 동굴 교회), 뎀레(크리스마스의 아버지라 불리는 성 니콜라스가 주교를 지내고 순교당한 곳), 샨르우르파(아브라함의 고향), 하란(아브라함의 제2의 고향), 아라랏 산(노아의 방주가 있는 곳), 트라브존(수멜라 수도원) 등이다.

한국인들이 찾는 주요 관광지는 비잔틴 및 오스만 제국의 유적이 많이 남아 있는 이스탄불, 기독교 성지로 알려진 에페스가 있는 이즈미르, 거대한 지하 도시와 암벽이 있는 카파도키아(네브셰히르 지역) 등 3개 지역이 대표적이다.

■ 이스탄불의 주요 명소로는 보스포러스 해협과 대교, 술탄 아흐메드 사원(통칭 블루 모스크), 성 소피아 사원, 톱카프 궁전, 비잔틴 지하 저수지, 이스탄불 고고학 박물관, 돌마바흐체 궁전, 루멜리 성, 군사 박물관, 갈라타 타워, 이을드즈 궁전, 카팔르 챠르쉬(대형 옥내 전통 시장) 등이 있다. 예수의 모자이크 상이 있는 카리예 박물관도 볼 만하다. 이스탄불은 이 지구상에서 신과 인간, 자연과 예술이 흠잡을 데 없이 완벽하게 창조된 땅이라는 평가를 받고 있는 세계적인 관광 명소이다.

■ 이즈미르는 큰 도시 이름이며, 실제 명소가 있는 곳은 이즈미르 근처 셀축이라는

곳으로 이곳에는 세계 7대 불가사의의 하나라는 아르테미스 신전을 비롯하여 성서에 나오는 에베소의 현장인 에페스와 성모 마리아가 말년을 보낸 마리아의 집 등이 있다. 요한의 무덤이 있는 곳으로 믿어지는 요한의 교회도 이곳에 있다.

■ 카파도키아에는 박해받은 기독교인들이 기암 절벽을 파서 만든 동굴 교회와 지하 암벽을 파서 만든 지하 도시가 대표적인 볼거리이며, 카파도키아 전역에 있는 기암들은 신비스러운 경관을 연출하고 있다. 카파도키아는 로마 제국에 속한 도시 국가의 이름으로 페르시아어로 '백마(白馬)의 나라'라는 뜻이며, 네브셰히르에 있는 괴레메 국립 공원의 통칭이다. 카파도키아 지역에는 파노라믹한 경관을 자랑하는 위치히사르, 동굴 교회가 집중되어 있는 괴레메, 수도원이 있는 젤베, 원추형의 기암이 이룬 절경과 다양한 숙박 시설과 쇼핑의 중심지인 위르궙, 지하 도시가 있는 데린쿠유와 카이막클르, 도기 세공으로 유명한 아바노스가 명소이다.

■ 그 외 수도인 앙카라에는 국부인 아타튀르크의 묘소가 있으며, 고대 아나톨리아에서 있었던 문명들의 유물, 특히 히타이트 시대의 유물을 많이 전시하고 있는 아나톨리아 문명 박물관이 볼 만하다. 또한 앙카라에는 1971년 서울시와 앙카라시 간 자매 결연을 계기로 건립된 한국 공원이 있는데, 이곳은 대부분의 한국인이 찾는 곳으로 한국전쟁에서 전사한 용사들의 이름이 새겨진 참전 기념탑이 있다.

■ 여행시 주의 사항

터키를 방문하는 관광객이 증가하면서, 관광객에게 친절을 가장하여 환심을 사게 하고 약물을 탄 음료수를 마시게 하여 정신을 잃게 한 후 소지품을 강탈하는 일이 가끔 일어나고 있다. 지나치게 친절을 베풀며 접근하는 사람들을 조심하고 관광지에서 낯선 사람이 권하는 음료수 등은 마시지 않는 것이 좋다.

유적지 유네스코가 지정한 터키 내 세계 자연·문화 유산

- 이스탄불
- 사프란볼루 (전통 가옥)
- 보아즈칼레 (히타이트 제국의 수도 하투샤)
- 넴루트 산 (아드야만에 있는 고대 콤마게네 왕국의 신전)

- 잰도스-레툰 (페티예 근처 크늑 주변의 리시아 시대의 고대 도시)
- 디브리이 (시바스 근처 셀주크 제국 시대의 이슬람 사원 등 부속 건물)
- 트루바 (고대 트로이 도시)
- 파묵칼레 (히에라폴리스 왕국의 고대 도시)
- 괴레메-카파도키아 (기암 괴석의 동굴 교회 및 자연 경관)

한국 우리 나라와의 관계

주요 일지

- 1949년 8월   우리 나라 승인
- 1950년 7월   한국전 파병 결정
- 1957년 6월   대사급 외교 관계 수립
- 1971년 8월   서울시와 앙카라시 자매 결연
- 1982년 2월   케난 에브렌 대통령 방한
- 1986년 11월   투르굿 외잘 총리 방한
- 1990년 5월   카야 에르뎀 국회 의장 방한
- 1990년 7월   강영훈 국무 총리 방터
- 1991년 5월   이을드름 악불루트 총리 방한
- 1996년 5월   이수성 국무 총리 방터
- 2004년 2월   레젭 타입 에르도안 총리 방한
- 2004년 4월   반기문 외교 장관 방터
- 2005년 4월   노무현 대통령 방터

협정 체결 현황

- 1972년 2월   비자 면제 협정.
- 1974년 5월   문화 협정.
- 1977년 12월   통상 진흥 및 경제 기술 협력 협정.
- 1979년 10월   항공 협정.
- 1986년 3월   이중 과세 방지 협정.

- 1991년 5월   투자 보장 협정.

한국의 대 터키 수출입 현황
- 2005년 : 수출 27.82억 달러, 수입 1.27억 달러, 무역 수지 26.55억 달러.
- 2006년 : 수출 30.35억 달러, 수입 1.94억 달러, 무역 수지 28.41억 달러.

주요 교역품
- 한국의 수출 : 자동차, 전자 제품, 기계류, 직물 및 섬유사, 선박, 전자 부품, 석유 화학품, 철강 제품, 고무 제품, 플라스틱 제품 등.
- 한국의 수입 : 담배, 농산물, 알루미늄 및 기타 비광속물, 가죽, 섬유 제품, 수산물 등.

동포 사회 현황
- 1980년대 중반 이래 우리 기업의 지사 설치 이후 교민 및 체류자가 증가.
- 중류 이상의 생활 수준을 유지하고 있으며, 주로 무역, 관광업에 종사.
- 교민 수는 약 800여 명으로, 1989년 5월 이스탄불에서 터키 한인회가 창립.

응급 긴급 전화 서비스
- 경찰 구조 155
- 앰뷸런스 112
- 화재 신고 110
- 전화 고장 신고 121
- 전기 고장 신고 186
- 가스 고장 신고 187
- 수도 고장 신고 185
- 교통 사고 신고 154
- 전화 번호 안내 118
- 전화 지역 번호 안내 199
- 관광 안내 170

주요 기관

- **앙카라 지역(지역 번호 312)**

  □ 대사관

  주소 : Alaçam sok. No. 5, Çankaya Ankara

  전화 : 468-4822(~3), 467-7449

  팩스 : 468-2279

  웹사이트 : www.mofat.go.kr/turkey

- **이스탄불 지역(지역 번호 212)**

  □ KOTRA 무역관

  주소 : Yapı Kredi Plaza B Blok K:10 26/B Levent, Istanbul

  전화 : 325-3646

  팩스 : 325-3642

  웹사이트 : www.kotra.or.kr/istanbul

  □ 터키 한인회

  웹사이트 : www.turkeykorean.com

찾아보기

1부. 아나톨리아 이야기

가나안 79
갈라타 탑 89
갈라타 항구 85
경의의 문 97
고르디온 20, 37
고르디온 노트 37
고르디온 유적 37
골든 혼 85, 89, 95, 113
괴레메 20, 71
교황 바오로 6세 54
국민의회 정부 88
국제 박람회 63
국제침대열차회사 117
그리스도인 82
그리스 로마 신화 35
그리스 신화 39, 67, 109
기게스 왕 27
기독교 3대 기둥 93
기독교 초대 일곱 교회 53, 55
넴루트 산 43, 47, 49, 51
노아의 방주 19, 53, 77, 78
누가 83
님로드 왕 81
다소 81
당나귀 귀 35~37
대영 박물관 45
데라 79
데린쿠유 54, 75
도리스인 46
도우바야즈트 77, 78
돌마바흐체 궁전 89, 91, 109, 111, 112
동굴 교회 54, 71, 75, 82
동로마 제국 22, 87, 88
디디마 45
디반 회의 97
디오게네스 19, 28

디오니소스 35, 36, 65
디오니소스 신전 65
라반 79
라오디게아 54, 55, 70
람세스 2세 31, 107
레반관 99
레아와 라헬 79
레오 6세 94
레이몽 페레 63
로마 목욕탕 70
로마 제국 22, 59, 62, 65, 87, 88, 92
루멜리 성 91, 112, 115
루멜리 히사르 112
리디아 왕국 27, 28, 37
리디아인 19, 28, 62
리브가 79
마르마라해 18, 89, 95, 99
마르쿠스 아우렐리우스 63
마우솔로스 능묘 19, 43, 46
마흐무드 2세 95
메가라인 88
메넬라우스 왕 39
메두사 109
메흐메드 88
메흐메드 2세 94, 95, 112, 113, 115
메소포타미아 시대 49
모솔리움 46
무스타파 케말 21, 63
무슬림의 성전 관습 94
무와탈리스 군대 31
물고기 호수 81
미다스 왕 20, 35~39
미다스 왕의 고분 37
미다스 왕의 시신과 부장품 37
미다스 왕의 책상 36
미티라테스 49
밀레투스 45
바그다드관 99

344

바실리카 시스틴 109
바울의 샘 82
바울의 생가 82
반원형 대공연장 57
발륵클르 괼 81
버가모 54, 59, 62, 64~70
버가모 왕국의 유적 65
베네치아인 89
베르가마 20, 54, 55, 64, 65
베르가몬 왕국 123
베이올루 119
보드룸 19, 46~47
보스포러스 해저 전철 91
보스포러스 해협 85, 89, 95, 99, 109, 112, 116
보아즈칼레 19, 20, 29
북대서양조약기구 협정문 107
블루 모스크 102
비자스 88
비잔티움 87~88
비잔틴 시대 19, 45, 63, 91, 95, 104, 105, 107, 127, 130
비잔틴 제국 21, 22, 67, 70, 87, 89, 93~95, 102, 109, 112~115, 127
빌립 사도 순교 기념 교회 81, 82
사도 바울 20, 21, 53, 57, 63
사도 요한의 무덤 56
사르디스 27, 28
사르트 19, 27
산타클로스 20
샨르우르파 19, 79, 81
서머나 54, 62, 63, 83
설형 문자 29, 105, 107
설형 문자 점토판 105, 107
성모 마리아 21, 61, 62, 94, 127
성모 마리아와 아기 예수의 모자이크 94
성모 마리아의 집 61
성물관 97
성 바질 75
성서 29, 53, 68, 79, 83
성 소피아 사원 89, 91

성 소피아 성당 43, 91, 93, 94, 102, 127
성지 21, 53~55, 61, 82
성화 복원 작업 94
세계 7대 불가사의 19, 43, 45, 46, 51, 55
세계 인류 문화 유산 51
세라피스 신전 67
셀림 1세 97
셀시우스 도서관 59
셀축 55
소아시아 18, 20, 35, 47, 53, 62, 65
술탄 89
술탄 아흐메드 사원 89, 91, 102, 109, 115
쉴레이마니예 89
쉴레이만 황제 63, 97
스미르나 62
시노프 19, 128
시논 40
시돈 왕실 가족묘 105
시르케지 역 117
시리아 30, 31, 70, 79, 82, 105, 107
시데 124, 125
시몬 83
신석기 시대의 부락 18, 25
실레누스 35
아가멤논 39
아나톨리아 문명 박물관 27, 32, 39
아나톨리아 반도 15, 18, 20, 21, 25, 30, 61
아데나 신전 65
아드야만 47
아라랏 산 52, 53, 77, 78
아르메니아 77, 78, 125
아르테미스 42
아르테미스 신전 19, 28, 43, 44, 45, 55, 57
아르테미스 여신상 42
아마시아 20
아브라함 19, 79, 81
아비도스 31
아스클레피온 67
아야 소피야 박물관 91, 102
아크로폴리스 65, 66
아타루스 2세 123

아타튀르크 63, 112, 119, 123, 128
아타튀르크 박물관 119
아테나 35, 40, 68
아폴로 35, 36, 49
아폴로 15호 78
아흐메드 1세 102, 111
안디옥 54, 81, 82, 83
안디옥 동굴 교회 54
안타키아 54, 82, 83
안탈야 123~125
안토니우스 57, 82, 125
안티오코스 49, 51
안티오코스 1세 능묘 49
알렉산더 대왕 37, 56, 62, 65, 82, 105, 107
알렉산더 대왕의 석관 105, 107
압둘메지드 황제 109, 111
압둘하미드 2세 112
앗시리아의 고문서 29
앗탈레스 1세 65
앗탈레스 2세 65
앗탈레스 3세 65
애거서 크리스티 116~121
야곱 79, 81
야즐르카야의 12신의 행진 32
양피지 67, 68
에게해 18, 20, 21, 25, 27, 28, 46, 57, 62, 75, 125
에덴 동산 78
에르지예스 산 71
에베소 43, 54~63
에베소 교회 57
에서 79
에올리아 헬라인 62
에페스 19, 20~22, 28, 43, 45, 54~57, 61
에페스 박물관 55
역사의 반도 89
예니체리 95, 97, 101
예레바탄 사라이 107
예루살렘 54, 61, 93
예리코 27
예수 61, 62, 75, 82, 94, 127, 128

오디세우스 39
오리엔트 특급 살인 사건 116~117
오리엔트 특급 열차 116~121
오벨리스크 91, 103, 104
올림포스의 열두 신 35
요정의 굴뚝 75
요한 교회 55~56
워너 브라더스 영화 제작사 119~120
원형 극장 67
위치히사르 71
유곽 광고 석판 57, 59
유네스코 51
유메네스 1세 65
유메네스 2세 65
유스티아누스 황제 56, 91, 93, 94, 107
유프라테스 강 47, 103
율리우스 시저 19
이레네 성당 97
이삭 79, 81
이스라엘 민족 79
이스마엘 81
이스켄데룬 82
이스탄불 고고학 박물관 104~106
이오니아 양식 45, 46
이오니아인 56, 62
이즈닉 타일 102
이즈미르 19, 20, 27, 46, 54, 55, 61~64
이집트 신전 67
이집트의 아불 심볼 신전 29
인류 최초의 화폐 27
일드즈 궁전 89, 91, 112
일리아스와 오디세이아 19, 62
제노아인 89
제우스 35, 49
제우스 신전 65
제1차 경제 회의 63
제1차 세계대전 21, 63, 88, 117, 123
제2 보스포러스 대교 115
제4차 십자군 원정 93
젤베 71, 72
젤베에 있는 돌기둥 72

지복의 문 97
지하 도시 54, 71, 75~77
지하 저수조 107~109
차탈회윅 19, 25
차탈회윅 주거지 27
철기 문화 30
초대 교회 53, 54, 62, 63, 77, 82
초기 기독교 19, 53, 75
초대 일곱 교회 25, 53~55, 70, 75, 82
카데시 평화 조약 30
카디페칼레 62
카리예 박물관 94
카슴파샤 113
카시 125
카이막클르 75
카파도키아 20, 53, 54, 71, 74, 75, 83
카팔르 차르시 114~116
케메르 125
코라 교회 94
콘스탄티노플 21, 22, 53, 88, 94~95, 109, 111~113
콘스탄티노플 포위 작전 113
콘스탄티누스 7세 104
콘스탄티누스 황제 53, 104, 113
콤마게네 47, 49, 51
쿠쉬아다스 45
퀼리예 102
크로이소스 왕 27, 43
크즐 아블루 67
클레오파트라 68, 82, 125
클레오파트라의 문 82
키메리아인 37
타르수스 20, 81, 82
터키 문화 유적 지도 16, 81, 82
테르메소스 유적지 124
테오도시우스 1세 87
테오도시우스 2세 93
테오도시우스 황제 104, 127
테오도어 메클리드 29
텔리피누시 왕 31
톱카프 궁전 89, 91, 95, 99, 101, 104

톱카프 사라이 99, 100
톱하네 113
투탈리아 4세 32, 33
투트모스 3세 103
트라야누스 신전 65
트로이 목마 38, 39, 41
트로이 왕국 35
트로이 유적 39
트로이 전쟁 35, 39, 40, 41, 64
트루바 39, 41
티그리스 강 19
파고스 산 62
파리스 39
파묵칼레 55, 68, 71
파타라 20
팬과 아폴로가 벌이는 음악 경연 대회 36
페라 팔라스 호텔 116~119
페르가몬 20, 64
페티예 125
펠로폰네소스 반도 46
포세이돈 35, 109
포와르 탐정 119
폴리갑 62~64, 83
폴리갑의 기념 교회 64
폴리갑의 순교 장면 성화 64
프리에네 45
프리기아 19, 20, 39
프리기아 왕국 35
프리드리히 호로즈니 29
피니케 125
피타고라스 28
피트카니스 왕 30
필레타리우스 65
하데스 35
하란 19, 79
하란 움막집 80
하렘 99
하릴 아브라함의 동굴 81
하산 산 71
하인리히 슐리만 40
하투샤시 29

347

하투실리스 3세 31
하티 29
할리카르나소스 43, 45, 47
헤로도토스 19, 28
헬리우스 35
헬레네 39
호메로스 19, 20, 40, 62
황제의 문 94, 95
황제의 즉위식 97
후고 빙클러 29
흑해 18, 25, 29, 109, 125
흙 벽돌집 81
히에라폴리스 68, 70
히타이트의 쌍두마차 28
히타이트인 29
히타이트 제국의 유적지 29, 30, 31, 37
히포드롬 91, 103, 104
히포크라테스 28, 67

2부. 터키 이야기

가지오스만파샤 181
갈라타 다리 273
갈라타사라이 팀 207~209
강화 조약 159
게제콘두 253~257, 263
겔리폴리 전쟁 169
겔린 하맘(신부들의 목욕탕) 217
경제 성장 모델 315
경제협력개발기구(OECD) 139, 190
곰 143
공화인민당 166, 169, 310
공화정 167, 241
관광객 177, 181, 193
괴벡 타시 219
구주 전쟁 159
국민소득 139, 241
국민의회 160
국부 163~169
국제 수로 147

국제통화기금(IMF) 246
국토 135
군부 138, 153, 164, 167, 169~176
군사 혁명 148, 169, 170, 173, 175, 176
군악대 285~286, 296, 308, 311~313
귀르셀 육군 사령관 311
귈하네 칙령 137
그루지아 146, 148
그리스 146, 148~149, 153
금식 274~275
금융 위기 246
기마 유목 민족 136, 140, 206
긴급 조치 296
나르길레 290~292
나무스(명예) 192
나자르 본죽 278, 281
남성 우월주의 235, 237
남자 춤꾼 283
다다넬스 해협 146, 179
담배 187, 197, 199
대정부 권고안 171
도량형 도입 165
독립 전쟁 173, 177, 179, 192, 303
독립국가연합(CIS) 148
돌궐족 136, 139
돌마 212
돌무쉬(합승버스의 일종) 188~189
동로마 제국 137
동양적인 기질 136
되네르케밥 213~214
두건 172
두쉬만(적) 192
라마단 274~276, 283
라마준 261
라크 197~198, 271
락카스 283
랄레 데브리 288
러시아 137, 146, 151, 160, 164, 179
로마 문자 183
로잔 협정 147~148
리디아 136

리라 244
리제 지방 187
마르마라해 146, 177, 269, 272
메드레세 165
메르하바 264
메블라나 종파 223, 225
메블라나 춤 의식 225
메흐메드 6세 179
메흐테르 285
멘데레스 총리 305
명예 살인 사건 192
명절 274
모스크 136, 238
모차르트 285
무스타파 케말 137, 159, 163, 169
무슬림 144, 227, 275, 283, 305
문맹 퇴치 174
문맹률 174, 203
문자 개혁 165
미덕당 171
미신 277
민족 대이동 274
민족주의 137, 144, 159, 163, 208
바이람 274
바칼 264
발칸 전쟁 164, 179
베식타쉬 207~209
베이올루 260
벨리 댄스 281
보스포러스 해협 146, 177, 179~180, 273
복수 정당 169, 188, 250
복지당 171, 176
볼루 220
부라쓰 튀르키예 248
부르사 187, 197, 203
북대서양조약기구(NATO) 175, 295
불가리아 146, 148, 155, 179~180
사반즈 그룹 249~252
상화떡집 회회아비 304
서양력 도입 165
성 사용법(姓使用法) 163, 202~203

세속주의 138, 148, 161, 163~172
세속주의 일탈 171
셀람 258
셀주크 135, 144, 222
셰이홀 이슬람 공직 제도 165
셰케르 바이람 274
소아시아 반도 135, 136
수자원 분쟁 148
수피주의자 222
수피즘 222, 223
순니 무슬림 227
술탄 137, 160, 177, 179, 285
술탄 마흐무드 2세 173
술탄 정부 177
쉬시케밥 213
쉴레이만 데미렐 234
시리아 146, 148
시바스 220, 227
실크로드 217, 277
십자군 전쟁 138
싼레모 157
아나톨리아 169, 179, 215
아나톨리아 문명 박물관 181
아나톨리아 반도 136, 149, 222
아랍어 222
아랍풍 223
아르메니아 146, 148
아르카다쉬(친구) 185, 249, 251
아르카다쉴륵 191
아마데우스 286
아마시야 227
아브라함 275
아이란 214
아제르바이잔 146
아타튀르크 135, 146, 163~166
아타튀르크 국부 묘지 167
아타튀르크주 169~172
아프가니스탄 182, 196, 225
아피온 269
안탈야 279
알레비 종파 226

알타이어족 262
앙고라 177
앙카라 176~182
앙카라 정치 대학 240
앙카라 한국 공원 300
약혼식 229
얄로바 219
에게해 148~149
에르바칸 총리 171
에르진잔 227
에르첵 191
에스키셰히르 220
엘리트 170, 174~175, 288, 310
여성 참정권 부여 165
여성 총리 234
예니체리 군대 173, 285
오르도스 지역 142
오르두 227
오르혼 강 140
오르혼 비문 140, 143
오스만 군대 285
오우즈 144
오투락 알레미 283
온천 217~221
외교정책 146
외무부 181, 241
외잘 총리 312~317
요구르트 198, 213~215
요순 271
우즈베키스탄 150
위구르 304
위스크다르 304~308
유라시아 TV방송 150
유럽 국가 135, 148, 247
유럽연합(EU) 139, 151~155
유목민족 136, 140, 206, 214, 223
의무 교육 238
이뇌뉘 166
이단 수피주의자 222
이라크 146, 148
이란 137, 146, 148, 150

이맘 231, 238, 249, 305
이방인 257, 259~262
이성과의 교제 228
이스탄불 169, 176~182, 196
이스탄불 마르마라 대학 282, 311
이슬람 135~138, 144, 157~161, 165~166,
    171~176, 221~227
이슬람력 274
이즈미르 199, 220
이탈리아 181, 182
인사 185
인플레 243, 246, 313
전통 혼례 229
정치인 171
정통 순니파 222
제1차 세계대전 144, 148, 153, 157, 159,
    160, 164, 169, 179, 208
조국당 257
종교 재단 165
중산층 209, 243, 257, 261
중앙아시아 150
지식인 170
지중해 147, 153, 180
지진 220, 241, 267
지하 경제 243
차낙칼레 220
차르샤프 172
차륵 279
찬카야 238
참정권 165, 236
처녀성 검사 227
초등학교 238
초룸 227
초콜릿 212
축구 205~210, 251, 317
카르닥 149
카르데쉬(형제) 191
카를로비츠 조약 288
카이세리 215, 251
카자흐스탄 150, 151
카프즈 263

350

칸카르데쉬(피로 맺어진 형제) 295
칼리프 160, 161, 165
캬팁 306
커피 187, 194, 197, 200, 201, 212
커피 하우스 236
케난 에브렌 대통령 296
케말 137, 159, 163, 169
케말리즘 167, 169
케말파샤 159
케밥 203, 213~215, 291
코란 222, 231
코레 가지씨 299
코렐리 군단 304
코렐리(한국인) 301, 302, 304
코취 그룹 249
콘스탄티노플 137, 158, 173, 176, 180, 223
콘스탄티누스 180
콘야 215, 221, 225, 226, 279, 283
콜레즈 237, 239
쾨이 180~181
쾨프테 214
쾩튀르크 140, 144
쿠르반 바이람 274
크즈 카츠르마 232
키르기스스탄 150
키프로스 문제 152~155
타지키스탄 150
탄르 미사피르(신이 보내준 손님) 194
탄수 칠레르 234
탄지마트 135~137
택시 188~189, 245, 264, 301
터키 공화국 137, 138, 144, 148, 157, 161, 163, 170, 173, 181, 182
터키 국기 276, 288, 319, 321
터키 문자 183
터키 민법 233, 236
터키 민족 144, 222
터키 음식 210
터키 차 292
터키 커피 187, 197, 200, 201, 212
터키 항공 278

터키 해협 146~147
터키 행진곡 285
터키 형법 192
터키군 153, 170~176, 295, 299
터키군 참전 기념탑 300
터키석 277~278
터키어 165, 167, 184
터키의 아픔을 함께 하는 모임 270
터키족 136, 140, 143
토이기 145, 157~159, 177, 258
토캇 227
투르크메니스탄 150
툰젤리 227
뒤륵 143
튀르크 136, 143, 144
튀르크 카흐베시(터키 커피) 200
튀르크계 5개국 150
튀르키예 공화국 144
튀르키예 줌후리예티 144
튤립 시대(랄레 데브리) 288
튤립 축제 289
트라키아 반도 179
팁 266~267
파술예 212
페네르바흐체 207~209
페라 260
페르시아 136, 153, 183
평등권 236
표준말 184
프랑스 208, 210, 282, 287~290
프리기아 136
하렘 217, 258
하맘(터키 목욕탕) 217
한국 226, 242, 248, 258, 262, 290~292, 294, 296
한국 전쟁 241, 295, 299~304
한국전 참전 174, 295, 299, 301, 302~305
한국전 참전 용사회 303
한국형 모델 313, 317
한반도 142, 143, 241, 304
헤로도토스 143

혼인 증명서 232
화폐 단위 244
환율 244~246
회회교 157~160, 258
회회인 304
후궁에서의 도주 286
훈족 143
흉노 136, 139~143
흑해 137, 147, 227, 272, 273
히말라야 지진대 268
히타이트 136

터키 신화와 성서의 무대, 이슬람이 숨쉬는 땅

1판 1쇄 발행 2002년 7월 10일
1판 3쇄 발행 2002년 8월 27일
2판 1쇄 발행 2004년 4월 28일
2판 4쇄 발행 2007년 1월 8일
3판 1쇄 발행 2007년 7월 23일
3판 6쇄 발행 2015년 3월 5일

지은이 이희철
펴낸이 김현정
펴낸곳 도서출판리수

기획·홍보 김현주
북디자인 알디

등록 제4-389호(2000년 1월 13일)
주소 서울시 성동구 행당동 328-1 한진노변상가 117호
전화 2299-3703
팩스 2282-3152
홈페이지 www.risu.co.kr
이메일 risubook@hanmail.net

ⓒ 2007, 이희철

ISBN 978-89-90449-40-5 04810
※책값은 뒤표지에 있습니다.
※잘못 제본된 책은 바꾸어 드립니다.